KB132085

HUNGER

헝거

HUNGER

록산 게이 지음
노지양 옮김

문학동네

이 책에 쏟아진 찬사

괜찮다는 말을 건네는 책은 아니지만, 다 읽고 나면 '괜찮다'는 생각을 하게 된다. 고통을 겁내고 감추는 대신 진술하게 드러내고 표현한다면 누군가는 그 진심을 느끼고 함께한다는 것을, 고통을 등지지 않고도 다시 일어설 수 있음을 『헝거』를 통해 절감했다. _최진영(소설가)

이 책은 자신의 몸과 허기에 대한 매우 진실된, 너무나 용기 있는 고백이다. 이런 강력한 진실함이 나만의 글을 쓰고 싶다는 열망을 끓어오르게 한다. _김하나(작가, 팟캐스터)

내려놓을 수 없다. 생생한 디테일은 다 읽은 후에도 오래도록 남는다. 『헝거』는 매력적이고 정직하다. 특히 이 책은 이 세상이 부정했던, 여성들이 공간을 차지할 권리가 있다는 사실과 그 의미를 다시 정의하고 여성들에게 되돌려주려 한다. _『애틀랜틱』

거칠면서도 품격이 있는 이 회고록은 자신의 몸을 편안하게 느낀다는 것이 어떤 의미인지에 대해 깊이 파고든다. 게이는 자신의 이야기가 '승리'의 이야기가 아니라고 말하지만 독자들은 이보다 더 적절한 단어를 찾을 수 없을 것이다. _『퍼블리셔스 위클리』

활발하게 활동하는 페미니스트이자 에세이스트의 가슴이 미어지는 첫 회고록이다. 어린 시절의 위기와 그 지속적인 영향에 대한 강렬하고 더없이 솔직한 초상화다. _『커커스 리뷰』

이보다 더 개인적이고 솔직한 고백은 상상하기 힘들다. 88개의 짧고 명징한 글에서, 게이는 자신을 괴롭히고, 혼란스럽게 했던 현실, 자신을 안내하고, 자신의 작업에 대해 알려주는 현실로 독자들을 끌고 가서 같이 돌파하게 한다. 그 결과, 나 아닌 다른 사람이 된다는 것이 어떤 것인지에 대해 고민하게 한다. 그 자체로 기적이다. _『북리스트』

잊을 수 없다. 숨이 막힌다. 우리는 모두 게이가 이 책에서 하는 말을 들어야 한다. 게이는 자신의 이야기가 성공의 이야기가 아니라고, 우리 문화가 요구하는 다이어트 성공기가 아니라고 말하지만 오랫동안 지켜온 침묵을 깰 것, 수치와 자기혐오를 딛고 자신을 존중하고 용서하고 아끼는 방향으로 나아간 것은 그 자체로 숭고한 승리다. _샌프란시스코 크로니클

이 책의 짧고 예리한 글들은 생생한 개인적인 일화들로 생명력을 얻는다. 거의 모든 페이지에서 게이는 솔직하고 강렬한 문장으로 자신의 메시지를 전달하면서, 그녀가 잃지 않았어야 할 몸을 되찾아오고 수십 년 동안 끌고 왔던 수치심과 자기혐오를 내려놓기로 한다. _『엔터테인먼트 위클리』

『헝거』는 게이의 가장 혹독한, 철저한 자기 탐구의 글이다. 그러나 게이의 책이나 트윗에 익숙한 사람이라면 그녀가 이 책에서도 역시 날카로운 위트로 무장하고 있음을 알 것이다. _보스턴 글로브

눈부시다. 지적이고 엄정하며 깊은 감동을 준다. _뉴욕타임스 북 리뷰

일러두기

• 주석은 모두 옮긴이주다.
• 본문 중 고딕체는 원서에서 이탤릭체나 대문자로 강조한 부분이다.
• 단행본, 잡지는 『 』, 단편소설은 「 」, 시리즈명은 ' ', 방송 프로그램, 웹진, 노래
  제목은 〈 〉로 표시했다. 일간지의 경우 약물 기호를 생략했다.

더이상 혼자 웅크려 있을 곳이 필요 없고,

그런 장소를 찾지 않아도 된다는 것을 보여준

나의 선샤인, 당신에게

차 례

1부

.

1

모든 사람에게는 자기만의 이야기가 있고 역사가 있다. 지금 이곳에서 내 이야기와 내 역사를 들려주려 한다. 내 몸과 내 허기에 관해 고백하려 한다.

2

내 몸에 대한 이야기는 승리의 이야기가 아니다. 체중 감량 이야기를 담은 자전적 에세이가 아니다. 날씬해진 내가 과거 뚱뚱했던 시절 입었던 거대한 청바지의 다리 한쪽에 들어가 있는 사진이 이 책의 표지를 장식할 일은 없을 것이다. 이 책은 동기부여를 해주는 책도 아니다. 내가 잘 다루지 못한 내 몸과 내 식욕을 드디어 극복하면서 얻게 된 통찰과 해법 같은 것도 없다. 말하자면 내 이야기는 성공담이 아니다. 그저 실제로 있었던 일이라고만 해두자.

　나도 간절히 쓰고 싶다. 다이어트 성공 후기와 함께 내 안의 악마들을 어떻게 효과적으로 물리쳤는지 마음껏 자랑하는 책. 아니면 내 몸의 크기가 어떠하건 간에 몸과 평화로운 관계를 맺고 내 몸을 있는 그대로 사랑하게 되었노라고 담담히 고백하는 책을. 하지만 나는 그런 책들 대신 이런 책을 쓰게 되었다. 내 평생 가장 어려운 글쓰기였고 상상했던 것보다 훨씬 막막한 작업이었다. 처음 『헝거』라는 책을 쓰려고 마음먹었을 때는 평소 다른 글을 쓸 때처럼 내 안에 잠자고 있던 언어들이 스스로 깨어나 지면 위에 펼쳐질 줄 알았다. 사십 년 넘게 동고동락해온 이 몸에 대해 쓰는 일이 뭐 그렇게 어려울까? 하지만 얼마 지나지 않아 나는 단지 내 몸에 대한 에세이를 쓰는 것이 아니라는 사실을 깨달았다. 내 몸이 견뎌온 그 무수한 사연들, 늘어난 몸무게와 정신적 짐들, 이 무게를 지고 사는 일과 그 무게를 덜어내는 일이 얼마나 어려웠는지를 어쩔 수 없이 제대로 돌아봐야 했다. 절대 밝히고 싶지 않은 부끄러운 비밀들도 억지로 들여다볼 수밖에 없었다. 내 심장 한가운데를 갈라서 펼쳐놓아야만 했다. 나는 발가벗겨졌다. 결코 편안하지 않다. 쉬운 일이 아니다.

나에게 결단력과 의지력이 있어서 승리한 이야기를 당신에게 들려줄 수 있다면 얼마나 좋을까. 실은 지금도 계속 결단력과 의지력을 기르려고 애쓰는 중이다. 이 몸을 넘어서는 사람이 되고 싶다고, 내 몸이 견뎌온 그 모든 것, 내 몸이 되어온 것 이상의 사람이 되겠다고 다짐한다. 하지만 과거나 지금이나 그 다짐이라는 녀석은 나를 그리 멀리 데려가지 못한다.

이 책을 쓰는 건 고백을 한다는 것이다. 나의 가장 추하고, 가장 연약하고, 가장 꾸며지지 않은 부분을 드러내겠다는 말이다. 나에겐 이런 진실이 있다고 털어놓는 일이다. 이것이 (내) 몸에 관한 고백이라고 말하는 일이다. 왜냐하면 대체로 내 몸과 같은 몸의 이야기들은 무시되거나 묵살되거나 조롱받기 때문이다. 사람들은 내 몸과 같은 몸을 보고 쉽게 단정

짓는다. 왜 저 사람이 저런 몸이 되었는지 안다고 생각한다. 아니, 그들은 모른다. 나의 이야기는 승리의 이야기는 아니지만 적어도 지금보다는 더 말해야 하고 더 들어야 하는 이야기다.

이 책은 내 몸, 내 허기에 관한 책이며, 궁극적으로는 사라지고 싶고 다 놓아버리고 싶으면서도 그와 동시에 너무나도 많은 것을 원하는, 간절히 누군가에게 보이고 싶고 이해받고 싶은 사람에 관한 책이다. 비록 그 과정이 한없이 느려터지긴 했으나, 마침내 자신을 보여주고 이해받는 것이 가능함을 배우게 된 한 사람에 관한 책이다.

3

이왕 내 몸에 관한 이야기를 하기로 했으니 일단 내가 가장 무거웠을 때의 몸무게부터 밝히고 시작해야 하나? 언제나 나를 옥죄어오는 그 수치스러운 진실을 정확한 숫자로 말해야만 하는 것일까? 내 몸의 진실을 부끄러워하지 않아야 한다는 걸 나도 안다고 말해야 할까? 그냥 눈 딱 감고 진실을 말해버린 다음에 당신의 판단을 기다려야 할까?

가장 살이 쪘을 때, 나는 키 190센티미터에 261킬로그램이었다. 나 또한 믿기 어려운 충격적인 숫자이나 그때는 그게 내 몸의 진실이었다. 이 숫자를 들은 건 플로리다주 웨스턴에 있는 클리블랜드 클리닉에서였다. 어떻게 그 지경까지 되도록 날 내버려두었는지 모르겠다. 아니다. 나는 안다.

클리블랜드 클리닉에는 아빠와 같이 갔다. 이십대 후반이었고 7월이었다. 날씨는 덥고 후덥지근하고 세상은 온통 짙은 초록빛이었다. 클리닉 안 공기는 서늘할 만큼 차가웠고 소독약냄새가 났다. 병원의 모든 시설이 번드르르했고 고급 원목과 대리석으로 장식되어 있었다. 나는 생각했다. '소중한 여름방학을 이런 식으로 보내고 있군.'

미팅 룸에는 나 외에 일곱 명이 더 있었다. 위절제술을 받을 예정인 사람들이 오리엔테이션을 받는 중이었다. 뚱뚱한 남자 두 명, 마른 남편과 함께 온 약간 통통한 여자, 환자복을 입은 두 사람, 또 매우 몸집이 큰 여자 한 명이 있었다. 얼른 주변 사람들을 눈으로 훑으면서 뚱뚱한 사람들이 다른 뚱뚱한 사람들 사이에 있으면 언제나 하는 그 짓을 했다. 그들의 사이즈와 내 몸집을 비교하는 것이다. 나는 다섯 사람보다는 더 컸고 두 사람보다는 작았다. 적어도 나 스스로는 그렇게 생각했다. 270달러라는 적지 않은 돈을 내고 하루를 버려가면서 체중 감량을 위해 내 신체 구조를 변화시켜줄 수술의 장점에 대한 설명을 듣고 있었다. 의사는 말했다. "비만 환자들에게 가장 치료 효과가 뛰어난 수술입니다." 이들은 의사다. 나에게 가장 좋은 것이 무엇인지 알겠지. 나도 이 사람들 말을 믿고 싶었다.

정신과의사가 나와서 그 자리에 모인 우리에게 어떻게 수술 준비를 하고 엄지손가락 크기로 작아진 위로 어떻게 음식을 소화하는지 설명한 다음에, 우리 주변의 '일반인들'(내가 쓴 표현이 아니라 그가 선택한 단어다)이 우리의 극적인 체중 변화에 아마도 간섭을 할 거라 말했다. 그들은 우리가 한때 뚱뚱한 사람이었다는 관념에 익숙하고 우월감을 느꼈기 때문이라고 했다. 우리의 몸은 남은 평생 동안 영양 결핍이 될 수도 있으며 삼십 분 안에 무언가 먹거나 마시는 일을 끝내지 못할 수도 있다고 했다. 머리카락은 가늘어지고 빠질지도 모른다. 덤핑증후군*을 겪을 수도 있다고 했는데 상상력이 풍부하지 않아도 어떤 증상인지 충분히 짐작 가능한 이름의 증후군이다. 물론 수술에도 위험이 따른다. 수술대에서 사망할 수도 있고 수술 후 며칠 동안은 감염에 취약하다.

전형적인 좋은 소식/나쁜 소식 시나리오였다. 나쁜 소식: (우리가 수술에서 살아남았다고 해도) 우리의 몸과 삶은 이전과 같지 않다. 좋은 소식: 우리는 날씬해질 수 있다. 첫해에만 초과된 체중의 75퍼센트를 감량할 수 있다. 우리는 거의 일반인 기준에 부합하게 된다.

의사들의 제안은 너무나 솔깃하고 혹할 만했다. 몇 시간만 잠들었다 일어나면 일 년 안에 우리 문제의 대부분이 해결될 수 있다. 적어도 이 의료 기관에 따르면 그렇다. 물론 내 인생의 가장 큰 문제가 나의 몸이라고 자신을 계속해서 기만할 수만 있다면 말이다.

의사의 발표가 끝난 후에는 질의응답 시간이 이어졌다. 나는 질문을 하지도 대답을 하지도 않았으나 내 오른쪽에 있던 여성, 누가 봐도 그 장소에 있지 않아도 될, 적정 체중보다 고작 20킬로그램이나 더 나갈까 싶은 여성이 그 시간을 독차지

• 덤핑(dumping)은 '쏟아붓는다'라는 뜻이다. 덤핑증후군은 정상적인 소화과정을 거치지 않고 음식물이 급하게 소장으로 이동하면서 발생하는 오심, 구토, 설사 등의 증상을 나타낸다.

하면서, 밝히기 꺼릴 만한 사적인 질문들을 퍼부어 내 가슴을 아프게 했다. 여자가 의사들에게 꼬치꼬치 캐묻는 동안 여자의 남편은 옆에 앉아서 히죽거렸다. 그녀가 왜 그 자리에 왔는지는 누가 봐도 뻔했다. 전적으로 남편 때문이었고 그 남편이 아내의 몸을 바라보는 방식 때문이었다. '참 보기 안쓰럽네.' 나는 생각했다. 나도 그 여자와 같은 곳에 앉아 있는 신세라는 걸 무시하면서, 내 인생에도 나라는 사람 자체로 보거나 받아들이지 않고 내 몸만 보고 판단하는 사람이 무수히 많다는 사실을 무시하면서.

오후에는 의사들이 수술 영상을 보여주었다. 좁은 공간을 매끄럽게 통과해 들어간 카메라와 수술 도구들이 인간 장기의 중요한 부분을 자르고, 밀어넣고, 닫고, 제거했다. 인체의 내부는 선정적일 정도로 붉은색, 분홍색, 노란색이었다. 그로테스크하고 섬뜩했다. 왼편에 앉아 있던 아빠의 얼굴은 무자비한 수술 장면에 충격을 받은 듯 순식간에 잿빛으로 변했다. "어떨 것 같으니?" 아빠는 조용히 물었다. "그냥 미친 짓거리죠." 내가 대답했다. 아빠가 고개를 끄덕였다. 몇 년 만에 처음으로 부녀의 의견이 일치했다. 영상이 끝나자 의사들이 웃더니 아주 간단한 복강경 수술이라고 명랑하게 말했다. 자신은 이 수술을 3,000회 이상 집도해보았고 그중 딱 한 명의 남자 환자만 목숨을 잃었다고 말했다. 무려 385킬로그램이었다고, 갑자기 어색해하며 작게 속삭였다. 평소처럼 크고 멀쩡한 목소리로 말하기에는 그 환자의 상태가 너무 치욕스럽다는 듯이. 의사는 마지막으로 행복의 대가가 얼마인지 말했다. 2만 5,000달러인데 수술을 받으면 오리엔테이션 비용 270달러는 제해준다고 했다.

아직 고문이 다 끝난 건 아니었고 개인 검사실에서 의사와의 일대일 면담이 남아 있었다. 의사가 들어오기 전에 보조인 인턴이 신체검사를 했다. 나의 무게가 측정되고, 숫자가 적히고, 조용히 판정받았다. 인턴은 내 맥박을 재고 내 목의 침샘을 만져보고 몇 가지를 추가로 기록했다. 의사는 삼십 분 후에 느긋하게 들어왔다. 먼저 나를 위아래로 훑어보았다. 새로 작성한 차트를 보면서 빠르게 휙휙 넘겼다. "네, 맞네요. 좋네요." 그가 말했다. "환자분은 이 수술에 딱 맞는 분이네요. 바로 예약 잡으시죠." 그 말만 하고 가버렸다. 인턴은 내가 수술을 받을 경우 필요한 사전 검사를 위한 처방전을 써주었고 내 손에 사전 오리엔테이션을 받았음을 확인하는 문서도 들려주었다. 이 사람들이 매일 하는 일과임은 분명해 보였다. 나는 대단히 특이한 케이스가 아니었다. 나는 특별하지 않았다. 나는 하나의 신체, 수선이 필요한 신체였다. 그리고 이 세상에는 우리 같은 사람이, 지독히도 인간적인 몸으로 살아가는 사람이 많았다.

잘 꾸며진 대기실에서 기다리고 있던 아빠는 내 어깨에 손을 얹었다. "아직 이런 것까지는 필요 없을 것 같구나." 아빠가 말했다. "조금만 더 힘내자. 음식 자제하고 하루 두 번 운동하고. 너에게 필요한 건 그뿐이야." 나도 동의한다고, 열심히 고개를 *끄덕끄덕*했다. 그러나 나중에 내 방에 혼자 있게 되자 병원에서 받은 팸플릿을 허겁지겁 읽었고 비포/애프터 사진에서 도저히 눈을 뗄 수가 없었다. 나는 원했다. 그리고 지금도 원한다. 그 애프터를 간절히.

그날 인턴에 의해 체중계에 올라가고, 몸무게가 측정되고, 판정받았기에 그 불가해한 숫자를 아직도 잊지 않고 기억한다. 261킬로그램. 이제까지 살면서 수치심을 겪을 대로 겪어 충분히 안다고 생각했으나 그날 밤, 진정한 수치심이 무엇인지 또다시 알았다. 내가 그 수치심을 마침내 떨쳐버리고 내 몸을 직면하고, 인정하고, 바꾸는 방향으로 한 발을 내딛게 될지 아닐지는 당시로서는 전혀 알 수가 없었다.

4

이 책 『헝거』는 평균보다 몇 킬로그램, 아니 20킬로그램 정도 더 많이 나가는 사람들에 관한 책이 아니다. 130킬로그램 내지 160킬로그램이 더 많이 나가는 몸으로 살아가는 사람들, 그저 과체중이나 경도비만이나 고도비만이 아니라 체질량 지수BMI 수치상 병적인 초고도비만으로 분류되는 사람들에 관한 이야기다.

'체질량 지수'라는 용어가 너무나 기술적이고 비인간적으로 들려서 나는 이 수치를 최대한 외면하려고 노력해왔다. 그럼에도 이것은 의료 기관이 관리하지 않은 몸을 관리하게끔 시도하고 명령할 수 있는 대표적인 용어이자 측정값이긴 하다.

사람의 체질량 지수는 체중(kg)을 신장(m)의 제곱으로 나눈 값[체중(kg)/신장(㎡)]이다. 수학이란 어렵다. 몸의 관리 부족 정도를 정의할 수 있는 여러 숫자가 있다. 체질량 지수가 18.5에서 24.9면 '정상'이다. 체질량 지수가 25 이상이면 과체중이다. 체질량 지수가 30 이상이면 비만이다. 만약 체질량 지수가 40이 넘는다면 고도비만이다. 그리고 50이 넘으면 초고도비만이다. 내 체질량 지수는 50이 넘는다.

사실 많은 의학적 명칭이나 기준이 임의적이긴 하다. 1998년에 미국 국립 심장·폐·혈액 연구소의 주도로 의료 연구원들이 '정상'으로 분류되는 기준 지수를 25 이하로 지정했고, 그러면서 미국 비만 인구가 두 배로 증가했다는 점을 짚어볼 필요가 있다. 기준 지수를 낮춘 이유 중에는 이것도 포함되어 있었다. "25 같은 똑떨어지는 숫자여야 사람들이 기억하기 좋다."

이러한 용어들은 그 자체로 다소 끔찍한 면이 있다. '비만obese'은 그다지 유쾌하지 않은 라틴어 오베수스obesus에서 유래했는데 '뚱뚱해질 때까지 먹다'라는 뜻이다. 문자 그대로는 충분히 정당하고 납득 가능하다. 하지만 사람들이 '비만'이라는 단어를 사용할 때는 그저 문자 그대로의 뜻만을 전달하지 않는다. 사람들은 이 단어를 주로 비난의 잣대로 사용한다. 의사들에게는 해악을 끼치지 말아야 한다는 책임이 있음을 생각하면, 이들이 그 용어를 차용해왔다는 사실이 좀 이상하고 슬프기도 하다. 그러다 여기에 수식어 '병적인'이 붙으면서 그 정도로 심각하지 않은 뚱뚱한 몸에까지 사형선고를 내리고 말았다. '병적인 비만'이라는 말은 우리 같은 뚱뚱한 사람들을 걸어다니는 좀비로 만들고 의료 기관은 그에 걸맞게 우리를 대한다.

문화적인 기준은 따로 있다. 때로는 그저 6 사이즈 이상을 입는 사람, 남자들의 시각에서 자연스럽게 받아들여지지 않는 몸매를 가진 사람, 허벅지에 셀룰라이트가 있는 여자라는 이유로 비만인이라는 오명을 쓴다.

지금 내 몸무게는 261킬로그램까지 나가지는 않는다. 지금도 매우 매우 거구이긴 하나 그때보다는 68킬로그램 정도 적다. 수차례 새로운 다이어트를 시도하면서 몇 킬로그램씩 덜어내긴 했다. 모두 상대적이다. 나는 워낙에 작은 사람이 아니다. 앞으로 무슨 수를 써도 절대 아담한 사람이 될 수가 없다. 일단, 나는 키가 무척 크다. 이것은 저주이자 축복이다. 나는 존재감이 있다는 말을 자주 듣는다. 나는 공간을 많이 차지한다. 나는 위협적이다. 나는 자리를 많이 차지하고 싶지 않다. 나는 사람들 눈에 띄고 싶지 않다. 나는 숨고 싶다. 내 몸의 주도권을 잡을 때까지 잠시 사라져버리고 싶다.

내 몸이 어떻게 이렇게 엉망진창이 되었는지 모르겠다. 아니, 안다. 내가 늘 입에 달고 다니는 말이니까. 내 몸에 대한 통제력을 잃은 것은 축적의 문제였다. 나는 내 몸을 바꾸기 위해 먹기 시작했다. 내 의지가 매우 크게 작용했다고 볼 수 있다. 어떤 소년들이 나를 파괴했고 나는 파괴 현장에서 겨우 살아남았다. 그와 같은 폭력을 또다시 겪으면 견딜 수 없으리라는 것만큼은 확실히 알았고 나의 몸이 역겨워지면 남자들이 나를 멀리할 거라는 생각에 열심히 먹었다. 어린 나이에도 뚱뚱하면 남자들에게 매력적이지 않다고 이해했고,

그들이 경멸할 가치조차 없는 존재가 된다는 걸 이해했고, 나는 그들의 경멸에 대해 너무나 많은 것을 알고 있었다. 소녀들은 어린 시절부터 배운다. 날씬하고 아담해야 한다고. 자리를 많이 차지해선 안 된다고. 모습을 드러내되 소리를 내서는 안 되고 보여지려거든 남자들 눈에 보기 좋아야 한다고. 사회에서 받아들일 만해져야 한다고. 대부분의 여자들은 알고 있다. 우리는 점차 작아지고 사라져야 한다는 것을. 하지만 이런 이야기는 더 크게 반복적으로 해야만 한다. 그래야 이 사회가 우리에게 기대하는 것에 힘없이 굴복하지 않고 저항할 수 있다.

5

미리 알려주고 싶은 사실이 있는데 내 인생은 별로 깔끔하지 않지만 두 부분으로 나누어져 있다. 비포가 있고 애프터가 있다. 몸무게가 늘기 전. 몸무게가 늘어난 후. 강간을 당하기 전. 강간을 당한 후.

6

비포 시절의 나는 아주 어렸고 안전했다. 어떤 것에 대해서 아무것도 몰랐다. 내가 인생의 고통이란 것을 겪게 될지도 몰랐고 그 고통의 넓이와 범위가 어디까지 뻗어나갈 수 있는지도 몰랐다. 또한 내가 한창 고통을 겪고 있을 때는 그 고통에 목소리를 부여할 수 있는지도 몰랐다. 내 고난을 더 잘 다루는 방법이 있는지도 몰랐다. 지금 알고 있는 걸 그때도 알았더라면 얼마나 좋을까 생각한다. 부모님에게 털어놓고 도움을 청했다면 얼마나 좋았을까. 그리하여 음식이 아닌 다른 곳에서 도움을 받았으면 어땠을까. 내가 당한 폭력이 내 잘못이 아니라는 것을 알았다면 어땠을까.

그때 내가 유일하게 아는 방법은 음식뿐이었다. 그래서 먹었다. 그래야 더 많은 공간을 차지할 수 있으리라 생각했다. 그래야 더 단단하고 더 강하고 더 안전해질 것이라 생각했다. 사람들이 뚱뚱한 사람들을 바라보는 시선을 조금만 관찰하면, 그리고 내가 뚱뚱한 사람들을 쳐다보는 방식을 봐도 알 수 있었다. 무거운 사람은 욕망의 대상이 되지 않는다. 욕망의 대상이 되지 않으면 상처받을 일도 그만큼 없다. 적어도 더이상의 상처를 받는 일만은 피하고 싶었다. 그 애프터에서 나는 너무나 많은 상처를 알아버렸기 때문이다. 너무 심할 정도로 많이 알아버렸다. 그러나 그때는 한 소녀가 얼마만큼의 고통을 받을 수 있을지는 꿈에도 몰랐다. 실제로 고통을 받기 전까지는.

하지만. 이건 내가 한 일이다. 이 몸은 내가 만들었다. 나는 뒤룩뒤룩 살이 쪄갔다. 갈색의 살덩이들이 내 팔과 허벅지와 배를 몇 겹으로 돌돌 말고 있다. 지방들은 더이상 갈 곳이 없어지자 늪고 뻗을 자리를 스스로 만들어갔다. 나의 몸 곳곳에 튼살자국들이 선명히 찍혔고 거대한 허벅지는 셀룰라이트로 울룩불룩해졌다. 지방덩어리들은 새로운 몸을 형성했고 나는 이런 몸이 부끄러웠지만 안전하게 느껴졌으며 그때는 안전하다는 느낌만큼 중요한 건 세상에 아무것도 없었다. 나는 아무도 무너뜨릴 수 없는 요새가 되고 싶었다. 그 무엇도, 그 누구도 내 몸에 손대지 않길 바랐다.

내가 나 자신에게 이런 짓을 했다. 온전히 나의 과오이자 나의 책임이다. 나 스스로에게 이렇게 말하곤 있지만 이 몸에 대한 책임을 나 혼자 감당하려고 해서는 안 된다.

7

내 몸으로 살아가는 현실은 이렇다. 나는 감옥에 갇혀 있다. 이 감옥에서 가장 좌절스러운 점은 갇혀 있으면서도 내가 원하는 것을 정확히 볼 수 있다는 점이다. 감옥 밖으로 손을 뻗을 수는 있지만 멀리까지 뻗지는 못한다.

있는 그대로의 내 몸을 괜찮게 여기고 잘 지내는 척하면 매우 쉬울 것이다. 내 몸을 내가 미안해하고 변명해야 하는 상태로 보지 않는다면 좋을 것이다. 나는 페미니스트이고 여성을 비현실적인 이상에 구겨넣으려 하는 천편일률적인 미의 기준이 사라져야 한다고 믿는다. 다양한 체형을 아우를 수 있게끔 미를 더 폭넓게 정의해야 한다고 믿는다. 여성이 자신의 몸을 편안하게 여기는 것이 매우 중요하고 그렇게 되기 위해 자신의 몸을 세세한 부분까지 바꾸려 들지 않아야 한다고 믿는다. 한 인간으로서의 나의 가치는 내 옷의 사이즈나 외모에 있지 않다고 믿고 있다(믿고 싶다). 일반적으로 여성에게 악의적인 문화, 여성의 몸을 끊임없이 통제하려 하는 문화 안에서 자랐기에 내 몸이든 다른 누군가의 몸이든 어떻게 보여야 한다는 비합리적인 기준에 저항하는 것이 매우 중요하다는 사실을 안다.

내가 아는 것과 내가 느끼는 것, 이 두 가지는 매우 다르다.

내 몸을 편안하게 여기는지가 전적으로 미의 기준과 관련이 있는 것은 아니다. 완벽함에 관한 것이 전혀 아니다. 이는 내가 내 피부와 뼈를 하루하루 어떻게 느끼면서 사는가와 관련된다.

나는 내 몸이 편안하지 않다. 거의 모든 육체적인 활동이 어렵고, 움직일 때마다 내가 추가로 짊어지고 다니는 불필요한 무게를 생생히 느낀다. 나는 대체로 체력이 달린다. 조금 오래 걸으면 허벅지와 종아리에 통증이 찾아온다. 발이 아파 온다. 등 아래쪽이 쑤신다. 나는 거의 항상 어떤 종류의 육체적 고통 속에 있다고 보면 된다. 매일 아침 몸이 너무 찌뿌둥해서 온종일 침대에 누워 있고 싶다고 생각한다. 늘 신경이 눌려서 너무 오래 서 있으면 오른쪽 다리에 마비가 오고 나는 감각이 다시 돌아올 때까지 휘청거린다.

더울 때는 땀을 비 오듯이 흘리는데 대부분 머리에서부터 땀이 쏟아지며 그때부터 나는 계속 스스로를 의식하면서 얼굴 위로 흘러내리는 땀방울을 쉼없이 닦는다. 땀이 가슴 사이에서 샘처럼 솟아나 개울처럼 흘러내리고 척추 아래쪽에 웅덩이처럼 고인다. 셔츠는 금세 축축하게 젖고 겨드랑이에는 커다란 얼룩이 생기기 시작한다. 사람들이 그렇게 땀흘리고 있는 나를 쳐다보고 있을 것만 같다. 그리고 마구 땀을 흘려대며 고전하고 있는 내 몸과, 통제 불능인 몸을 부끄러운 줄도 모르고 드러내고 있는 나를 비난할 것만 같다.

몸을 써서 하고 싶은 일들이 있지만 하지 못한다. 친구들과 나란히 걷고 싶지만 보조를 맞추지 못하고 계속해서 내가 왜 느린지 변명을 지어내곤 한다. 마치 그들이 모르기라도 하는 것처럼 말이다. 가끔은 친구들이 모르는 척하기도 하지만, 때로는 각자의 몸이 움직이는 방식과 차지하는 공간이 얼마나 다를 수 있는지에 대해 진심으로 의식하지 못하는지 나에게 놀이공원에 가자거나 1.6킬로미터나 되는 오르막길을 걸어 운동 경기장에 가자거나 산 정상까지 올라가 멋진 풍경을 감상하자는 말도 안 되는 제안을 하기도 한다.

내 몸은 감옥이다. 나 스스로 만든 감옥. 지금도 여기에서 어떻게든 탈출할 방법을 찾고 있다. 이십 년이 넘도록 이 안에서 나갈 방법을 알아내려고 나도 노력을 하고 있다.

8

나는 내 몸에 관한 글을 쓰고 있다. 그러니까 나는 내 몸의 살덩이들을, 이 넘치는 살덩이들을 일종의 범죄 현장처럼 철저히 분석해야 하는 것일까? 이 범죄 원인을 알아내기 위하여 육체적인 현상을 조사해야 하는 것일까?

내 몸을 범죄 현장으로까지 생각하고 싶지는 않다. 무언가 끔찍하게 잘못된 것으로, 경찰 통제선을 치고 수사에 착수해야 하는 것으로 생각하고 싶지 않다.

이미 가해자가 나라는 걸, 적어도 내가 가해자 중 한 명이라는 걸 알고 있는데도 이 몸이 범죄 현장이 될까?

아니면 나 자신을 내 몸에서 일어난 범죄의 피해자로 보아야 하나?

내가 이제껏 겪은 일들은 수많은 방식으로 내 몸에 남겨져 있다. 나는 살아남긴 했으나 그것은 이야기의 전부라 할 수 없다. 세월이 흐르며 나는 살아남는 게 얼마나 중요한지 배웠고 '생존자'라고 주장할 수도 있게 되었으나 여전히 누가 날 '피해자'라 해도 신경쓰지는 않는다. 나는 성폭행을 당한 순간 피해자가 되었고, 여러 이름을 갖게 된 지금까지도 한편으로는 여전히 피해자이며 그 사실이 부끄럽지 않다.

이렇게 되기까지 오랜 시간이 걸렸으나 현재 나는 '생존자'보다는 '피해자'를 선호한다. 일어난 일의 엄중함을 깎아내리고 싶지 않다. 희망의 여정을 걸어와 승리를 쟁취한 척하고 싶지 않다. 모든 것이 무사한 척하고 싶지 않다. 나는 그 일이 일어난 채로 여기까지 걸어왔고, 그 일을 잊지 않고 앞으로 나아갔고, 상처 입은 사실을 숨기지 않으면서 앞으로 나아갔다.

이 책은 내 몸에 관한 고백이다. 내 몸은 망가졌다. 나도 망가졌다. 그전으로 어떻게 다시 되돌릴 수 있는지 알지 못한다. 나는 분열했다. 내 일부는 죽었다. 내 일부는 침묵했고 수년 동안 그 상태 그대로 있었다.

내 안에는 커다란 구멍이 생겼다. 나는 그 빈 공간을 메우기로 작정했고 별로 남아 있지 않은 내 주변에 방패막을 만들기 위해 음식을 이용했다. 나는 먹고 먹고 또 먹으며 나 자신을 크게 만들고자, 내 몸을 안전하게 만들고자 했다. 과거의 나는 묻어버렸다. 그 소녀는 온갖 종류의 말썽을 일으킬 뿐이었다. 그녀의 기억을 지워버리려 노력했지만 그녀는 여전히 어딘가에 남아 있다. 여전히 작은 몸으로 두려움에 떨면서 모멸감에 몸부림치고 있다. 어쩌면 나는 그 소녀에게 다시 돌아가려고 이 글을 쓰고 있는지도 모른다. 그 소녀가 그때 반드시 들어야만 했던 그 모든 이야기를 지금이라도 해주려고.

9

나는 완전히 무너져버렸고 그 무너짐의 고통을 마비시키기 위해 먹고 먹고 또 먹었으며 그러다 그저 약간 과체중이거나 뚱뚱한 사람이 된 것이 아니었다. 그로부터 십 년이 채 되지 않아 나는 병적인 고도비만이 되었고, 그런 다음에는 병적인 초고도비만이 되었다. 내가 만들긴 했으나 나조차도 알아보거나 이해할 수 없게 되어버린 내 몸이란 감옥에 갇혀버렸다. 참혹했지만 안전했다. 적어도 스스로 안전하다고 여길 수 있었다.

그 애프터에 대한 나의 기억은 흩어지고 조각나 있지만 오직 먹었다는 것, 먹고 또 먹으면 잊을 수 있었다는 것만은 확실하게 기억한다. 그리고 내 몸이 아주 커지면 또다시 망가질 일은 결코 일어나지 않을 터였다. 외롭거나 슬프거나 심지어 행복할 때도 오직 먹을 때 느꼈던 그 고요한 평안을 기억한다.

그리하여 지금 나는 뚱뚱한 여자가 되었다. 내가 못생겼다고 생각하지는 않는다. 사회가 나 자신을 싫어하게 만드는 방식으로 나를 싫어하지는 않지만 그래도 여전히 사회의 일원으로 살고 있다. 이 몸으로 세상에 살고 있고, 이 세상이 거의 매번 이 몸에 악의적으로 반응하는 방식이 싫다. 머리로는 문제는 내가 아니라고 인식하고 있다. 이 세상, 나를 받아들이길 거부하고 수용하지 않으려는 이 세상의 관념이 문제다. 그러나 이 문화와 뚱뚱한 사람들을 바라보는 시각이 바뀌기 전에 내가 바뀌는 편이 더 빠르지 않을까 싶다. 내 몸을 긍정적으로 받아들이기 위해 '좋은 싸움'을 하면서도 현재 이곳에서의 내 삶의 질에 대해서도 생각을 해보아야 할 것이 아닌가.

제어되지 않는 이 몸을 지니고 이십 년이 넘게 살아왔다. 이 몸과 사이좋게 지내려고도 노력해보았다. 이 몸에게 오직 혐오와 경멸만 내비치는 세상에서도 이 몸을 사랑하려고, 적어도 참아내려고 노력해왔다. 이 몸을 만들게 한 트라우마를 딛고 일어나려고도 해보았다. 사랑하려 했고 사랑받으려 했다. 내 몸이 왜 이렇게 되었는지, 뚱뚱한 사람들이 어쩌다 그렇게 되었는지 다 아는 척 행동하는 사람들의 세상에서 조개처럼 입을 다물어버리기도 했다. 그러나 이제부터 더는 침묵을 지키지 않기로 했다. 자신의 몸을 믿고 자신의 몸에 불안을 느끼지 않던 그 해맑은 어린 소녀의 이야기에서부터, 그 안전이 파괴되어버린 순간과, 그 이후 나에게 가해진 그 모든 일을 돌리려고 애쓰면서 보냈던 시절까지, 그동안의 이야기를 전부 따라가보기로 했다.

2부

10

내 어린 시절 사진 한 장을 보고 있다. 내가 세례를 받은 주말에 사촌언니가 나를 안고 있는 사진이다. 나는 아직 갓난아이이고 흰색 새틴 드레스를 입고 있다. 뉴욕이었고, 난 인조가죽 커버 소파에 앉아 있다. 사진 속 사촌은 나보다 나이가 많은데 대여섯 살 정도다. 나는 갓난아이답게 꼼지락거리며 팔다리는 어색한 각도로 꼬여 있다.

어린 시절 사진이 참 많아서 다행이라고 생각한다. 이런저런 방식으로 나는 어린 시절의 기억들을 뭉텅이로 지워버렸기 때문이다.

내 인생에서 어떤 시절이나 어떤 연도는 단 한 장면도 기억하지 못한다. 가족 중 누군가가 "(굉장히 중요한 가족의 추억) 기억나?"라고 물으면 나는 무슨 소리를 하는지 전혀 모르겠다는 표정으로 멍하니 그들을 쳐다본다. 우리에게는 공유하는 역사가 있기도 하고 없기도 하다. 여러 면에서 이것은 나와 우리 가족의 단절된 관계를 가장 잘 보여주는, 어쩌면 내 인생의 거의 모든 사람과의 관계를 설명할 수 있는 단적인 측면일 것이다. 우리는 좋고 예쁜 인생은 함께 나누었으나 내 인생의 어둡고 어려운 부분은 나누지 못했고, 그래서 우리 가족은 그에 대해 거의 알지 못한다. 내가 무엇을 기억하고 무엇을 기억하지 못하는지에는 특정한 이유도 없고 질서도 없다. 기억의 부재를 설명하기란 쉽지 않은데 내 어린 시절 중에 마치 어제처럼 생생히 기억하는 순간들도 있기 때문이다.

나는 기본적으로 기억력이 뛰어난 편이다. 친구들과 나눴던 대화를 몇 년이 흐른 뒤에도 단어 하나까지 그대로 기억해내기도 한다. 초등학교 4학년 때 선생님 머리가 얼마나 반짝이는 은빛 금발이었는지 기억하고, 3학년 읽기 수업 시간에 너무 지루해 딴짓을 하다가 선생님에게 혼났던 일도 기억한다. 아이티 포르토프랭스에서 열렸던 이모들과 삼촌들의 결혼식을 기억하고 그날 모기에 물려 내 무릎이 오렌지처럼 동그랗게 부풀어올랐던 것도 기억한다. 나는 좋은 추억들을 기억한다. 나쁜 일들도 기억한다. 그러나 필요하다면 나는 나의 기억들을 통째로 들어내버릴 수 있고 가끔 삭제가 필요할 때면 간편하게 지워버리기도 했다.

부모님 댁에서 가져온 앨범들이 있다. 우리 남매가 아주 어렸을 때 찍은 오래되고 빛바랜 사진들이 빼곡히 끼워진 제법 두꺼운 앨범이다. 디지털카메라가 나오기 전인데도 내 인생의 거의 모든 순간을 사진으로 찍어 현상한 뒤, 마치 사료처럼 차곡차곡 정리해두었다. 각각의 앨범 겉장에는 숫자가 적혀 있고 그 숫자에 동그라미를 쳐놓았다. 앨범 안에는 이름과 나이와 장소가 적힌 작은 메모가 붙어 있다. 엄마는 만일을 위해서 이 추억들을 보존해야 한다는 것을 알았던 것만 같다. 엄마는 철통같은 의지와 엄마만의 너그러움을 발휘해 나와 내 동생들을 양육했다. 우리를 향한 엄마의 맹렬한 사랑과 희생은 압도적이었고 그 맹렬함의 정도는 우리가 성장할수록 더 강해져만 갔다. 어렸을 때 엄마는 이 앨범들을 순서대로 줄 세워두었고 앨범 하나가 다 채워지면 새 앨범을 사와서 또다시 채워나갔다.

그때 엄마는 내 어린 시절의 공백들을 채우고 있었다. 본인 스스로는 알지 못했더라도 말이다. 엄마는 모든 것을 기억하고 있거나, 그렇게 보인다. 내가 열세 살에 기숙학교로 갈 때까지는 그랬다. 그때부터는 나를 위해 내 추억들을 기록해줄 사람이 없었다.

엄마는 아직도 일상의 거의 모든 순간을 사진으로 찍기에 엄마의 플리커Flickr●에는 이만 장에 가까운 사진이 저장되어 있다. 엄마의 인생과 우리의 인생, 우리가 어울리는 사람들과 찾는 장소들의 사진이 다 올라와 있다. 나의 박사학위 수여식에서도 엄마는 나를 자랑스럽게 쳐다보면서 몇 분에 한 번씩 카메라를 들어 가능한 한 거의 모든 순간을 놓치지 않고

● 사진 공유 커뮤니티 사이트.

포착했다. 뉴욕의 서점에서 내 소설을 낭독했을 때도 엄마는 어김없이 카메라를 들고 나타나 잊고 싶지 않은 모든 순간을 사진으로 남겼다.

내 주변 사람들 또한 내가 소소한 일상을 자주 사진으로 남긴다는 사실을 알아채곤 한다. 나는 내가 경험한 그 모든 놀라운 일을 잊지 않으려고, 잊히지 않게 하려고 사진을 찍는다고 이야기한다. 하지만 이제 내 인생이 달라 보이기 때문에 그 기억들이 나에게 무척 중요하다고 설명하진 않는다. 하지만 내가 사진을 자주 찍는 이유는 더 있을 것이다. 나는 엄마의 딸이니까. 어떤 딸이 어떤 엄마의 딸이 되는 방식은 무한하다.

아기 때 앨범은 겉장이 흰색으로 전체에 반짝이가 흩뿌려져 있다. 겉장에는 "딸이에요!"라는 글귀가 새겨져 있다. 앨범의 첫 장에는 부모님 이름, 내 생년월일, 출생시 키와 몸무게, 머리와 눈동자 색깔이 적혀 있다. 아기 발을 찍은 까만 발도장 위에는 "게이네 집 딸Girl Gay"이라고 적혀 있다. 나는 아침 일곱시 사십팔분에 태어났고, 그게 내가 아침형 인간이 되지 못하는 이유라고 확신하고 있다. 옆의 메모 칸에는 "우리 아가의 잊을 수 없는 순간들"이라고 적혀 있고 모든 줄이 나의 사소하기 이를 데 없는 첫 성공들로 채워져 있다. 그 기록으로 보건대 나는 대략 두 살 반 정도에 알파벳을 읽었고 세 살에는 시계를 볼 줄 알았다. 엄마는 자랑스럽게 써놓았다. "다섯 살에 거의 모든 글을 읽다." 단정한 필체로 쓴 엄마의 문장을 그대로 옮긴 것이다. 하지만 우리 가족에게 전해 내려오는 구전설화에 따르면 그보다 일 년 반 전에 아빠와 신문을 읽었다고 한다.

내 생애 첫 오 년 동안 엄마는 내 키와 몸무게를 빠짐없이 기록했다. 나는 약간 세모꼴의 커다란 두상을 갖고 있었고 첫째 아이의 경우 흔히 그럴 수가 있다고 한다. 엄마는 신생아 때 나의 두상을 동그랗게 만들려고 하루에 몇 시간씩 만져주었다고도 한다. 내 출생 관련 신문기사도 있는데 오마하 월드 헤럴드에, 태어난 지 십삼 일 후인 1974년 10월 28일에 실렸다. 그 기사는 스크랩되어 내 출생증명서와 병원에서 아기 침대 옆에 놓아준 작은 카드 옆에 끼워져 있다. 엄마는 스물다섯이었고 아빠는 스물일곱으로 매우 젊었지만 그 시절 평균 결혼 연령과 첫 출산 연령에 비하면 그렇게 어린 나이도 아니었다. 헷갈리기 쉬운 내 이름 철자는 출생증명서에 정확하게, n 하나만 들어간 이름으로 표기되어 있고 출생증명서는 분홍색이다. 당시에는 젠더에 대한 섬세한 문화적 이해가 존재하지 않던 시절이었으므로 딸은 분홍색이고 아들은 파란색, 그래서 그랬다는 이야기다.

엄마와 둘이 찍은 첫 사진에서 엄마는 나를 안고 있는데, 하나로 묶은 칠흑 같은 머리카락이 등뒤로 물결처럼 흘러내리고 있다. 엄마는 상당히 젊고 아름답다. 나는 태어난 지 사흘 차였다. 사실 우리 모녀의 첫 사진이라고는 할 수 없다. 임신하여 배가 불룩한 엄마가 세련된 푸른색 미니드레스를 입고 굽이 두툼한 힐을 신고 있는 사진도 있으니까. 엄마의 숱많은 머리카락은 엉클어져 등뒤로 느슨하게 내려와 있다. 엄마는 차에 기대서 사진을 찍는 아빠를 향해 진한 애정이 담긴 표정을 짓고 있어 잠시 고개를 돌려 이 두 사람에게 둘만의 은밀한 시간을 주고 싶어질 정도다. 엄마는 내가 아는 한 사적인 순간을 가장 드러내지 않는 사람이지만 이 사진은 일부러 내 앨범에 넣기로 한 것 같다. 이 매혹적인 이미지를 통해 엄마 아빠 두 사람이 젊은 시절 열렬히 사랑했었다는 것을 보여주고 싶어서.

이 오래된 사진들은 앨범에 너무 오래 간직되어 있어서 떼기 힘들 정도로 완전히 붙어버렸다. 함부로 떼어내려 했다가는 사진이 찢어질 수도 있다.

아기일 때 부모님과 같이 찍힌 모든 사진에서 부모님은 내가 그들 우주의 중심인 것처럼 나를 향해 웃고 있다. 나는 그들의 중심이었다. 지금도 그렇다. 이건 내가 가장 명징하게 알고 있는 나에 관한 진실이다. 내 안의 모든 선함과 강함은 모두 우리 부모님으로부터 시작된 것이다. 정말이지 전부 다. 아기일 때 내 사진을 보면 크고 환한 웃음이 얼마나 전염성이 있는지를 느낄 수 있다. 나 또한 그 사진들을 보고 웃음이 터진다. 세상의 이쪽에도 행복한 아가들이 있고 저쪽에도 행복한 아가들이 있다. 나는 행복한 아가였다. 반론의 여지가 없는 사실이다.

나의 가장 친한 친구가 우스갯소리로 아기들은 귀엽긴 하나 아무런 쓸모가 없는 존재라고 했다. 자기 혼자 할 수 있는 일이 단 하나도 없다고, 그 쓸모없음에도 불구하고 사랑할 수밖에 없다고. 독사진을 보면 나는 혼자 앉지 못하고 의자의 팔걸이에 기대고 있거나 몇 겹의 쿠션에 기대고 있다. 어떤 사진에서는 끔찍하게 못난 두꺼운 빨간색 공단 소파에 앉아서 혼자 자지러지게 울고 있다. 자지러지게 우는 사진은 이 외에도 여러 장 있다. 못난이 울보 같은 아기 사진은, 그 아이가 그저 잠깐 지극히 아가답게 울고 있을 뿐 원래는 행복한 아가라는 것을 알고 있으니 웃기기만 하다. 이 사진들을 보며 생각한다. '난 내 조카랑 닮았구나.' 정확하게 말하자면 내 어린 조카가 나를 닮은 것이지만. 가족이란 누가 뭐라 하건 강력한 연결고리다. 우리는 우리의 눈과 우리의 입술과 우리의 피와 우리의 뜨거운 심장으로 연결되어 있다. 내가 세 살 때 남동생 조엘이 태어났다. 이제부터 머리숱이 많은 동그란 갈색 얼굴의 조엘이 항상 내 옆에 앉아 있거나 서 있는 사진이 등장하기 시작한다.

어른이 되어 이 앨범들을 가끔 넘겨보곤 했다. 기억하고 싶었기 때문이다. 처음에는 내가 낳을 아기에게 보여줄 사진을 찾으려고 했다. "너는 이런 사람으로부터 나온 아이야." 나에게도 아이가 생긴다면, 그 아이가 자기의 가족이, 불완전하기긴 해도 사랑하는 법을 알고, 자기 엄마가 외할머니에게 극진하게 사랑받았듯 자기 또한 그렇게 사랑받으리라는 사실을 알게 해줄 것이다. 아이에게는 다양한 형태의 사랑을 보여주는 것이 중요하고, 내 아이가 어떻게 내 인생으로 들어왔건, 이 따뜻한 사랑만큼은 내가 돌려주고 보여줄 수 있을 것이다. 때로는 이 사진 속 사람들을 공부하듯이 바라보기도 했다. 이름과 장소들을 기억하고 중요한 순간들을, 나에게서 빠져나가버린 그 순간들을 기억하려고 사진을 보았다. 내가 깨끗이 삭제해버린 그 기억들을 다시 그러모으려고 해보았다. 이 완벽한 사진 속 완벽하게 사랑받는 아이에서 어떻게 지금의 내가 되었는지를 헤아리려고도 해보았다.

　나는 안다. 아주 정확히. 하지만 잘 모른다. 아니, 안다. 하지만 나는 그때와 지금이 왜 이렇게 달라졌는지 정말이지 이해하고 싶다. 그 '왜'는 복잡하고 까다롭다. 그 '왜'를 내 손에 넣어 낱낱이 해부하거나 아니면 찢어발기거나 아니면 태운 다음에 남은 재를 뒤적거리면서라도 해답을 얻고 싶다. 내가 보게 될 것들이 두렵다 해도. 그렇게라도 이해할 수 있을지는 모르겠지만 혼자 있을 때 나는 이 앨범을 꺼내서 안에 뭐가 있는지, 뭐가 빠졌는지, 무슨 일이 일어났는지 알고 싶어 강박적으로 넘겨본다. 아무리 그런다 해도 그 '왜'는 나를 비껴간다.

내 사진이 또 한 장 있다. 다섯 살 때다. 눈이 무척 크고 목은 길고 앙상하다. 소파에 배를 깔고 누워 발목을 겹친 채 플라스틱 타자기를 쳐다보고 있는데 아마도 몽상에 빠져 있었을 것이다. 나는 늘 몽상에 빠져 있었다. 그때에도 나는 이미 작가였다. 아주 어릴 때부터 냅킨에 작은 마을들을 그려놓고 그 마을에 사는 사람들의 이야기를 지어내곤 했다. 그런 이야기를 쓰면서 현실에서 도피하는 일을, 나와는 다른 삶을 상상하는 일을 사랑했다. 지나칠 정도로 상상력이 풍부했다. 나는 몽상가였고 몽상에서 강제로 빠져나와 현실로 돌아가야 할 때마다 부아가 치밀었다. 이야기 속에서는 실제의 나에게는 없는 친구들이 있었다. 감히 나에게 이루어질 거라고 상상하지 못하는 모든 일이 가능했다. 나는 용감할 수 있었다. 영리할 수 있었다. 웃길 수 있었다. 원하기만 하면 모든 것이 될 수 있었다. 글을 쓸 때는 행복해지기가 너무나 쉬웠다.

그리고 또 한 장의 사진이 있다. 일곱 살 때 사진이다. 멜빵바지를 입고 있는 나는 행복하다. 어린 시절 멜빵바지를 참 많이 입었다. 그 옷을 좋아하는 이유는 많았는데 내 물건들을 숨길 수 있는 주머니가 많은데다 옷이 복잡하고 단추와 조여야 하는 끈도 여럿 있었기 때문이다. 단추와 끈은 나를 안전하고 아늑하게 느끼게 해주었다. 그 시절 사진에서 나는 서너 장에 한 장꼴로 멜빵바지를 입고 있다. 이상할 만큼 자주 입고 있다. 사실 난 이상한 아이였다. 남동생 조엘과 같이 있는 사진에서 동생은 나에게 가라테 발차기를 하고 있고 나는 그 작은 발을 피하려 하고 있다. 조엘은 그때나 지금이나 에너지가 넘친다. 우리는 세 살 차이가 난다. 항상 재미나게 놀았다. 지금도 아주 친하게 지낸다. 우리는 깜찍한 남매였다. 나에게도 그런 무방비 상태의 즐거움이 가능했었다는 증거를 보면 마음이 찢어질 것만 같다. 다시 그렇게 자유로울 수만 있다면 무엇이든 할 수 있을 것 같다.

내가 여덟 살 때 둘째 남동생 마이클 주니어가 태어났고 그때부터는 거의 모든 사진에서 우리 셋이 대체로 끌어안거나 손을 잡고 카메라를 응시하고 있다.

어린 시절 나는 글을 많이 썼고 책 읽는 것은 그보다 더 좋아했다. 손에 닿는 것이면 무엇이든 읽어치웠다. 그중에서도 표지가 닳도록 읽었던 책은 '초원의 집' 시리즈였다. 나와는 완전히 다른 시대에 농장에서 자란 평범한 소녀 로라 잉걸스가 평범하고도 특별한 삶을 산다는 개념 자체를 사랑했다. 그 이야기의 온갖 세세한 부분들까지 사랑했다. 아빠가 따오는 과즙이 줄줄 흐르는 맛좋은 오렌지, 눈 오는 날 메이플시럽으로 만든 캔디, 남달리 우애 깊은 잉걸스 자매들, 로라의 별명인 쪼꼬맹이half-pint도 좋았다. 잉걸스 자매들이 자라면서는 로라와 넬리 올슨의 라이벌 관계가 흥미진진했고 로라와 미래의 남편 앨먼조 아일더와의 귀여운 연애를 가슴 졸이며 읽었다. 마침내 이들이 결혼해 첫 일 년 동안 개척자로서 거친 황무지를 일구고 온갖 고초를 겪으며 딸인 로즈를 키우는 장면에서는 숨도 못 쉬고 읽었다. 나 또한 그런 변치 않는, 진실한 사랑을 하고 싶었다. 독립적이면서도 그와 동시에 사랑받고 기댈 수 있는 관계를 꿈꾸었다.

'초원의 집' 시리즈를 끝낸 후에는 주디 블룸의 책을 모조리 읽었다. 섹스에 대해서는 대부분 그녀의 소설 『포에버』•로 배운 탓에 수년 동안 모든 남자가 자신의 성기를 "랠프"라고 부르는 줄 알았다. 캘리포니아로 금광을 찾아 모험을 떠나 마차 여행의 온갖 고난과 시련을 겪는 소녀들에 관한 이야기도 읽었다. 그러다가 캘리포니아의 스위트 밸리라는 목가적인 마을에 사는 제시카와 엘리자베스 웨이크필드 자매의 사랑스러움에 강렬하게 도취되는 시기가 찾아왔다. 그다음으로 『대지의 아이들─동굴곰족The Clan of the Cave Bear』을 읽고 섹스는 『포에버』에서 캐서린과 마이클의 어설픈 몸짓이 암시하는 것보다 훨씬 재미있을 수 있다는 것을 배웠다. 읽고 읽고 또 읽었다. 내 상상은 무한하게 뻗어나갔다.

치마나 원피스를 입고 있는 사진도 무척 많다. 긴 머리를 예쁘게 땋거나 묶고 반짝거리는 공주 반지를 낀 소녀다운 소녀의 모습을 한 사진들. 남자 형제들 사이에서 자라 언제나 톰보이 같다고 생각해왔는데 나에게도 의외였다. 가끔 우리

• 고등학교 졸업을 앞둔 캐서린과 마이클의 풋풋한 사랑 이야기로 청소년의 성을 사실적으로 그려내 1975년 출간 당시 미국에서 논란이 일기도 했다.

는 사실이 아닌데도 그렇다고 우기고 싶어하고 현재를 더 잘 설명하기 위해 과거를 재구성한다. 이 사진들을 보면 내가 개구쟁이처럼 장난치고 동생들과 먼지 속에서 뒹굴며 놀기를 좋아하기도 했지만 완전히 선머슴은 아니었다는 사실이 확연해진다. 전혀 그렇지 않았다.

지아이 조G.I. Joe 액션 피겨를 갖고 놀고 집 옆 공터에 요새를 짓거나 동네 옆 뒷산에서 뛰어놀기도 했는데 주로 내 남동생들과 놀았기 때문이다. 책에서 찾은 친구들을 제외하면 현실의 베스트 프렌드는 남동생들이었다. 우리 세 남매는 사이가 좋은 편이었다. 물론 가끔 티격태격하긴 했지만. 아니, 가끔이 아니었지. 싸우기는 또 얼마나 많이 싸웠던가. 특히 바로 아래 동생 조엘과는 아무것도 아닌 일로 싸우고 또 화해를 하고 소란을 피웠다. 막내인 마이클 주니어는 훨씬 더 어렸고, 보통은 기꺼이 우리 장난질에 공범자가 되어주었다. 공범자가 아닐 때는 우리들의 장난감이자 놀림감이 되기도 했다. 우리 둘이 막냇동생을 세탁 바구니에 넣어 지하 계단으로 밀거나 플라스틱 거미로 괴롭혔는데 그보다 최악은 놀이에 끼워달라는 간청을 무시해버리는 것이었다. 어떻게 된 일인지 그 모든 구박과 놀림에도 불구하고 막내는 형과 누나를 무조건적으로 따랐고 조엘과 나는 막내가 보내는 열렬한 애정으로 따뜻하게 데워졌다.

어린 시절 앨범 속의 사진들은 내가 행복하고 온전했을 때의 유물과도 같다. 이것은 한때 내가 예뻤고 가끔은 귀엽고 상냥했었다는 사실을 증명한다. 지금 당신이 보는 내 모습 뒤에는 예쁜 소녀가 좋아할 법한 물건을 사랑하는 예쁜 소녀가 여전히 존재한다.

사진 속 나는 자랄수록 덜 웃는다. 여전히 예쁘다. 열두 살이 되었을 때부터 치마를 안 입기 시작했고 장신구를 전혀 하지 않았고 새로운 머리 스타일을 시도하지 않았다. 항상 머리를 위로 바짝 올리거나 하나로 묶었다. 여전히 예쁘긴 하다. 그로부터 몇 년 후 사진 속의 나는 머리를 아주 짧게 자르고 헐렁한 남자옷을 입기 시작한다. 나는 덜 예쁘다. 사진 속 나는 카메라를 공허하게 응시한다. 텅 비어 보인다. 실제로 텅 비어 있다.

11

강간과 성폭력이 내 이야기가 되었을 때는 어떻게 말을 꺼내야 할지 모르겠다. 이렇게 말하고 넘어가면 쉽다. "끔찍한 일이 있었어."

그렇다. 끔찍한 일이 있었다. 그 끔찍한 일이 나를 부숴버렸다. 여기까지만 말하고 싶지만 이 책은 나의 몸에 대한 회고록이니 내 몸에 어떤 일이 일어났는지 상세히 기술해야 할 것이다. 나는 어렸고 내 몸을 당연하게 여겼고 한 소녀의 몸에 어떤 끔찍한 일이 일어날 수 있는지를 배웠고 그뒤로 모든 것이 달라졌다.

끔찍한 일이 있었다. 이 정도까지만 이야기하고 덮어버리고 싶은데 나는 작가이면서 여자이기도 하기에 내게 일어난 최악의 일로 나라는 사람이 정의되길 바라지 않기 때문이다. 내 인격이 그런 방식으로 소비되기를 원치 않는다. 내 작품 또한 그 끔찍한 일 하나를 바탕으로 소비되거나 해석되기를 바라지 않는다.

그러면서 동시에 나는 침묵하고 싶지 않다. 침묵할 수가 없다. 끔찍한 일이 나에게 일어나지 않은 척하고 싶지 않다. 내가 오랫동안 짊어지고 다니던 그 모든 비밀을 더이상 나 혼자 짊어지고 싶지 않다. 더이상은 그렇게 못하겠다.

내가 내 이야기를 나누어야만 한다면 내 언어로, 어쩔 수 없이 따라올 관심에 개의치 않고 내 식대로 하고 싶다. 동정이나 공감이나 조언을 바라지 않는다. 나는 용감하지도 않고 영웅적이지도 않다. 나는 강인하지 않다. 특별하지 않다. 나는 이 세상의 수많은 여성이 경험한 것을 경험한 한 여성일 뿐이다. 나는 희생자이지만 살아남았다. 더 나쁠 수도 있었고, 최악의 상황까지 갈 수도 있었다. 중요한 건 그것이다. 어쩌면 내가 여기서 하려는 이야기는 어디서 많이 들어본, 흔하디흔한 이야기 중 하나일지도 모르겠다. 그래도 여기서 다시 한번 이야기를 털어놓으며, 비슷한 과거를 공유하는 여성과 남성의 목소리에 내 목소리를 하나 더 얹음으로써, 성폭력에 따른 고통이 한 사람의 일생에 얼마나 막대한 영향을 미칠 수 있는지 그리고 그 파장이 얼마나 오래갈 수 있는지에 대해 더 많은 사람이 똑똑히 알 수 있게 되기를 바란다.

나는 종종 내게 일어난 일을 일부러 빙빙 돌려서 모호하게 쓰곤 한다. 그것이 그날로 다시 돌아가는 것보다, 모든 것의 시초가 된 그 일로 되돌아가는 것보다, 그 이후에 일어난 일로 돌아가는 것보다 더 쉽기 때문이다. 나 자신을 직면하기보다는 확실히 더 쉽다. 모든 것을 알고 있음에도 불구하고, 그 일에 내 책임도 있다고 느낄 수밖에 없기 때문에 더 쉽다.

지금까지도 나는 그 일에 내가 책임이 있다고 느낄 뿐만 아니라 그 이후에 내가 대처한 방식도, 내 침묵과 내 폭식과 내 몸에 내가 저지른 일까지 나의 과오라고 느낀다. 과거를 일부러 모호하게 썼던 이유는 그런 식으로 나를 방어하고 정당화하고 싶지 않았기 때문이다. 전부 드러내버리는 건 너무나 두려워서 피했다. 그러다보니 겁쟁이가, 두려움 많고, 나약한 인간이 된 것 같다.

내게 일어난 일을 에둘러 썼던 이유는 우리 가족의 머릿속에 끔찍한 이미지가 남길 바라지 않아서이기도 했다. 내가 무엇을 견뎌왔는지, 지난 이십오 년 넘게 어떤 비밀을 숨겨왔는지 가족에게 알리고 싶지 않다. 내 연인이 나를 볼 때 내가 폭행당한 순간만을 떠올리길 바라지 않는다. 또한 그들이 나를 원래의 나보다 더 연약한 인간으로 생각하길 바라지 않는다. 나는 무너졌으나 그래도 강하다. 내 연인들이, 아니 어떤 사람이라도 나를 고작 나에게 일어났던 그 최악의 일의 희생자로만 생각하는 건 싫다. 나는 사랑하는 사람들을 보호하고 싶다. 나 자신을 보호하고 싶다. 내 과거는 내 것이고, 나는 거의 항상 그 과거를 깊은 곳에 묻어두고 그 과거에 상관없이 자유롭게 살기를 소망한다. 하지만. 삼십 년이나 흘렀는데도, 설명할 수 없는 일이지만 나는 아직도 그 과거에서 자유롭지 못하다.

나는 너무나 자주 내 이야기를 빙빙 돌려서 쓰지만 그래도 쓰긴 쓴다. 내 이야기 중 일부를 공유하고 그렇게 공유한 이야기는 더 큰 무언가의 일부, 나와 비슷하게 고통스러운 기억을 갖고 있는 사람들의 집단적 증언 가운데 하나가 된다. 그래서 나는 내 이야기를 쓰기로 한다.

사람들은 어떤 종류의 폭력이건 폭력에 관한 이야기가 나오면 어떻게 들어야 할지 모르는 것 같다. 폭력은 간단해 보이지만 실은 매우 복잡하다는 것을 받아들이기 어렵다. 당신에게 폭력을 행한 사람을 사랑하고 그 사람 곁에 남을 수도 있으며, 당신을 사랑하는 사람이 당신에게 상처를 줄 수도 있고, 완전히 낯선 이에게 폭력을 당할 수도 있다. 당신은 너무나 끔찍한 방식으로도, 너무나 친밀한 방식으로도 폭력을 당하고 해를 입을 수 있다.

굳이 내 이야기를 공유하려는 이유는 폭력의 역사를 공유하는 일이 중요하다고 믿기 때문이다. 나 개인의 폭력의 역사를 말하기가 망설여졌지만, 그 역사야말로 지금의 나라는 인간, 내가 쓰는 글의 내용, 내가 글쓰는 방식에 대해 너무나 많은 것을 알려준다. 내가 어떻게 이 세상을 헤쳐가고 있는지도 알려준다. 내가 어떻게 타인을 사랑하고 타인이 나를 사랑하도록 스스로를 내맡겼는지를 알려준다. 폭력의 역사는 모든 것을 알려준다.

'폭행 사건' 혹은 '폭력' 혹은 '사건'처럼 무심하고 객관적인 용어를 사용하는 편이, 앞으로 나서서 나는 열두 살이었고 그때 내가 사랑한다고 생각했던 소년과 그의 친구들에게 집단 성폭행을 당했다고 말하는 것보다 쉬울 것이다.

나는 열두 살이었고, 그해에 성폭행을 당했다.

성폭행을 당한 후 수많은 세월이 흘렀기에 나 스스로에게도 내게 일어난 그 일을 '과거의 일'이라고 말하기도 한다. 부분적으로만 맞는 말이다. 너무나 많은 면에서 그 과거는 아직도 나와 같이한다. 내 몸에 그 과거가 고스란히 새겨져 있다. 매일같이, 하루도 빠짐없이 그 과거를 데리고 다닌다. 가끔 이 과거가 마치 나를 죽일 수도 있을 것처럼 느껴진다. 과거라는 짐은 진정 무겁다.

내 사적 폭력의 역사에는 한 소년이 등장한다. 나는 그 아이를 사랑했다. 그 아이의 이름은 크리스토퍼였다. 물론 실명이 아니다. 말 안 해도 그 정도는 아실 것이다. 나는 크리스토퍼와 그의 친구 여러 명에게 그들 말고는 아무도 내가 내지르는 비명을 들을 수 없는 깊은 산속 오두막에서 집단 성폭행을 당했다.

그전에는, 크리스토퍼와 나는 말하자면 친구였다. 적어도 우정 비슷한 것을 나누는 사이였다. 그는 수업시간에는 나를 무시했지만 학교가 끝나면 자주 어울렸다. 그는 자기가 원하는 건 다 하려고 했다. 우리가 함께 보내는 시간을 자기 뜻대로만 하려 했다. 나를 함부로나마 대해준다는 것에 감사해야 한다고, 나 같은 여자애를 곁에 둔다는 사실만으로도 감사해야 한다고 생각했다. 열두 살 소녀가 그렇게까지 자존감이 낮아야 할 이유는 전혀 없다. 나를 그런 식으로 대하도록 내버려두지 말아야 했다. 그러나 일은 그런 식으로 일어났다. 그것은 지금까지도 나를 가장 몸서리치게 괴롭히고 어떻게든 벗어나고 싶은 진실이다.

그 소년과 나는 숲속에서 자전거를 타다가 한 오두막 앞에서 자전거를 세웠다. 더럽고 지저분한, 십대들이 몹쓸 짓을 할 때 찾는 외진 장소였다. 그의 친구들이 기다리고 있었고 어쩌다보니 우리는 그 오두막 안에 서 있었고, 크리스토퍼는 친구들 앞에서 그동안 그와 내가 했던 그 일들을, 우리 둘만의 사적인 일들을 맘껏 자랑했고 나는 부끄러워 숨고만 싶었다. 나는 매주 성당에 다니는 얌전한 여학생이었고 이미 크리스토퍼와 내가 했던, 하지 말았어야 할 일들 때문에 죄책감을 잔뜩 느끼고 있었다.

당혹스러웠다. 그는 왜 친구들에게 나는 아무에게도 하지 않은 말을, 우리만의 비밀이라고 생각했던 일을, 그가 나를 사랑할 수 있게, 적어도 날 떠나지 않게 했던 그 일을 이야기하는 것일까? 친구들은 크리스토퍼가 하는 말에 흥분하며 환호했다. 너무 신이 나서 얼굴까지 상기되어 요란하게 웃어댔다. 그들이 내 이야기를 하는 동안 나는 작아지고 또 작아졌다. 내가 받은 이상한 느낌을 인식하지 못했음에도 무서웠다.

그곳이 안전하지 않다는 것을 깨달은 순간 도망치려고 해보았으나 이미 늦었다. 나는 나를 구할 수 없었다.

크리스토퍼가 웃고 있는 친구들 앞에서 나를 밀쳐 넘어뜨렸고 내 앞에는 나보다 훨씬 더 커다란 몸들이 있었다. 무섭고 당황스러웠고 상황 파악이 되지 않아 혼란스러웠다. 그때까지도 그애를 좋아했기에, 그도 나를 좋아한다고 생각했기에, 상처를 받았다. 어느 순간 나는, 그의 친구들 앞에 무방비 상태로 바닥에 누워 있었다. 그들에게 나는 소녀가 아니었다. 여자의 살과 여자의 뼈가 있는, 갖고 놀 수 있는 하나의 물건이었다. 크리스토퍼가 내 위에 올라왔을 때 그는 옷을 벗지도 않았다. 그 사소한 장면이 오랫동안 기억에서 떨쳐지지 않았다. 나에게 그런 일을 하려 하면서도 옷을 벗는 정도의 신경조차 쓰지 않았다는 사실이. 그저 바지의 지퍼를 열고 내 다리 사이에 무릎을 꿇고 내 안에 자신을 밀어넣었다. 다른 남자아이들이 나를 내려다보고 음흉하게 웃으며 크리스토퍼를 부추겼다. 눈을 감았다. 그들을 보고 싶지 않았다. 지금 일어나는 일을 받아들이고 싶지 않았다. 사랑이 넘치는 가정에서 보호받으며 자라던 순진한 가톨릭 소녀였던 나는 지금 무슨 일이 일어나고 있는지 제대로 파악조차 되지 않았다. 물론 그 신체적 아픔, 그 날카롭고 즉각적인 통증은 느껴졌다. 그 고통은 도저히 모른 체할 수가 없었다. 내가 내 몸을 이 아이들에게 맡겨버리고 현실에서 눈을 돌려 내 머릿속 어딘가 안전한 곳에 숨으려 해도 통증만큼은 피할 수가 없었다.

크리스토퍼에게 제발 그만하라고 빌었다. 지금 그만두기만 하면 그가 원하는 건 뭐든지 하겠다고 했지만 그는 멈추지 않았다. 나를 보고 있지도 않았다. 크리스토퍼는 끝나기까지 오래 걸렸다. 아니면 내가 느끼기에 길었는지도 모른다. 그가 내 안에 있는 것을 원치 않았으니까. 그러나 그때 내가 뭘 원하는지는 이들과 상관이 없었다.

크리스토퍼는 자기 일을 끝낸 후에 내 팔을 잡아 누르고 있던 친구와 자리를 바꾸었다. 나는 팔다리를 휘저으며 저항했지만 소년들은 그런 내 모습을 보고 낄낄거릴 뿐이었다. 이제 그 친구라는 아이가 내 몸 위로 올라왔다. 그의 입술은 번들거렸고, 숨쉴 때마다 맥주 냄새가 풍겼다. 난 아직까지도 입에서 나는 맥주 냄새를 참지 못한다. 이 소년들의 무게 때문에 내 몸이 부서질지 모른다고 생각했다.

너무 따갑고 화끈거렸다. 크리스토퍼는 내 얼굴을 정면으로 보지 않았다. 그 대신 내 팔목을 붙잡고 내 얼굴에 침을 뱉었다. 나는 생각했다. 지금까지도 그렇게 생각한다. 그애는 그저 친구들 앞에서 센 척을 하고 싶었던 거라고. 나에게 그렇게까지 하고 싶지는 않았을 거라고. 그는 웃었다. 그곳에 있던 소년들이 돌아가며 나를 강간했다. 자기들이 어디까지 할 수 있는지 알고 싶어했다. 나는 장난감, 마구 함부로 다루어도 되는 장난감이었다. 결국 나는 소리지르기를 멈추었다. 움직이지도 않았다. 몸부림치지 않았다. 기도하지도 않았고 하느님이 날 구해주리라고 믿지도 않았다. 그렇다고 덜 아픈 건 아니었다. 고통은 계속되었다. 그들은 잠깐 쉬기로 했다. 나는 몸을 웅크리고 덜덜 떨었다. 움직일 수가 없었다. 지금 내게 일어나고 있는 일을 믿을 수가 없었다. 문자 그대로, 지금 내가 써내려간 대로 이해할 능력 자체가 그때의 내게는 없었다.

그들의 이름은 기억나지 않는다. 크리스토퍼를 빼고 그 아이들에 대해서는 구체적인 기억이 없다. 그들은 아직 어른이 되지 않은 남자아이들이었지만 이미 남자들이 하는 가해를 할 줄 알았다. 냄새는 기억한다. 그들의 각진 얼굴도 기억한다. 그 몸의 무게들은 기억한다. 그들의 시큼한 땀냄새는 기억한다. 팔다리의 힘이 놀라울 정도로 셌던 건 기억한다. 그들이 그 시간을 즐겼던 건 기억하고 많이 낄낄댔다는 건 기억한다. 나를 향한 그들의 시선이 오직 멸시와 조롱뿐이었던 건 기억한다.

그들은 내게, 이제까지 이야기할 수도 없었고 앞으로도 이야기할 수 없는 짓들을 했다. 어떻게 말로 표현할 수 있을지 모르겠다. 어떤 단어를 써야 할지도 모르겠고 어떤 단어도 쓰고 싶지 않다. 나에게는 이렇듯 폭력의 역사가 있지만 그것에 대한 공식적인 기록은 영원히 불완전할 것이다.

모든 일이 끝난 뒤, 나는 자전거를 끌고 집으로 와서 우리 부모님이 아는, 그 착하고 공부 잘하고 항상 만점 맞는 큰딸 행세를 계속했다. 내게 일어난 일을 어떻게 감추어야 할지 몰랐지만 어떻게 하면 착한 딸이 되는지는 알았고 그날 밤, 그 연기를 무사히, 아니 유난히 잘 펼쳤던 것으로 기억한다.

나중에 그 소년들은 무슨 일이 일어났는지에 대해 저마다 다른 버전의 이야기를 학교의 모든 아이에게 하고 다녔고 그 학기 내내 나는 '걸레'라는 새로운 이름으로 불리게 되었다. 내 버전의 이야기는 하등 중요하지 않다는 사실을 바로 알았기에 그날의 진실을 비밀로 묻은 채 내게 붙은 새 별명과 살아가기로 했다.

'그가 말했다/그녀가 말했다' 때문에 이 세상의 너무나 많은 피해자(혹은 생존자, 당신이 이 용어를 선호한다면)가 앞으로 나서지 못한다. 왜냐하면 대부분의 경우 '그가 말했다'가 더 중요하게 취급되기 때문에 우리는 그냥 진실을 삼켜버리는 것이다. 우리가 진실을 삼키면서, 진실은 변질된다. 변질된 진실은 감염되듯 온몸으로 퍼져나간다. 우울증이 되고 중독이 되고 집착이 되며, 그 밖에도 그녀가 말할 수도 있었고 말해야만 했으나 하지 못했던 그 말이 침묵이라는 독이 되어 다양한 신체 증상으로 나타난다.

하루하루 지날수록 나는 나 자신을 점점 더 싫어하게 되었다. 내가 역겨웠다. 그를 피해 다닐 수도 없었다. 그 소년들이 한 짓에서 벗어날 수 없었다. 그들의 냄새를 맡을 수 있었고 그들의 입을 느끼고 그들의 혀와 손과 거친 몸과 따가운 피부를 느낄 수가 있었다. 그들이 나에게 한 그 더러운 말들이 귀에서 한순간도 떠나지 않았다. 그들의 목소리는 늘 내 곁에 바짝 붙어 있었다. 나는 숨쉬는 것만큼 자연스럽게 나를 싫어하게 되었다.

그 소년들은 내가 아무것도 아닌 것처럼 대했고 나는 정말로 아무것도 아닌 존재가 되었다.

12

비포가 있고 애프터가 있다. 애프터에서 나는 무참히 망가졌고 산산조각났고 침묵에 빠졌다. 충격으로 멍했다. 무서워 죽을 것 같았다. 나는 비밀로 간직하기로 했고 남자애들이 나에게 한 짓은 비밀로 남아야 한다는 걸 마음속 깊은 곳에서부터 알고 있었다. 이 일로 인한 수치와 굴욕을 아무에게도 털어놓을 수가 없었다. 나는 구역질나는 사람이었다. 왜냐하면 나에게 구역질나는 일들을 하도록 내버려두었으니까. 나는 이제 소녀가 아니었다. 인간보다 못한 존재였다. 더이상 착한 모범생도 아니었고 지옥에나 떨어질 운명이었다.

열두 살이던 어느 날, 나는 갑자기 아이가 아니게 되어버렸다. 더이상 아이처럼 자유롭거나 행복하거나 안전하다고 느끼지 못하게 되었다. 점점 더 내 안으로 숨어들었다. 나에게 그나마 구원의 은총이 있었다면 우리 가족은 아빠 직업상 자주 이사를 다녀야 했다는 것이고, 성폭행을 당한 그해 여름이 끝나자, 새로운 주로 이사해 나는 다시 내 이름을 되찾아 아무도 내가 숲속의 그 소녀였다는 사실을 모르게 되었다는 것이다. 그래도 여전히 친구는 한 명도 없었고 사귀려고 노력하지도 않았다. 어떻게 그 아이들과 나 사이에 공통점이라는 게 있겠는가? 부끄러운 줄도 모르고 이렇게 되어버린 나를 주변의 멀쩡한 아이들에게 내보일 수가 없었다. 대신 나는 강박적으로 책을 읽었다. 스쿨버스에서 책을 읽으면 반 아이들이 놀려댔다. 가끔은 내 손에서 책을 빼앗아 버스 앞뒤로 던지며 주고받았고 나는 겁쟁이 같은 얼굴로 그 책을 다시 손에 넣기 위해 우왕좌왕했다. 책을 읽을 때면 잊을 수 있었다. 비밀을 꽁꽁 숨기고 있는 불쌍한 8학년 여학생을 벗어나 세상 어디에든 갈 수 있었다. 나는 종종 읽기와 쓰기가 내 삶을 구원했다고 말하곤 한다. 문자 그대로의 사실이다.

집에서는 부모님이 생각하는 그 착한 딸이 되려고 죽기 살기로 노력했지만 지치는 일이었다. 여러 차례, 엄마 아빠에게 나에게 문제가 있다고, 뭔가 잘못되어가고 있다고, 내면이 죽어가고 있다고 털어놓고 싶었지만 어떻게 말해야 할지 알 수 없었다. 부모님이 뭐라고 할지, 어떻게 행동할지 두려웠고 나를 어떻게 생각할지 두려웠다. 나는 그 두려움을 끝까지 극복하지 못했다. 침묵에 빠진 기간이 길어질수록 두려움은 점점 커져서 다른 모든 것을 잡아먹었다.

우리 부모님에게 내가 어떤 사람이, 무엇이 되었는지 알려줄 수가 없었다. 나에게 실망하고 내가 스스로를 쓰레기로 여기는 것처럼 그들도 나를 버릴까봐. 그러면 나는 아무것도 아닌 존재를 넘어 아무것도 가진 게 없는 존재가 된다. 내 삶에 진실이 들어설 공간은 없었다.

이제는 내가 틀렸다는 것을 안다. 우리 부모님은 나를 지지해주고 나를 도와주고 나를 위해 정의를 실현해주었을 것이다. 그 수치심은 내가 느껴야 하는 것이 아니라는 걸 가르쳐주었을 것이다. 안타깝게도 나의 겁먹은 침묵은 되돌릴 수가 없다. 이제 와서 혼자 겁에 질려 떨고 있던 열두 살 소녀에게 얼마나 사랑받고 있었는지, 그 사랑이 얼마나 무조건적이었는지 말해줄 방법은 없다. 아, 그런데도 나는 얼마나 간절히 말하고 싶은가. 그 열두 살 아이를 만나 위로하고 싶은 걸 어쩌면 좋을까. 그후에 일어난 일로부터 그 아이를 보호해주고 싶은데 어떻게 해야 하나.

나는 순진한 소녀, 착한 딸, 모범생 역할을 충실히 해냈다. 신앙을 잃어버렸지만 계속 성당에 갔다. 죄책감이 나를 집어삼켰다. 더이상 신을 믿지 않았다. 신이 있다면 그 숲속에서 크리스토퍼와 다른 아이들에게 그 일을 당할 때 나를 내버려두지 않고 구해주었을 테니까. 죄를 저질렀기에 더이상 신을 믿지 않았다. 어떤 일이 실제로 가능하다는 걸 배우기 전까지는 가능할 거라 생각하지 못한 방식으로 죄를 저질렀다. 내 인생에서 너무나 소중했던 그 모든 것, 우리 가족, 신앙, 그리고 나 자신에게 기대지 못하고 떨어져나오자 외롭고 무서웠다.

나는 비밀을 간직한 외톨이였고, 그런 아이가 아닌 척했다. 살아남기 위해서는 내게 일어난 일, 그 아이들, 그들의 입에서 끼치던 냄새, 내 몸을 빼앗아버린 그 손들, 안팎으로 나를 죽여버린 그 손들을 모두 잊어야만 했다.

13

그 끔찍한 일이 생기기 전에 나는 이미 내 몸을 서서히 잃기 시작했다. 나는 너무 어렸고 몰랐지만, 나보다 너무 많이 알고 너무 많이 원했던 소년과 사귀는 것인지 아닌지도 모를 슬픈 관계에 놓여 있었다. 나도 많은 걸 원했지만 그는 나와는 다른 걸 원했다. 크리스토퍼는 나를 착취하고 싶어했다. 나는 사랑받길 원했다. 나는 나를 따라다니는 고독감을 그가 채워주길 바랐다. 어딜 가나 서툴고 어색한 아이가 되는 서글픔을 지워주고, 언제나 주변을 맴돌며 서성거리는 내성적인 소녀를 지워주길 바랐다. 그 아이를 만난 건 우리 가족이 그 동네로 이사온 지 얼마 되지 않았을 때였다.

내 안에는 어린 시절부터 커다란 공허감, 외로움이라는 동굴이 있었고(아직까지 있나?) 그것을 무엇으로건 채우려고 평생 노력해왔다. 어떤 소년이 나타나 그 외로움을 지워주기만 한다면 무엇이든 할 각오가 되어 있었다. 서로가 서로에게 속한다는 느낌을 받고 싶었으나 우리가 함께할 때와 그뒤에도 나는 정확히 그 반대의 기분을 느꼈다. 그럼에도 나는 그 아이에게 끌려갔다.

그 시기에 그리고 그 이후 여러 해 동안 나는 '스위트 밸리 하이Sweet Valley High' 시리즈에 푹 빠져 있었다. 그 책들을 그토록 탐닉하며 읽은 이유는 내가 책의 주인공인 엘리자베스와 제시카 웨이크필드 혹은 이니드 롤린스와 전혀 닮지 않았기 때문이다. 나 같은 아이는 잘생긴 농구부 주장인 토드 윌킨스 같은 아이, 스위트 밸리의 역시 잘생긴 부잣집 악동 브루스 팻맨 같은 아이와는 결코 사귈 수 없을 터였다. 그 책을 읽을 때만큼은 나에게도 더 나은 삶이 가능한 척, 내가 어디에서나 잘 적응하고 친구들과 명랑하게 어울리고 멋진 남자친구가 있고 나에 대해 모든 것을 아는 가족과 함께하는 삶이 가능한 척할 수 있었다. 더 나은 세상에서는 착한 소녀인 척할 수 있었다.

이 남자아이 크리스토퍼도 잘생기고 인기가 많아, 내 상상 속 잘 관리된 교외 동네 스위트 밸리 하이에서 내가 찾고 싶은 딱 그런 인물이었다. 학교에서 그와 나의 관계를 아는 아이는 한 명도 없었다. 그는 학교에서 내게 알은체하지 않았지만 나는 우리가 어떤 관계인지 아니까 그 정도면 충분하다고 스스로를 다독였다. 그후로도 오랜 세월 동안 나는 연인들에게는 그 정도의 최소한의 인정만 있으면 충분하다고 생각하곤 했다.

그 아이의 침대에서 같이 놀면서 그의 형이 가지고 있던 잡지 『플레이보이』나 『허슬러』를 넘겨 보곤 했다. 잡지 속 나

체의 여자들, 대체로 늘씬하고 탱탱한 금발 백인 여자들의 몸을 관찰했다. 그 몸들은 낯설고 비현실적이었다. 이렇게 노골적이고 음란하게 알몸을 펼쳐 보이는 여인들을 보는 것이 잘못인 줄은 알았지만 눈을 돌릴 수가 없었다.

그는 확실히 이 여자들이 흥미롭고 성적 매력이 있다고 생각하는 듯했고 그때에도 나는 내가 그 여자들과는 전혀 다르다는 걸 알았다. 그 여자들처럼 되고 싶은 건 아니었지만 그가 나를 원하길 바랐고 그 잡지를 볼 때처럼 나를 봐주기를 바랐다. 그는 절대 그렇게 날 보지 않았고, 내가 그런 여자가 아니고 될 수도 없다는 사실에 대해 자기 나름대로의 방식으로 나를 벌주었다. 내가 너무 어리고 너무 순진하고 너무 그를 흠모하고 너무 협조적이었기에 그는 나를 벌주었다.

그와 그의 친구들이 나를 강간하기 전에도 나는 그에게 물건이었다. 그는 이런저런 것을 시도해보고 싶어했고 나는 이상하고 비정상적일 정도로 고분고분하게 하라는 대로 했다. 그에게 싫다고 말하는 법을 몰랐다. 싫다고 말해야 한다는 생각조차 해본 적이 없다. 이건 내가 치러야 하는 대가일 뿐이라고, 그에게 사랑받는, 아니 진정 솔직하게 말해버리자면, 그가 나를 참아주는 대가라고 나 자신에게 말했다. 그와는 다른 나 같은 여자애, 어리숙하고 친구 없고 인기 없고 그의 관심만을 갈구하는 아이는 그 외의 다른 것은 감히 희망할 수 없었다. 나는 알았다.

내가 마침내 그와 그의 친구들에 의해 망가져버리기 전 그가 나에게 시켰던 그 일들을 구체적으로 말할 수는 없다. 너무 가학적이었고 너무 굴욕적이었다. 하지만 우리가 매번 새롭게 어떤 선을 넘을 때마다 나는 내 몸을 더 많이 잃었다. "싫어"라는 말을 할 수 있는 가능성이 점차 사라졌다. 이전의 그 착한 소녀에게서 점점 멀어져갔다. 언젠가부터 거울에서 내 모습을 보지 않게 되었는데 거울을 보면 죄의식과 수치심 외에는 아무것도 느껴지지 않았기 때문이다.

그리고 그 숲속에서의 끔찍한 하루가 있었다. 그때 나는 마침내 싫다고 말했다. 하지만 내 말은 들리지 않았다. 그 점이 가장 무서웠다. 나의 "싫어"는 중요하지 않다는 것이. 그런 일이 일어난 이후로 크리스토퍼를 본체만체했다고, 그와의 관계는 영원히 끝이 났다고 믿고 싶지만, 그렇지 않았다. 아마도 그것이 나를 어른이 되어서도 이토록 수치심에 떨게 하는 대목일지도 모른다. 그가 나에게 했던 그 모든 가해에도 불구하고 나는 그를 다시 만나러 갔고 우리 가족이 몇 달 후 이사하기 전까지 그가 나를 맘대로 이용하도록 내버려두었다. 달리 어떻게 해야 하는지 몰랐다. 아니면 그날 숲속에서 일어난 일 때문에 내가 너무 무가치하게 여겨져서 그가 나를 착취하도록 내버려두었는지도 모른다. 그 이상의 대접은 받을 수 없다 믿었기 때문에.

이후 나에게는 어떤 낙인이 생겼다. 남자들은 나에게서 어떤 냄새를 맡을 수 있었다. 내가 내 몸을 잃었다는 것을, 내 몸을 그들 마음대로 사용할 수 있다는 것을, 나의 거부가 무가치하다는 것을 스스로도 알기에 무슨 일이 있어도 싫다고 말할 수가 없다는 것을. 그들은 나에게서 그 냄새를 귀신같이 맡고 기회가 있을 때마다 적극적으로 활용했다.

14

내가 왜 음식에 의지하게 되었는지 모른다. 아니, 안다. 나는 외로웠고 겁먹었고 음식은 즉각적인 만족을 주었다. 위로받고 싶지만 나를 사랑하는 사람들에게 어떻게 위로해달라고 해야 하는지 모를 때 음식은 나를 위로해주었다. 음식은 맛있었고 먹으면 기분이 나아졌다. 음식은 내 손이 닿는 곳에 있는 유일한 위안이었다.

몸무게가 급격히 늘어나기 전에는 꽤 건강하게 먹었다. 엄마는 요리에 열정을 쏟아붓는 주부는 아니었지만 사랑하는 가족을 위한 열정은 부족한 적이 없었다. 어린 시절 내내 엄마는 건강하고 균형잡힌 식사를 준비했고 우리는 다 같이 식탁에 둘러앉아 엄마가 차려준 음식으로 저녁식사를 했다. TV 앞이나 조리대에 서서 대강 급하게 때우는 끼니 같은 건 우리집에 없었다. 저녁 식탁에서 우리 세 남매는 요즘 학교에서 있었던 일이나 과제를 이야기하느라 바빴다. 발사나무*로 만들어야 하는 현수교라든가 베이킹소다로 만드는 화산

* 벽오동과의 상록교목으로 목재가 매우 가벼워 모형 비행기 등의 재료로 쓰인다.

에 대해 조잘거렸다. 우리는 선생님에게 받은 칭찬, 응당 그래야만 하는 우수한 성적표, 혹은 축구 시합에서 몇 번 골을 넣었는지 같은 것을 열심히 떠들어댔다. 저녁을 거의 다 먹을 때쯤이면 대체로 누가 설거지를 하느냐를 놓고 동생들과 실랑이를 벌이기도 했다. 아이티 이민자인 우리 부모님은 우리가 반쯤만 알아들을 수 있는 이야기들, 이를테면 옆집 미국 사람들이라든가 아빠의 최근 건설 프로젝트에 대해 이야기했다. 우리는 요즘 유행하는 것들에 대해 이야기했다. 하고 싶고 되고 싶은 것들을 이야기했다. 나는 당연히 모든 가족이 이럴 것이라고 생각했다. 저녁마다 한자리에 모여서 우리들만의 섬을 만들고, 부엌 식탁은 태양이 되고 우리는 그 주변을 도는 행성이 되는 모습 말이다.

엄마가 우리에게 해주는 요리들은 충분히 맛있었지만 우리 가족의 돈독한 유대감을 위해 부모님이 쏟은 정성에 비한다면 음식은 부차적인 요소였다. 부모님은 언제나 나와 내 남동생들이 세상에서 제일 웃기고 제일 똑똑한 사람인 것처럼 대해주고 우리의 유치한 소리에도 진지한 질문으로 답해주고 우리가 가장 멋질 수 있도록 도와주었다. 우리가 무시를 당하면 대신 화를 내주었다. 소소하나마 영광스러운 순간이 있으면 뛸듯이 기뻐했다. 나는 거의 매일 밤, 내가 이런 사람들에게 속하고 이 사람들이 나에게 속해 있다는 사실에 기쁨으로 볼이 상기된 채 잠이 들었다.

내가 점점 더 내 안으로만 한없이 파고들 때도, 우리 가족은 여전히 하나로 뭉쳐 있었고 친밀하고 변하지 않을 방식으로 단단히 연결되어 있었다. 우리 부모님은 당연하게도 내 안의 변화를 눈치챘다. 부모님은 계속 지켜보며 걱정을 했다. 그 이후 이십 년, 아니 더 긴 시간 동안. 하지만 내게 어디서부터 말을 꺼내야 할지 알지 못했고 나는 부모님이 비집고 들어올 틈을 만들지 않았다. 부모님은 노력했지만 나는 거부했고 내게 던져준 그 구명 밧줄을 보지 못한 척했다. 시간이 흐를수록 나는 비밀을 오롯이 내 것으로 만드는 데 집착했고 침묵을 더 단단히 다졌다.

15

나는 이 세상을 헤쳐나가는 방법이라고는 오직 아이티계 미국인, 아이티 가정의 딸로 살아가는 길밖에 모른다. 아이티 가정의 딸은 착한 소녀가 되어야만 한다. 타의 모범이 되며 학업에 열중하고 성실하고 부지런하다. 그 딸은 민족적 유산의 중요성을 절대 잊지 않는다. 우리는 서구사회 최초로 스스로 독립을 쟁취한 자유 흑인 국가의 후손이다, 하는 말을 동생들과 나는 어린 시절부터 귀가 닳도록 들었다. 넘어질 수는 있지만 중요한 건 우리는 언제든 다시 일어선다.

아이티인들은 우리 섬 전통 음식을 사랑하지만 식탐은 경계한다. 아마도 아이티인들이 너무나 자주 겪어 뼈아프게 잘 알고 있는 가난에서 연유한 태도일 것이다. 식구 중에 과체중인 사람이 있으면 그의 몸은 모든 가족의 걱정거리가 된다. 형제, 부모, 조부모, 이모, 고모, 삼촌, 사촌 등 일가친척 모두가 입을 대고, 비판을 하고, 충고를 한다. 물론 좋은 의도에서다. 우리는 서로를 굳건히 사랑하고 그 사랑을 피할 수 없다. 그리하여 우리 가족은 내가 열세 살 때부터 나의 몸에 과도할 정도로 신경을 쓰고 있다.

전업주부로 나와 동생들을 키운 엄마는 내게 요리를 가르치지 않았고 나 또한 요리에 관심이 거의 없었다. 나는 그저 엄마가 우리를 위해 식사 준비를 하는 모습을 부엌 근처에서 즐겁게 지켜보곤 했다. 엄마가 요리를 할 때의 재빠른 손놀림과 효율성은 언제나 나를 감동시켰다. 집중하느라 미간에 깊은 주름이 새겨지기도 했다. 중간중간 우리와 대화를 이어갈 수는 있었으나 집중해야 하는 작업을 할 때는 입을 다물었고 그럴 때면 엄마는 세상과 분리된 것만 같았다. 엄마는 부엌이란 공간을 남과 공유하는 것을 좋아하지 않았고 도움을 원치도 않았다. 청결과 위생을 위해서라면서 언제나 마치 의사처럼 라텍스 장갑을 끼고 일했다. 고기나 과일이나 채소를 씻을 때는 물에 클로록스 세척제 한 방울을 떨어뜨렸다. 접시나 도마나 그릇 등은 사용하자마자 바로 설거지를 끝냈다. 스토브 근처에서 풍기는 음식냄새를 맡지 않는다면 누구도 엄마가 요리를 하고 있는 건지 아닌지 알 수 없었다.

어린 시절 내내 엄마는 예측 불가능한 조합의 요리들을 선보이곤 했다. 어느 날 저녁에는 『베티 크로커 요리책Betty Crocker Cookbook』과 『요리의 즐거움The Joy of Cooking』에 나온 전형적인 미국 요리를 해주었다가 그다음날에는 아이티 전통 음식을 차려주었다. 내 기억에 내가 가장 맛있게 먹었던 음식은 주로 아이티 음식이었다. 레굼•, 튀긴 플랜테인••, 붉은 쌀 요리, '그리요'라고 하는 흑미 요리, 블러드오렌지에 재운 돼지고기를 셜롯과 같이 구운 요리, 아이티식 마카로니와 치즈 등인데, 모두 소스와 함께 먹었다(타임, 후추, 양파를 곁들인 토마토소스다). 새콤달콤한 야채 절임도 있었다. 모두 집에서 재료 손질부터 해서 직접 만들었다. 우리 엄마가 가족을 향한 애정을 드러내는 방식이었다.

엄마는 반조리 음식이나 패스트푸드를 신뢰하지 않았고 나는 미국인들이 어린 시절부터 당연하게 접하는 요리들을 한번도 먹어본 적이 없었다. TV에서 저녁식사에 등장하는 음식들, 셰프 보야디 통조림들, 크라프트 맥 앤드 치즈 같은 것은 맛도 보지 못했다. 엄마는 참으로 시대를 앞서간 것 같다. 동생들과 나는 엄마의 강경한 입장에 불만이 많았다. 왜냐하면 미국 친구들은 아침에 설탕 범벅 시리얼을, 간식으로는 치토스와 칩스 아호이와 리틀 데비 스낵 케이크 같은 마법 같은 음식을 먹었으니까. "입이 심심하면 과일을 먹으면 되지." 엄마는 그렇게 말하곤 했다. 어른이 되고 내 집이 생기면 곳곳에 엠앤드엠스M&M's 초콜릿을 가득 채운 유리그릇을 놓아둘 거라고 하자 엄마는 웃었다.

나이를 먹으면서 우리 엄마도 점점 느슨해지긴 했다. 부모

• 콩.
•• 바나나와 비슷하게 생긴 채소로, 단맛이 없어 굽거나 튀겨서 먹는 식재료로 활용된다.

님에게 가장 중요한 생활신조가 여전히 절제였음에도 불구하고, 막냇동생이 태어날 때쯤에는 우리집의 삼엄한 경계를 뚫고 정크푸드가 서서히 침범해왔다.

16

열세 살 때 기숙학교에 가게 되었다. 어린 시절 우리 가족은 토목기사인 아빠가 성공적으로 경력을 쌓아감에 따라 수없이 이사를 다녔다. 아빠는 터널 건설 전문가였다. 콜로라도의 아이젠하워 터널, 뉴욕과 워싱턴의 지하철 공사, 보스턴의 하천 배수로 건설 등에 참여했다. 동생들과 아빠가 일하는 건축 현장에 찾아가면 아빠는 우리에게 튼튼한 안전모를 씌워주고는 매우 어둡고 깊은 지하로 데리고 들어가 자신이 말 그대로 세상을 어떻게 바꾸고 있는지 보여주곤 했다.

회사의 본사는 오마하에 있었지만 아빠는 담당 부서에서 새로운 프로젝트를 맡을 때마다 그 지역에 파견되었고, 우리는 일 년이나 이 년간 일리노이, 콜로라도, 뉴저지, 버지니아 등지에서 살다가 다시 오마하로 돌아오곤 했다. 나는 고등학교 사 년 동안 같은 학교를 다니는 것도 괜찮겠다 싶어 기숙학교를 찾아보기 시작했다. 고백하자면 당시에는 에밀리 체이스의 '캔비 홀의 소녀들The Girls of Canby Hall' 시리즈에 흠뻑 빠져 있었다. 주인공인 아이오와 출신의 셸리 하이드는 처음에는 물 밖으로 나온 물고기처럼 낯설어하지만 새로운 룸메이트와 아름다운 뉴잉글랜드 캠퍼스에서 흥미진진한 학창시절을 보내며 평생 동안 이어질 우정을 쌓게 된다. 나도 그런 꿈을 꾸었다.

그전에 나는 성폭행을 당했고 내가 아닌 다른 사람인 척하면서 살아야 했기에 내 머릿속에는 가족들에게서 도망치고 싶단 생각밖에 없었다. 기숙학교 진학은 중상류층 소녀가 도망갈 수 있는 가장 안전하고 확실한 방법이었다. 집에서 멀리 떨어진 고등학교에 들어가면 나는 더이상 세상 모르는 순진무구한 소녀인 척할 필요가 없었다. 나에 대해 설명하지 않고 어쩌다가 무가치한 존재가 되어버린 것처럼 살아갈 수 있었다. 훨씬 더 쉽게 내 비밀과 죄책감과 수치심에만 애처롭게 매달려 지낼 수 있었다.

워낙에 내향적이고 친구 사귀는 재주가 없었기에, 또 어린 시절 내내 자주 이사를 다녔기에 내가 두고 가는 사람은 우리 가족뿐이었다. 헤어지면 아쉬울 친구는 한 명도 없었다. 전부터 꼭 살고 싶다고 생각한 동네도 없고 다니고 싶은 학교도 따로 없었다. 아빠가 언제 다시 전근을 갈지 몰라 고등학교 1학년 때 어디서 살게 될지도 정해진 바가 없었다. 그러니 고작 열세 살이었지만 집을 떠나겠다는 결정은 놀라울 정도로 쉬웠다.

부모님이 고등학교에 입학하기 전 일 년 동안 내게서 어떤 낌새를 알아챘는지 아닌지는 나도 모른다. 이사를 간 뒤에는 모두가 나를 걸레라고 부르는 학교에 다니지 않아도 됐다. 그러나 전학 간 학교에도 새로운 고민거리와 새로운 못된 아이들이 있었고 나 자신에게서 가능한 한 멀리멀리 도망치고 도망치고 또 도망치고 싶게 하는 동기들은 넘치도록 많았다. 여러 기숙학교에 원서를 냈고 모두 합격했다. 버지니아의 로렌스빌 사립 기숙학교는 남학교에서 공학으로 바뀌면서 최우수 여학생들만 뽑았는데, 그중에는 나도 있었다. 하지만 대다수가 남학생인 학교에 다닌다는 생각만 해도 덜컥 겁이 났다. 결국 엑서터 사립학교에 가게 되었는데, 그곳을 막 졸업한 사촌 클로딘이 만족스러워 보였고 학교도 나쁘지 않아 보이는데다 부모님도 미국 최고의 사립학교라는 평판을 마음에 들어했기 때문이다. 그렇게 어린 나이에 내가 전 세계에서까지는 아니라도 미국에서 가장 학비가 비싼 엘리트 고교에 다니게 되었다는 걸 당연한 권리처럼 여겼다. 중요한 건 도망갈 수 있다는 사실뿐이었다.

기숙학교에서 나 혼자 살게 되면서 집에 있을 때 가까스로 유지해온 내 몸에 대한 통제력이나 자기 관리라 할 만한 걸 모두 잃어버렸다. 갑자기 내 앞에 온갖 종류의 음식이 펼쳐졌다. 학교 식당은 양껏 가져다 먹을 수 있는 푸짐한 무한 리필 뷔페였다. 식당의 음식들은 대체로 질이 낮았지만—가공 조리 식품 특유의 눅눅하고 방부제 냄새가 역한 음식들이었다—양만큼은 무제한이었다. 계속 채워지는 샐러드 바가 있었다. 대형 피넛 버터 앤드 젤리 샌드위치●가 있었다. 아침용 시리얼도 가지각색이었다. 어디에나 탄산음료 자판기가 있었다. 디저트도 선택지가 다양했다. 그리고 '더 그릴'이라는 느끼한 음식 전문 싸구려 식당이 있었는데 몇 달러만 내면 햄버거와 프렌치프라이와 프라페를 먹을 수 있었다. 시내로 나가면 편의점에서 거대한 서브마린 샌드위치●●를 살 수 있었다. 울워스 마트에는 즉석 간이식당이 있었다. 삼십 분만 기다리면 피자가 내 기숙사 방까지 배달되었고 나는 피자 한 판을 혼자 다 먹어치웠다. 나의 이 호사스럽고 뻔뻔스러운 탐식을 말릴 사람은 주위에 아무도 없었다. 먹을 수 있는 자유, 그것도 다채롭게, 무한정으로 먹을 수 있는 자유는 내가 고등학교에서 찾은 단 하나의 진정한 쾌락이었다.

내 앞에는 오색찬란한 맛의 향연이 펼쳐졌고 그 안에 나를 완전히 내던져버리기로 작정했다. 원할 때마다 원하는 음식을 흥청망청 질펀하게 먹을 수 있었다. 짭짤한 프렌치프라이, 뜨거운 치즈가 줄줄 녹아내리는 따끈한 슬라이스 피자, 시원하고 달콤한 프라페를 먹을 때 전해지는 순간적인 쾌감. 그 쾌감을 갈구했고 가능한 한 자주 그 쾌감으로 나를 채웠다.

내 비밀을 삼키면서 내 몸은 부풀고 또 부풀었다. 나는 사

● 피넛 버터와 과일 잼을 바른 샌드위치.
●● 고기, 채소 등 다양한 재료를 많이 넣어 만든 커다란 샌드위치.

람들 사이에서 존재를 지우는 방법, 절대 채워지지 않는 허기, 그러니까 더이상 상처받고 싶지 않다는 마음을 채워줄 방법을 찾아냈다. 나는 점점 더 나를 크게 만들었다. 나를 더 안전하게 만들었다. 나에게 감히 접근하려고 하는 사람이 오지 못하게 확실한 선을 그었다. 나와 가족 사이에도 선을 그었다. 나는 가족의 일부였지만 한편으로는 그렇지 않았다.

기숙학교는 내가 세상을 이해하는 방식에 또다른 충격을 던져주었다. 나는 중산층이었다가 상위 중산층이 된 집안에서 자랐다. 그러나 엑서터에는 몇 대째 부와 명예, 어쩌면 악명으로도 유명한 집안 출신의 자제들이 수두룩했다. 정치 명문가의 자손들, 할리우드 연예인 자녀들, 유명 기업가의 자녀들이 내 주위에 있었다. 기숙학교에 가기 전에도 부에 대해서 안다고 생각했으나 그제야 진정한 부유함이란 어떤 모습을 하고 있는지를 실감했다. 수중에 쓸 수 있는 돈이 너무 많고 사치스러운 소비가 너무나 응당하고 자기들과 같은 특권이 없는 사람들에게 전혀 관심이 없는 사람들이 있다는 것을 알았다. 내가 그곳에 끼지 못한다고 느끼지는 않았다. 내가 아무리 무너지고 쓰러졌어도 나는 사랑받고 있고 운이 좋은 편이라는 걸 알았다. 하지만 내 또래의 부자들이 호탕하고도 오만하게 세상을 주무르듯 살아가는 모습과 그들에게만 가능한 무수한 것들을 보며 놀란 건 사실이었다.

나는 꽤 여유로운 가정에서 자란 흑인 학생이었고 약간은 엉뚱하게도 네브래스카 출신이었으니 백인 학생들은 나를 어떻게 대해야 할지를 몰랐다. 나는 변종이었고 그들에게 익숙한 전형적 흑인의 서사에 맞지 않았다. 그들은 흑인 학생은 모두 빈곤층 출신이고 도심에 사는 줄로만 알았던 것이다. 그리고 엑서터에 다니는 흑인 학생들은 장학금 수혜자거나 백인들의 자비심 덕분에 입학한 아이들일 거라고 생각했다. 한편 흑인 학생들은 나를 자기네 일원으로 받아주려고는 했으나 대체로 떨떠름해했다. 나는 그들에게 익숙한 전형적 흑인의 서사에도 맞지 않았다. 나는 아이티계 미국인으로서 그들과 비슷한 문화적, 역사적 배경을 갖고 있지도 않았던 것이다. 어떤 식으로건 나와 공통점을 찾을 수 있는 학생은 거의 없다고 할 수 있었다. 안 그래도 낯을 가리고 말수가 적어 나에게 외로움은 점점 더 천명이 되어갔다. 음식은 단지 위안만이 아니라 친구였다. 늘 내 곁에 있었다. 그리고 음식을 먹을 때면 나는 누구도 아닌 진짜 내가 될 수 있었다.

입학 후 추수감사절에 처음 집에 갔을 때 부모님은 충격으로 입을 다물지 못했다. 내가 누군지 못 알아보는 것 같았는데 실제로 그들에게 난 낯선 사람이나 마찬가지였다. 역력히 걱정하는 표정이면서도 현실을 받아들일 수 없는 듯 못 본 척하기도 했다. 딱 두 달 반 만에 13킬로그램이 불어나 있었다. 어느 날 갑자기 커다란 동그라미 같은 모습으로, 볼과 배와 허벅지에 부모님이 생전 처음 본 살덩이들을 붙이고 온 것이다. 한때 맞았던 옷들의 솔기가 다 뜯어졌다. 가고 싶지 않았지만 부모님은 나를 병원에 데려갔고 의사는 사춘기에 흔히 있을 수 있는 현상이라고, 성장 과정일 뿐이라고 진단했다. 실은 내 몸에서는 그보다 훨씬 더 많은 일이 일어나고 있었지만 전혀 짐작도 못했고 큰 문제가 아니라고 생각하는 듯했다. 처음으로 집이 아닌 낯선 곳에서 살면 몸무게가 급격히 늘 수도 있다고 했다. 부모님은 이 상황에 어떻게 대처해야 할지는 몰랐지만 경고 신호로 받아들여 그 즉시 딸의 몸을 일촉즉발의 위기처럼 대하기 시작했다. 부모님은 이 체중 증가가 내 몸이 앞으로 겪게 될 문제의 서두에 불과하다는 것은 깨닫지 못한 채 도와주려고 애썼다. 애초에 무슨 이유로 이 지경이 되었는지에 대해서는 알려고 하지도 않았다. 아마 나를 이렇게 만든 게 어떤 결심이었다는 사실을 짐작조차 못했기 때문이리라. 나는 내 몸을 내게 필요한 상태로 만들겠다고 결심한 거였다. 나를 배신하는 작고 힘없는 배가 아닌 안전한 항구로 만들겠다고.

17

고등학교에 입학하고 이 년 동안 나는 먹고 먹고 또 먹었고 방황하고 방황하고 또 방황했다. 나는 아무것도 아닌 존재로 고등학교에 입학해서 아무것도 아닌 것보다 더 못한 존재가 되었다. 부모님과 통화할 때나 방학에 집에 갈 때만 과거의 그 착한 소녀인 척하면 되었다. 나머지 시간에는 내가 누구 인지 나도 몰랐다. 대부분의 시간에 나는 멍했다. 세상과는 어울리지 못했다. 작가가 되려 하고 있었다. 내게 일어난 일을 잊으려 하고 있었다. 그 남자애들이 내 몸 위에 올라와 있을 때와 내 몸을 만질 때의 느낌을, 그들이 나를 보며 어떻게 비웃었는지, 나를 망가뜨리면서 어떻게 비웃었는지를 떨쳐버리려 하고 있었다.

고등학교 시절의 기억은 거의 남아 있지 않은데 몇 년 전 작가로서 조금씩 명성을 얻기 시작하면서 같은 고등학교 출신인 사람들에게서 하나둘 연락이 왔고 이상하게도 그들은 나를 선명히 기억하고 있었다. 동창들은 이메일을 보내고 페이스북 메시지를 보내고 행사에서 말을 걸면서 들뜬 목소리로 혹시 자기를 기억하느냐고 물었다. 그들은 마치 내가 고등학교 때 흥미롭고 재미있는 사람이었던 것처럼 보이는 일화들을 이야기해주었지만 나는 나 자신을 참아주기 힘든 사람으로 기억하고 있다. 다른 사람들의 기억들을 어찌 다루어야 할지 모르겠고 그들의 기억과 내 기억을 어떻게 합치시켜야 할지 모르겠다. 고등학교 때 상당히 날카롭고 직설적인 화법을 구사하게 되었던 건 사실이다. 말수가 적은 편이었지만 마음만 먹으면 얼마든지 말로 상대를 꺾을 수 있었다.

시간이 생기기만 하면 글을 썼다. 아주 많이 썼다. 어린 소녀들이 잔인한 소년과 남자들에게 고문을 당하는 어둡고 폭력적인 이야기들을 썼다. 내게 일어난 일을 아무에게도 이야기할 수 없어서 똑같은 이야기를 천 가지 방식으로 썼다. 큰 소리로 말할 수 없는 것에 목소리를 부여하면 마음이 안정되었다. 목소리는 잃었지만 언어는 남아 있었다. 영어를 가르치는 렉스 맥권 선생님은 내 이야기에 무언가가 있음을 알아보았다. 그는 내게 너는 이미 작가이니 매일 글을 쓰라고 말해주었다. 매일 글을 쓰라는 이야기는 수많은 교사들이 하는 조언이라는 걸 이제는 알지만, 나는 그때 맥권 선생님의 말을 매우 진지하게 받아들였다. 마치 나에게 종교적 계시를 내려주는 것만 같았고 오늘날까지도 나는 매일 글을 쓴다.

사실 맥권 선생님이 해준 그보다 더 중요한 일은 캠퍼스 상담 센터까지 같이 걸어가준 일이다. 선생님은 내게 도움이 필요하다는 것을 직감적으로 알아채고 도움을 받을 수 있는 장소 앞까지 데려다준 것이다. 그 상담 센터에서 위안과 구원을 찾았다고는 말 못 하겠다. 그러지 못했으니까. 마음을 열 준비가 되어 있지 않았다. 남자 상담 선생님이었고 첫 상담 몇 시간은 무섭기만 했다. 의자 끝에 엉덩이를 걸치고 앉아서 가능한 모든 탈출 방법을 머리로 짜내며 문만 쳐다보고 있었다. 어떤 남자와, 그것도 모르는 남자와 밀폐된 공간에 단둘이 있고 싶지 않았다. 어떤 일이 생길 수도 있다는 사실을 알았기 때문이다. 그런데도 계속 상담을 받으러 가긴 했다. 어쩌면 맥퀸 선생님이 간곡히 부탁했기 때문일 수도 있고, 어쩌면 나 역시 한편으로는 내게 도움이 필요하다는 것, 그리고 내가 그 도움을 간절히 바란다는 것을 알기 때문이었는지도 모른다.

18

학교에서 먹고 먹고 또 먹었다. 주말이나 방학에 집에 갈 때면 약간 덜 먹는 척을 했다(그러면서도 아무도 안 볼 때 먹고 싶은 것을 계속 먹었다). 음식과 관련된 나의 이중생활은 성인이 될 때까지도 지속되었다. 사실 지금까지도 약간은 남아 있다. 부모님은 내가 살이 찌는 이유를 알아내려고 했다. 부모님에게 해줄 수 있는 답이 없었다. 1학년 여름방학에는 의학적인 효과를 인정받은 유동식 다이어트를 권했다. 까끌까끌하고 냄새가 고약한 밀크셰이크를 하루에 다섯 잔 마셔야 했다. 당연히 몸무게가 확 줄었다. 아마 18킬로그램이나 빠졌던 것 같다. 부모님은 이제 내 몸을 통제할 수 있게 되었다며 기뻐했다. 학교로 돌아가면 친구들은 변한 몸을 알아보고 칭찬 세례를 쏟아부은 다음에 나와 친해지고 싶어했다. 그때 처음으로 살이 빠진다는 것, 정확히 말하면 날씬하다는 건 사교 시장에서 중요한 통화가치가 되는구나 체감했다. 그러나 관심을 받으면 새로 손에 넣은 익명성을 잃어버렸고 나는 더럭 겁이 났다. 십대인 나는 그렇게 바보처럼 두려웠다.

2학년 첫 학기 초반에 나는 여름 동안 얻었던 그 통화가치를 다시 잃었다. 몇 주 만에 다시 먹기 시작했고 여름방학에 바짝 노력해 힘겹게 얻어낸 성과를 다시 원상 복귀시켰다. 홀쭉해졌던 볼에 다시 통통하게 살이 올랐다. 배에는 허리 밴드에 눌린 자국이 남았다. 가슴은 끝도 없이 커졌는데 살이 찌고 있을 뿐만 아니라 사춘기라 몸이 변하고 있었기 때문이다.

그럼에도 나의 기숙사 생활이 '캔비 홀의 소녀들'을 약간이라도 닮기를 바라는 희망을 버리진 못했고 우리 기숙사의 모든 여자아이와 친해지고 모든 선생님이 나를 좋아해주길 바랐다. 하지만 책 속 이야기는 나의 경험이 되지 못했다.

외로움은 언제나 내 곁에 있는 한결같은 친구였다. 친구가 많지 않았다. 그나마 몇 명 있는 친구들 앞에서도 쭈뼛거리며 자연스럽게 굴지 못했고 대체로 그 아이들이 나를 불쌍히 여겨서 참아준다고 확신하고 있었다. 나는 앞뒤가 안 맞는 이상한 소리를 곧잘 했다. 존재하지 않는 남자친구인 미스터 X를 발명해냈는데 아직까지도 그 일의 어떤 점이 나를 이렇게까지 민망하게 하는지 모르겠다. 나의 발명품에 괴상한 가짜 이름을 붙였기 때문일까, 아니면 애초에 가명이라는 걸 만들어내야 했기 때문일까. 상상 속 이상형인 남자에게조차 그럴듯한 남자 이름을 붙이지도 못했던 것이다. 결국 나와 어울리던 여자 친구들은 내가 묘사하던 미스터 X의 정체를 알아냈다. 그 친구들의 남자친구 가운데 한 명을 보고 만든 인물이었고, 다들 짐작하겠지만 땅속으로 기어들어가고 싶을 정도로 부끄러운 일로 남았으며 결코 잊을 수 없는 사건이 되었다. 또 나에겐 패션 감각이란 게 아예 없었다. 머리를 어떻게 만져야 할지 몰랐다. 어떻게 하면 평범한 여자애가 되는지 알 수가 없었다. 어떻게 하면 사람다워지는지도 알 수 없었다. 아주 슬프고도 애처로운 시절이었다. 하루하루 가슴이 무너지는 절망 아니면 수치심이라는 태형이 기다리는 날들이었다.

2학년 가을 학기를 보내던 어느 날 복부에 심각한 통증을 느꼈다. 밤에 잠을 이룰 수 없어 꺽꺽거리며 울었다. 집과 동떨어진 기숙사 방이었고 철저히 나 혼자였다. 학교 보건실에 몇 번 갔지만 대체 무엇을 위해 존재하는지 모를 곳이었고 직원은 나에게 몇 번씩이나 혹시 임신은 아니냐고 물었다. 그들의 머릿속에서 십대 소녀에게 있을 수 있는 최악의 복통은 임신뿐이었을 것이다. 난 임신하지 않았지만 그들은 더 알아볼 생각이 없어 보였다. 아파서 갈 때마다 다시 돌려보냈고 나나 내 증상을 심각하게 여기지 않는 듯했다. 전반적으로 의료 기관이란 여성의 통증을 진지하게 받아들이지 않는 편이다.

그날 밤에는 너무 아파 같은 층에 있는 기숙사 관리인의 방까지 엉금엉금 기어갔다. 1학년 때 무언가를 흉내내고 알아맞히는 게임에서 팔을 크게 벌리고 방안에서 뒤뚱뒤뚱 걸어 결국 누군가 내 이름을 맞히게 한 여자였다. 그녀가 한참만에 잠에서 깨어 문을 열고 그 앞에 엎드려 있는 나를 보았을 때 나는 몸이 차게 식어서 식은땀을 흘리고 있었다. 캠퍼스 경비원이 근처 병원에 데려갔고 의사들은 나에게 담석이 있다고 했다. 공포에 떨면서 부모님에게 전화를 했고 아빠는 걱정하지 말라고 했다. 일단 눈을 감고 잠이 들면 아침에는 아빠가 내 앞에 있을 것이라고 했다. 나는 그 말대로 했고 눈을 떴을 때 정말로 내 눈앞에 아빠가 있었다. 아빠는 늘 그런 사람이었다. 응급수술을 받았고 담석은 제거되었다. 그해 여름에 내가 했던 고단백 다이어트는 나의 담낭에 그리 바람직한 영향을 미치지 않았던 것이다. 열흘간 입원했고 자꾸 만지게 되는 새로운 흉터 하나를 안고 퇴원했다.

회복을 기다리며 누워 있을 때도 계속 배에 통증이 있었고, 얼마 가지 않아 의사들은 수술을 집도한 의사가 내 안에 담석 일부를 남겨놓았다는 사실을 발견했다. 너무나 작은 조각이 그토록 심한 통증을 유발한다는 점이 신기했다. 보스턴의 매스종합병원으로 급히 이송되었다. 처음 구급차에도 타보았다. 나는 또다시 겁에 질렸지만 죽음의 실체를 이해하지 못하는 어린아이처럼 약간은 흥분하기도 했다. 이번에는 부모님 두 분 모두 오셨고 내가 회복될 때까지 초조해하며 기다렸다. 얼마 후에 학교로 돌아갔다. 앓으면서 살이 많이 빠졌으나 이번에도 또다시, 내 몸을 더 크게 더 크게 더 크게 그리고 안전하게 부풀리기 위해 나는 최선을 다했다.

19

상담실에서 대꾸 없이 뚱한 얼굴로 앉아만 있었지만 고등학교 내내 상담을 받으러 꼬박꼬박 가긴 했다. 별다른 성과는 없었으나 상담실은 치열하게 공부를 시키는 엘리트 학교에서 우수한 성적을 받아야 한다는 압박에서 잠시나마 벗어날 수 있는 장소이기도 했다. 인기 없고 어설프고 지나치게 외로운 아이에서 잠시 빠져나올 수 있었다. 실망만 시키는 딸에서 잠시 도망갈 수 있었다.

그곳에서 만난 여자 상담 선생님이 엘런 배스와 로라 데이비스의 '아주 특별한 용기'라는 제목의 책을 한 권 건네주었다. 부록으로 '워크북'이 딸려 있어서, 또 내가 절대로 들여다보고 싶지도 않은 유치한 활용 방안이 실려 있어서 그 책을 싫어했다. 미사여구와 장광설이 난무하고 지나친 확언으로 가득해서 신뢰하기가 힘들기도 했다.

이 책이 옹호하는 대부분의 이론들이 현재는 많은 의혹과 불신을 받고 있으나 두려움에 휩싸인 채 무너져 있던 그 시기의 나에게 『아주 특별한 용기』는 적어도 내가 겪은 일에 붙일 수 있는 말들을 알려주었다. 이 책이 강조하는 그 모든 유치찬란한 활용 방안 때문에 그 책을 미워했지만, 바로 그래서 그 책이 필요하기도 했다. 희생자와 생존자와 트라우마에 대해서 배웠고 트라우마를 넘어서는 것이 가능하다는 사실도 배웠다. 이런 일을 겪은 사람이 이 세상에 나 혼자가 아니라는 사실도 배웠다. 강간을 당한 것이 나의 잘못이 아니라는 사실도 배웠고, 그 책의 내용을 다 믿지는 않았어도 그런 개념들이, 그런 진실들이 저 바깥세상에서 통용되고 있다는 것을 아는 건 중요했다. 치유받는 느낌은 전혀 들지 않았고 이 책이 제시하는 치유의 방식을 따라 하기만 하면 다시 힘내서 일어날 것 같은 기분은 들지 않았으나, 적어도 그 치유가 가능할 법한 장소에 도달하기 위한 지도 하나 정도는 있다는 느낌을 받았다. 비록 내가 다시 온전해지는 미래를 상상할 수는 없었지만 그런 종류의 결속과 희망이 필요하긴 했다.

20

그래도 고등학교에 나 자신과 내 상처를 잊을 수 있는 장소가 딱 한 군데 있었다. 연극부였다. 고등학교 때 연극에 미쳤고 특히 무대 연출에 푹 빠졌다. 어떤 쇼를 무대에 올리게 만들어주는 백스테이지 작업에 매혹되었다. 무대 뒤에서 일하고 있을 때는 늘어난 허리둘레는 중요하지 않았다. 내성적인 성격도 중요하지 않았다. 관객 중 누구도 내가 그 쇼의 일부라는 것을 모르게 하면서 무언가의 일부가 될 수 있었다.

처음으로 참여한 연극은 1학년 때 올린 〈리틀숍 오브 호러스Little Shop of Horrors〉였다. 나는 음향 부스에 들어가 큐 사인을 내렸고 (나보다 다섯 살 많은) 잘생긴 남자 졸업생 선배인 마이클과 친해졌다. 그는 연극의 마지막 장면에 등장하는 무대배경 제작을 담당했다. 그해 말 마이클은 나를 보스턴하버 근처 크루즈에서 열리는 졸업 무도회에 데리고 가기도 했다. 그는 늘 나에게 잘해주었고 우정 이상은 원하지 않았다. 그와의 우정은 나에게 어린 남자도 친절할 수 있다는 놀라운 진실을 알려주었다.

연극판에서 살면서 플랫•을 만드는 법과 딱딱한 캔버스

를 자르고 색칠해 쇼에 필요한 장치나 세트를 제작하는 법을 배웠다. 음향효과를 만들고 조명을 설치하고 끝이 나지 않을 것 같은 무대 리허설을 견디는 법을 배웠다. 퀴퀴한 의상 창고를 뒤지고 뒤져서 내가 원하던 무대의상을 찾아내고 쇼에 필요한 소품을 사러 다니거나 직접 만들기도 했다. 어둡고 먼지 냄새 풀풀 나는 극장에 있을 때 나는 쓸모 있는 사람이 되었다. 유능한 사람이었다. 사람들은 내게 이런저런 일을 시키고 나는 그 일을 해냈다. 눈앞에 닥친 작업에만 집중하면 숲 속의 남자아이들과 그 아이들이 내게 했던 짓을 잊을 수 있었다.

연극이나 뮤지컬이 드디어 무대에서 상연되는 모습을 처음부터 끝까지 지켜보았다. 어떤 쇼이든지 모든 장면이 근사해 보였고 고등학생이라고 생각하지 못할 정도로 너무도 탁월한 연기를 선보이는 배우들의 재능에 감명받았다. 연극부 담당이던 오가미 셔우드와 베이트먼 선생님은 무척 개성 있고 연극을 사랑하는 분들이었다. 우리 같은 연극광들은 자진해서 그들의 노예가 되었다. 베이트먼 선생님은 다이어트 콜라와 보드카가 섞인 음료를 담은 텀블러를 들고 극장을 돌아다니는 것으로 악명 높았다. 머리가 벗어지고 있었고 그나마 얼마 안 남은 머리카락마저도 제멋대로 엉클어져 있었다. 그

• flat. 배경을 만드는 수직 무대장치.

는 검은색 터틀넥을 즐겨 입었다. 1992년 내가 졸업한 지 얼마 되지 않아 그는 아동 포르노를 소지하고 그 포르노들을 주 경계를 넘어 전송한 혐의로 기소되었다. 오 년 징역형을 선고받았다고 했다. 오가미 셔우드 선생님은 길고 구불구불한, 숱 많은 머리카락이 가장 눈에 띄었다. 체구는 작았지만 모든 면에서 존재감이 큰 분이었다. 헛소리를 참지 않았고 우리 모두는 그분을 무서워하면서도 애타게 관심을 받고 싶어 했다.

연극이 공연되는 날 밤에 나는 주로 무대효과를 담당했다. 검은 옷을 빼입고선 쇼가 매끄럽게 돌아가게 만드는 보이지 않는 기계의 일부가 되었다. 참여한 모든 연극의 대사를 모두 외웠고 나처럼 연극에 빠져 있는 다른 연극광들과 함께 우리만의 잔재미를 찾고 우리만의 작은 마법을 만들어냈다. 고등학교는 끔찍했지만 그 극장 안에서 우리는 단 몇 시간만이라도 서로가 서로에게 속할 수 있는 장소를 창조했다.

21

킹스몬트 캠프는 내가 2학년을 마치고 여름방학에 참가했던 체중 감량 피트니스 캠프로 매사추세츠의 그림 같은 풍광을 자랑하는 버크셔산맥에 자리하고 있었다. 안내서를 너무나 목가적이고 당장이라도 가고 싶게 만들어놓아서 나는 보자마자 그런 과장 광고는 믿어선 안 된다는 것을 알았다. 고등학교 시절 그해 여름에 우리 부모님은 나를 몇 주 동안 강제로 킹스몬트 캠프에 보냈다. 딸의 몸 문제를 해결하기 위한 또하나의 애절한 시도였다. 나는 참가 여부에 대해 딱히 할말이 없었다. 부모님은 어떤 수단을 써서라도 살을 빼게 해야한다고 굳게 결심했고 나는 나의 거부가 아무 의미가 없다는 교훈을 일찍부터 배웠기에 군말 없이 캠프로 향했다.

나는 캠핑이나 야외 활동을 싫어하고 특히 산이나 숲은 증오한다. 우리 캠퍼들이 머무는 숙소는 최대한 좋게 말해서 소박한 시골풍 통나무집으로 상당히 가파른 언덕 꼭대기에 있어서 잠깐 들를 때에도 헉헉거리며 등산을 해야 했다.

물론 그 숙소에서 오래 있을 시간도 없었다. 캠프는 모든 수단과 방법을 동원해 우리가 야외 활동을 '즐기도록' 하는

데 집중했다. 지도자들은 우리에게 정식 운동은 안 하는 것 같은 느낌이지만 실은 운동을 하도록 기획된 다양한 활동을 시켰다. 그래 봤자 얄팍한 술책일 뿐이었다. 나는 사실 내가 운동을 하고 있다는 걸 피부로 느꼈다. 한마디로 악몽의 연속이었다. 숲길 걷기, 수영, 단체 운동 등을 했고 저녁식사 후에나 숙소에 뭔가를 놓고 올 때마다 실시해야 하는 숨찬 언덕 트레킹이 있었다. 체중 측정 시간이 있었고 하루 세 번의 식사와 한 번의 간식 시간에는 맛대가리 없으나 영양은 충분하다는, 체중 감량을 촉진하기 위해 특수 제작된 음식들을 먹었다(구운 닭가슴살과 데친 브로콜리와 보통은 맛있어야 하는 피자와 햄버거 같은 음식의 맛없는 버전이 나왔다). 지나치게 대용량으로 공급된 젤로Jell-O는 확실히 기억하고 있다.

이번에도 나는 살을 빼긴 뺐다. 하지만 나이가 많은 참가자였던 나는 우리보다 고작 서너 살밖에 많지 않은 지도자 언니 오빠들과 주로 어울렸다. 밤이 깊어 어린 캠퍼들이 잠자리에 들면 우리는 한 통나무집 뒤에 삼삼오오 모여 모닥불을 피우고 둘러앉았다. 이렇게 사소하게라도 어떤 그룹에 속하게 된다는 것, 규칙을 어긴다는 건 고요한 짜릿함을 안겨주었다.

현실세계로 돌아와 우리 부모님 댁에 오자마자 그곳에서 힘겹게 익힌 모든 식습관을 다 내던지고 이번에도 다시 한번 잃어버렸던 내 몸무게를 되찾았다. 아니, 추가로 더 얻었다.

킹스몬트 캠프에서 학습해 오랫동안 유지된 습관은 다름 아닌 흡연이었다. 지도자들은 그들이 피우고 남은 꽁초를 피우게 해주었고 나는 그곳에서 처음 담배를 배웠으며 이후 십팔 년 동안 담배와 애틋한 동행을 하게 되었다.

담배를 피우면 기분이 좋았고 언제나 살짝 흥분되었다. 담배를 피우면 세상에서 가장 쿨하지 않은 내가 약간은 쿨한 사람이 된 것 같은 기분이 들었다. 그 당시에는 흡연하는 의식을 사랑했다. 그때 나는 그 행위 자체에 유난히 집착하는 경향을 보이기도 했다. 지포 라이터를 하나 사서 언제나 기름을 가득 채워놓았다. 그리고 신경이 예민할 때면 라이터를 허벅지에 대고 열었다가 닫기를 반복했다.

처음에는 버지니아 슬림으로 시작했다. 아니, 우리가 버자이너 슬라임Vagina Slime이라고 부르던 그것으로 시작해 말버러 레드로 옮겨갔다가 말버러 라이트로 바꾸었다가 캐멀 라이트에 정착했다. 내가 최종 선택한 담배는 하드팩 캐멀 라이트였다. 담배 한 갑을 새로 살 때마다 내 손바닥에 거꾸로 놓고 탁탁 쳐서 담뱃잎이 내려오게끔 한 다음 비닐을 벗기고 은박지를 벗긴다. 담배 하나를 꺼내 뒤집어서 넣어둔 다음 다른 담배를 꺼내 피운다. 나는 이 작은 의식을 다이어트 캠프 지도자 중 한 명에게 배웠다고 확신한다.

밥 먹고 피우는 담배, 아침에 일어나자마자 피우는 담배, 자기 직전에 피우는 담배를 사랑했다. 고등학교 때는 기숙사

사감에게 담배를 숨겨야 해서 수업시간 사이에 시내까지 걸어가 워터 스트리트 상점 뒤에서 혼탁한 엑서터강을 바라보며 피웠다. 버려진 담배꽁초와 맥주 캔, 그리고 뭔지 모를 쓰레기에 둘러싸여 자갈과 흙이 덮인 강변에 앉아 있던 그 조용한 시간 동안, 나는 반항아가 된 것 같은 기분을 느꼈다. 그느낌이 좋았다. 내가 규칙을 깨는 재미있는 사람이고 세상의 규칙은 나에게 적용되지 않는다고 믿는 사람이 된 것 같은 그 기분을 좋아했다.

이 세상의 수많은 흡연자처럼 나도 이 습관을 못마땅해할 사람들로부터 증거를 숨기기 위해 정교한 작전을 펼쳤다. 말 안 해도 알겠지만 부모님 말이다. 온갖 종류의 민트와 껌을 항상 지니고 다녔다. 자동차 안에서 피울 땐 창문을 모두 내렸다. 그러면 냄새가 다 날아가기라도 할 것처럼 말이다.

하루 한 갑으로 발전하는 데 그리 오래 걸리지 않았다. 당연히 계단을 오를 때면 숨이 가빴고, 가끔은 아침에 마른기침을 하기도 했고, 옷마다 퀴퀴한 담배 냄새가 뱄으며, 상당한 지출도 따랐다. 하지만 나는 쿨했다. 그거면 충분했다. 사소하게라도 쿨하기 위해서라면 이 정도의 희생은 기꺼이 치를 만했다.

22

애프터에 나는 음식에 의지했다. 하지만 그 외에도 이런 결과를 맞이하기까지는 다른 복합적인 요소들이 작용했다. 나는 날씬했을 때도 운동을 전혀 좋아하지 않았다. 나는 미국 교외 주택가에서 성장했고 우리 부모님도 남들처럼 나와 동생들을 온갖 종류의 스포츠에 등록했다. 두 남동생은 운동 신경이 뛰어났지만 나는 내가 시도해보았던 어떤 스포츠에도, 아무리 연습을 꼬박꼬박 다녀도, 조금이라도 두각을 나타낸 적이 단 한번도 없었다.

축구를 할 때는 골키퍼였다. 요즘도 가끔 우리 가족은 내가 경기가 한창 진행중인데 골대 근처에 쭈그려앉아서 민들레를 따고 있었다는 이야기를 웃으며 꺼낸다. 나는 전혀 기억이 나지 않지만 그 경기에 하나도 관심이 없었을 게 뻔해서 그리 놀랍지도 않다. 꽃은 예쁘고 축구는 길고 지루했겠지. 특히 게임의 규칙을 제대로 인지하지 못하거나 경기의 전략 같은 건 아예 없는 꼬마들은 경기가 얼른 끝나기만을 바랄 뿐이다.

소프트볼을 할 때는 포수였지만 너무나 힘차고 빠르게 나를 향해 돌진해오는 공이 무서웠다. 나는 공을 피하기 위해 힘닿는 한 무슨 짓이든 다 했으며 이는 포수라는 포지션의 기술을 연마하는 데는 하나도 도움이 되지 않았다. 베이스를 돌 때도 아무런 재미를 느끼지 못했다. 이 경기에 대한 나의 이상적인 그림은 내가 공을 치되 나 대신 다른 누군가가 베이스를 돌아주고 상대 팀이 공격에 들어갔을 때 나는 한쪽에서 쉬는 것이었다.

어떤 시기에는 농구를 하기도 했지만 그때는 키가 크지도 않아서—나는 거의 십대 후반이 되어서야 지금의 키가 되었다—이점도 없었고 농구 골대에 정확히 슛을 쏜다거나 상대 선수 앞을 가로막는 등 농구 코트에 선 선수에게 필요한 어떤 능력도 발휘할 수 없었다. 이번에도 코트를 뛰어다니는 행위에 아무런 재미를 느끼지 못했다. 농구 유니폼 역시 입고 싶은 옷이라 할 수 없었다. 내가 가장 좋아하는 포지션은 점수 기록자였다. 누가 골을 넣자마자 바로 숫자판을 넘기는 데에는 놀라운 재능을 보였다.

학교 체육 시간에는 피구와 테더볼*을 했다. 학교에서 체력 테스트를 했는데 달리기에서 거의 매년 맡아놓고 꼴찌를 했다. 내게 1,600미터 달리기는 마라톤이었다. 내가 다닌 고등학교에서는 스포츠가 커리큘럼에서 매우 중요한 필수과목

* tetherball. 기둥에 매단 공을 라켓으로 치고 받는 게임.

이었는데 그건 전혀 내가 원하는 바가 아니었다. 나는 조정 경기 팀에 들어가보기도 했지만 그 낡고 삐걱거리는 배가 싫어서 견딜 수가 없었다. 필드하키도 했으나 잘만 쓰면 필드하키 스틱을 무기로 활용할 수도 있겠다는 생각에만 빠져 있었다. 라크로스는 그저 왜 해야 하는지 알 수 없는 괴상망측한 경기였다. 아이스하키는 악몽이었다. 그 오랜 시간 동안, 얼어 죽을 것같이 춥고 미끄러운 곳에서, 날이 가는 스케이트를 타고 중심을 잡으려 애쓰면서, 작은 퍽과 우스꽝스러운 하키 스틱으로, 얼음 위에서 축구 같은 걸 하다니. 그리하여 나는 모든 스포츠에 진저리를 친다는 결론에 이르렀다. 지금까지도 이 결론에는 변함이 없다.

하지만 수영만큼은 그럭저럭 잘했다. 물이 좋았고 물속에서 팔다리를 움직일 때의 자유로움과 몸이 가벼워진 느낌을 사랑했다. 내 몸으로 땅에서는 절대 할 수 없을 일들을 물속에서는 할 수 있었다. 수영장의 염소 소독약 냄새까지 좋아했다. 한번은 45미터 자유형 경기에서 학교 기록을 세우기도 했다. 물론 정확히 짚고 넘어가자면 그건 6학년 때의 일이었으나 그래도 그때 가슴에 밀려왔던 성취감은 좋은 추억으로 간직하고 있다. 물속에서 나는 근육과 폐를 잘 사용했고 강인했고 자유로웠다.

나에 비해 운동에 소질이 있었던 남동생들은 둘 다 축구에 빠졌고 첫째 남동생은 프로 선수가 되기 위해 몇 년 동안 축구부에서 활동하기도 했다. 동생들이 스포츠를 하며 느끼는 그 순수하고 뚜렷한 기쁨과 그들의 운동신경이 부럽긴 했으나 그 기쁨을 그렇게까지 열망하진 않았다. 나는 언제나 모순적인 면을 지니고 있었다. 내가 진정 사랑했고 지금도 사랑하는 것은 책과 소설쓰기와 몽상이다. 스포츠는 하고 싶은 것만 해도 모자라는 내 시간을 빼앗아가는 귀찮은 방해물일 뿐이었다.

23

고등학교 내내 겉으로 볼 때는 아무렇지 않은 척, 학교에서는 모범생인 양하고 부모님 앞에서는 착한 딸 시늉을 하며 살았으나 내 마음은 점점 병들어가고 있었다. 해가 갈수록 나 자신이 점점 더 역겨워 참을 수가 없었다. 강간을 당한 것은 내 잘못이고, 나는 그런 일을 당해도 싼 인간이고, 숲에서 일어난 그 일은 나처럼 한심한 여자애에게는 언제고 일어날 만한 일이었다고 생각했다. 불면증이 점점 심해졌는데 자려고 눈을 감으면 그 남자애들 몸이 여자인 내 몸을 누르고, 여자인 내 몸을 해칠 때의 감각이 그대로 느껴졌기 때문이다. 그들의 시큼한 땀냄새와 훅 끼치는 맥주 냄새를 맡았고 그 아이들이 나에게 했던 끔찍한 짓들이 전부 생생하게 되살아났다. 한밤중에 깨어 숨을 몰아쉬고 공포에 떨면서 천장만 보며 밤을 꼬박 새우거나 책이라도 읽으면서 나 자신과 내 몸과 내 인생에서 빠져나와 더 나은 세상으로 들어갔다. 어떤 체계도, 이유도 찾을 수 없는 마구잡이 독서였다. 톰 클랜시와 클라이브 커슬러의 많은 책을 순전히 그런 장르의 책이 선사하는 현실 도피의 감각 때문에 읽었다. 할리퀸 로맨스는 그냥 너무 많이 출간되어 있어서 읽었고, 학교 도서관에 있는 책도 닥치는 대로 빌려다 읽었다.

낮에는 수업을 들었고 어떤 면에서는 수업시간 또한 일종의 탈출구가 되었다. 엑서터 사립학교는 학업 강도가 매우 높은 곳이었고 이후에 들은 대학교 수업들보다 과제가 더 많았다. 나는 내가 들었던 수업들을 무척 좋아했다. 건축 수업 시간에는 스티로폼과 고무 같은 재료들만 이용해 안에 달걀을 넣어 지붕에서 떨어뜨려도 안전한 배를 만들기도 했다. 그리고 우리 학교의 모든 상급생(다른 학교라면 아직 11학년일)은 영어 과제로 집중 취재 에세이를 한 편씩 써내야 했다. 각자 관심 있는 주제를 골라 자료 조사를 하고 인터뷰 자료를 모아 깊이 있게 써야 하는 논문 수준의 과제였다. 당시에는 아이티 부모들이 인정하는 직업 중 하나인 의사가 되려고 했기에 나는 우리 가족 옆집에 살던 의사를 인터뷰했다. 그는 내 모든 질문에 성심껏 대답해주었고 봄방학에는 수술 장면을 관찰할 수 있도록 해주기도 했다. 집중 취재 에세이 작업을 하고 있을 때만큼은 변변찮은 고등학생이 아니라 작가나 전문가가 된 기분이 들었다.

성적은 언제나 우수했다. 어렸을 때부터 그렇게 자랐으니까. 늘 1등이어야 했고 쉽게 만족해서는 안 되었다. B는 망친 점수였고 A⁻를 받으면 더 잘할 수 있다는 것을 알기에 다음 번에는 정말 더 잘했다. 공부 면에서는 최선을 다했다. 여러 가지 이유로 학교 성적을 잘 받고 싶다는 강한 의지를 갖고 있었는데, 잘해야 한다는 부담감과 함께 적어도 공부는 내 통제권 안에 있다는 사실에서 오는 작은 위안이 꽤 큰 이유였다. 어떻게 공부하고 암기하는지는 알았고 나 자신과 관계만 없다면 교과서의 복잡한 내용도 이해할 수 있었다. 또한 부모님이 내 교육에 얼마나 막대한 투자를 하고 있는지도 알았기에 이 분야에서조차 실패할 수는 없었다. 실망이라면 지금도 충분히 시키고 있지 않은가. 내게 필요한 건, 작은 면에서라도 부모님이 내게 갖는 기대를 충족시키고 있다는 느낌이었다.

점점 더 나는 내 몸과 분리되었고 갈수록 더 많이 먹으며 몸무게를 불려나갔다. 부모님이 억지로 시키거나 잔소리를 퍼부을 때만 대충 다이어트를 시도하는 척했다. 사실 뚱뚱해지는 건 아무렇지도 않았다. 뚱뚱해지고 싶었다. 커지고 싶었다. 남자들에게 무시당하고 안전해지고 싶었다. 고등학교 사 년 동안 아마 총 54킬로그램 정도 늘었으리라. 교내 전용 통화 체계인 라이언 카드를 사용했는데 더 그릴에서 너무나 많은 음식을 먹고 학교 서점에서 마구잡이로 책을 사느라 매달 엄청난 카드값이 나왔다. 먹거나 돈을 쓰면 그 순간만큼은 기분이 나아졌다.

어쩌면 돈을 펑펑 쓰면서 내 주변의 부유한 아이들에게 밀리고 싶지 않았는지도 모른다. 주말이면 보스턴에 가서 자신이 가진 아메리칸 익스프레스 카드를 척척 긁어대고 방학이면 유럽이나 애스펀•으로 호화 여행을 가는 아이들이었다. 부모님은 내 카드 명세서를 보고 돈을 왜 이렇게 함부로 쓰냐고 화를 냈고 내가 소비한 모든 항목에 설명을 해보라고 요구했으나 아마도 정말 궁금한 점은 그분들이 알던 딸과는 너무도 달라진 나란 존재에 대한 설명이었으리라. 나는 부모님에게 아무런 대답도 해줄 수 없었다. 그럴 때면 나에게 일어난 일 때문에, 내가 내 몸에 한 짓 때문에, 이렇게 뒤룩뒤룩 살이 쪄버린 나 때문에, 정상적인 사람 구실을 하지 못하는 나 때문에, 부모님을 심하게 실망시키고 있는 나 때문에 또다시 극심한 자기혐오에 빠져들었다.

한편 연극에 미친 학생들 중에서도 가장 광적인 연극광이 되는 데는 여전히 열심이었다. 12학년 때에는 친구 몇 명과 성폭력을 소재로 연극 대본을 쓰고 무대에 올렸다. 우리는 모두 성폭력을 경험한 적이 있었고 지난 몇 년 동안 여러 방식으로 그 과거를 서로 털어놓았다. 오프닝 공연에 우리 부모님도 관객으로 참석했는데 연극이 끝난 후에 로비에서 본 부모님의 얼굴에는 당혹감이 역력했다. 부모님은 나에게 어떻게 그런 주제를 생각하게 되었냐고 물었다. 진실을 모두 털어놓을 절호의 기회였다. 하지만 난 모르겠다는 듯 어깨를 으

• 미국 콜로라도주의 온천으로 유명한 휴양도시.

쑥해 보였다. 내 비밀을 끝까지 지킬 작정이었다.

대학을 결정해야 할 시기가 왔고, 나는 부모님을 기쁘게 하기 위해서, 이런 내가 되어버린 것을 보상하기 위해서, 실망스러운 딸이 된 것을 보상하기 위해서 무엇이든 해야 한다는 것을 알았다. 성실하게 원서를 작성해 아이비리그 대학교들과 뉴욕에 있는 대학교에 보냈다. 모든 대학교에서 합격 통지를 받았는데 딱 한 곳, 브라운대학교만 나를 떨어뜨렸고 그건 아직까지도 (절대) 잊지 않고 있는 작은 모욕이라 할 수 있다. 나는 학교 앞 우체국에서, 자신의 미래가 어떻게 펼쳐질지 궁금해하는 다른 12학년 학생들 사이에서, 예일대학교 합격 통지를 받았다. 봉투를 뜯어 합격 통지를 확인하자마자 기쁨이 파도처럼 밀려왔고 그 날아갈 듯한 기분을 마음껏 누리고 있었다. 그때 내 근처에 서 있던 백인 남자아이, 딱 라크로스 채를 휘두르게 생긴 그 남학생은 자신이 원했던 학교의 입학 통지서를 받지 못한 모양이었다. 그는 경멸의 눈초리를 숨기지도 않고 나를 빤히 바라보며 말했다. "소수집단 우대 정책이지, 뭐." 그는 입꼬리를 올리면서 비웃었는데 감히 내가, 흑인 여자애가, 자신은 할 수 없는 무언가를 성취했다는 쓰디쓴 진실을 삼킬 수 없었던 것이다.

만약 대학에 가야 한다면, 아니 아이티 이민자의 딸이니 반드시 대학에 가야만 했는데, 그렇다면 전국 최고의 연극교육과정이 있는 뉴욕대학교에 가고 싶었다. 하지만 부모님은 뉴욕에 있는 대학에 가면 내가 너무 방황할지도 모른다는 생각이 강했다. 그리고 연극을 전공한다는 것 또한 너무 비현실적이고 허무맹랑하다고 했다. 나의 소망에 마지막으로 찬물을 끼얹은 것은 뉴욕 같은 대도시는 너무 위험하다는 우려였다. 도시가 위험하다는 우려를 듣자 걷잡을 수 없이 화가 났다. 나는 진짜 위험이 어디에 도사리고 있는지 알았다. 말끔하게 관리되고 아무나 드나들 수 없는 교외의 중산층 동네 뒷산에서, 훌륭한 가정에서 자란 모범적인 남자아이들 때문에 위험한 일이 생기기도 하니까.

뉴욕대학교에 가고 싶었던 것만큼이나, 아니 그보다 더 간절히 일단 쉬면서 뒤죽박죽된 시끄러운 머릿속을 정리할 시간이 필요했다. 부모님에게 대학 입학 전에 일 년만 쉬어도 되냐고 물었다. 이 멀쩡해 보이는 모범생의 외양을 유지할 힘이 더이상 남아 있지 않았다. 나는 진창 속에서 허덕였고 더이상 이어붙일 수 없을 정도로 산산조각이 나 있었으나 내 요청은 당연히 거절당했다. 고등학교와 대학교 사이 일 년을 쉰다는 건 착한 모범생 딸이 할 만한 행동이 아니었다. 나에게 싫다고 말할 권리가 있다는 생각은 머리를 스치지도 않았다.

결국 체념하고 예일을 선택했다. 예일에는 훌륭한 연극학과가 있었고 조디 포스터처럼 예일대 극단Yale Dramat에서 일하고 싶었다. 뉴헤이븐은 뉴욕에서 한 시간 거리이니 주말은 도시에서 보낼 수도 있을 터였다. 아이비리그 학교, 세상에서 가장 좋은 학교 중 한 곳에 다니게 된 것을 괴로워도 꾹 참아야 하는 일이라고 되뇌었으니 지금 생각하면 이상하긴 하다. 하지만 나는 비밀과 트라우마를 간직한 우울한 십대였다. 내게 주어진 특권을 제대로 보거나 내가 그 특권을 얼마나 당연하게 받아들이는지를 반성할 만한 상태가 아니었다.

24

가을에 고등학교를 졸업했고 부모님이 차로 뉴헤이븐의 올드 캠퍼스에 있는 기숙사까지 데려다주었다. 신입생은 모두 그곳에 살았다. 나는 엘리베이터가 없는 건물 5층에 세 명의 다른 여학생들과 함께 배정되었다. 룸메이트들은 모두 인상이 괜찮은 친구들이라 잘 지낼 수 있을 것 같았다. 아빠는 선물로 우리의 공용 거실에 작은 파란색 2인용 소파를 놓아주기 위해서 다른 학생의 아빠와 같이 소파를 어깨에 짊어지고 5층까지 걸어올라왔다. 엄마는 내 침대에 새 시트를 씌워주고 짐 정리를 도와주었다. 부모님이 다시 이사해 살고 있는 네브래스카의 새집으로 돌아가기 전에 우리는 같이 저녁을 먹으러 나갔다. 헤어지기 전에 두 분은 내 문제를 잘 해결하길 당부하며 행운을 빌어주었다. 문제란 당연히 내 몸무게를 말하는 것이었고 나는 다시 혼자가 되었다.

부모님이 나를 또다른 낯선 학교에 두고 떠나는 걸 두려워한다는 것쯤은 쉬이 짐작할 수 있었다. 이전에 그렇게 했을 때 내가 엄청나게 살이 쪄버렸으니까. 대학에서 내가 또 무슨 사고를 칠지, 아니 내가 얼마나 더 커질지 두려웠을 것이다. 내가 선택한 비행이 무엇인지 알았기에 술이나 마약 같은 것은 걱정하지 않았다. 그럼에도 부모님은 교육의 중요성을 믿었고, 아마도 내가 이제 자기 보호 본능을 되찾아 나에게 주어진 이 황금 같은 기회를 고맙게 여기고 어쩌면 살도 쫙 빼고 다른 여학생들처럼 되고 싶어할 거라고, 즉 몸집을 줄이고 지금보다 나아질 거라고 희망을 품었을 것이다.

기숙학교에 다녀보았기 때문에 대학 입학 후 첫 이 년 동안 캠퍼스에서 생활하며 대학 생활과 관련해 특별히 더 힘든 점은 없었다. 캠퍼스에서 홀로 살면서 나를 어떻게 보살펴야 하는지, 적어도 어떻게 하면 스스로를 보살피는 것처럼 보이는지 알고 있었다.

하지만 고등학교 때보다 훨씬 더 힘겨운 하루하루를 보냈다. 아는 얼굴들은 있었지만 내 심정을 솔직하게 털어놓을 수 있는 친구는 없었다. 관리 감독 하는 사람이 적어져서 맘껏 흐트러졌다. 더 많은 유혹이 있었고 다양한 방법으로 자유 시간을 보낼 수 있었다. 코네티컷주의 뉴헤이븐은 뉴햄프셔주의 엑서터와는 완전히 다른 곳으로 더 크고 더 도시적이고 인종 구성도 다양했다. 캠퍼스 안팎에 다채로운 음식을 파는 식당이 넘쳐났다. 푸짐한 샐러드와 샌드위치를 파는 아티커스라는 서점 겸 카페를 즐겨 찾았다. 수업은 마음대로 빠졌고 수업에 가도 왜 여기 앉아 있어야 하는지 알 수가 없었다. 생물학 교수는 첫 시간부터 자신의 임무는 의사가 되려는 생각에 이곳에 온 학생들을 솎아내는 것이라고 밝혔고 나는 상당히 간단하게 퇴출당했다. 수업의 강도가 이루 말할 수 없이 높았기 때문이다. 실험실에서 실험을 하고 과제를 하고 엄격한 가이드라인에 따라 실험 보고서도 써야 했다. 미적분 3단계 과정에서 배우는 수학은 너무 복잡하고 난이도가 높아 헛웃음이 나올 지경이었다. 교수님 입에서 나오는 말은 외국어 같았다.

이 년 동안 전공을 세 번 바꾸었다. 의대 예과에 다니다가 생물학과에서 건축학과로 바꾸었다가 영문학과로 바꾸었다. 한편 대부분의 시간은 고등학교 때처럼 연극판에서 보냈다. 무대 뒤에서 묵묵하게 맡은 바 책임을 다하면서 무대 위의 멋진 장면들을 탄생시키는 건 아무리 해도 지치지 않았다.

밤낮으로 예일대 극단이나 교내 여러 단과대학의 무대에서(혹은 기숙사나 다른 곳에서) 연출부 일을 했다. 세트를 설치하고 플랫을 색칠하고 음향을 체크하고 조명을 달았다. 한번은 〈웨스트사이드 스토리West Side Story〉의 마지막 장면에 꼭 필요한 철조망 울타리를 구하기 위해서 연극부 지도교수와 매사추세츠주에 있는 사립학교까지 원정을 떠나기도 했다. 소규모 학부 작품에선 직접 무대 디자인을 하기도 하고 실험극에서는 기술 감독을 맡기도 했다. 그렇게 연극 연출 작업을 하고 있으면 학교를, 가족을, 나의 불행을 잊을 수 있었다. 무대 뒤에 있을 때, 세트나 소품 상점에 있을 때, 캣워크 위에 있을 때는 반드시 해야 할 일들이 있었고 나는 그 일을 효율적으로 처리할 줄 알았다. 쓸모가 있다는 건 참으로 아늑한 위안이었다.

25

열아홉 살이 된 그해 여름은 나의 실종 시절의 서막이었다고
할 수 있다. 나의 실종은 인터넷과 함께 시작되었다. 2학년이
끝나고 나는 지인과 작은 식료품점 위층의 아파트로 옮겼다.
특별히 친하지는 않았지만 외견상 처음에는 같이 살아도 큰
문제는 없을 거라 믿을 정도로 친했다.

　대학교 입학 선물로 부모님은 매킨토시 LC II와 모뎀을 사
주었다. 컴퓨터와 모뎀은 이론상으로는 과제를 하는 데 도움
이 되어야 했지만 실제로는 온갖 인터넷 게시판이나 채팅방
에서 모르는 사람들과 이야기를 나누는 데 사용되었다. IRC
는 인터넷 초창기에 생긴 채팅 플랫폼으로 수천 개의 채팅방
과 게시판에 수천 명의 외로운 사람들, 대체로 야한 이야기
만 주고받는 외로운 이들이 모여들었다.

　깨어 있는 대부분의 시간을 온라인에서 모르는 사람들과
대화하며 보냈다. 온라인에서는 당시 내가 스스로를 보듯 뚱
뚱하고 친구 없고 불면증에 시달리는 사회 부적응자가 되지
않아도 되었다. 익명성에 점점 매료되었고 다른 사람들에게
나를 그럴싸한 사람으로 소개할 수 있다는 점에 빠졌다. 칠

년 만에 처음으로 다른 사람들과 연결된 것 같았고 그 기분에 도취되었다. 온라인 세상에 접속한다는 건 굉장히 특별하고 당시 절박하게 필요했던 스릴이었다.

고등학교 시절에는 딱히 연애사라고 할 만한 일이 전혀 없었다. 누구와 데이트를 하기에는 지나치게 부자연스러웠고, 수줍어했고, 엉망진창이었다. 고등학교 때는 피부색 때문에, 나의 사이즈 때문에, 외모에 대한 나의 완벽한 무관심 때문에 남자아이들에게 전혀 존재감이 없었다. 소설을 탐독했기에 마음 깊은 곳에서는 지독한 로맨티시스트였지만 낭만적인 사랑 이야기의 주인공이 되고자 하는 나의 욕망은 현실과 동떨어진 꿈에 불과했다. 남학생이 내게 데이트 신청을 하고, 나와 데이트를 즐기고, 키스를 한다는 상상은 좋아했지만 실제로 남자와 단둘이 있고 싶지는 않았다. 남자애들은 나를 해칠 수 있었다.

온라인 채팅으로 만난 남자들은 낭만적 연애, 사랑, 욕망, 섹스에 대한 나의 환상을 마음껏 채워주면서도 내 몸을 지켜주었다. 나는 날씬하고 섹시하고 자신감 있는 척할 수 있었다.

강간과 성폭력 생존자들을 위한 게시판도 발견했고, 『아주 특별한 용기』를 읽을 때처럼 이 세상에 나 같은 사람이 나 혼자는 아니라는 사실도 알게 되었다. 온라인 게시판을 보면 너무나 많은 소녀에게, 때론 소년들에게도 지옥 같은 일이 일어났다. 내 비밀은 매우 처참하고 어두웠지만 많은 사람이 더 끔찍한 비밀을 갖고 있었다.

IRC 채팅방에서 나는 BDSM 커뮤니티의 사람들과도 이야기했고, 안전하게, 제정신으로 하는, 상호 합의적인, 힘의 교환이 이루어지는 성적 만남에 대해 알게 되었다. 무엇을 하고 있더라도 멈추고 싶으면 멈출 수 있는 안전 용어safe word들이 있었다. 이 세상에 정당한 '안 돼'를 '안 돼'로 받아들이는 사람들이 있다는 것을 알게 되었고 그 사실에 강렬하게 매료되었다. '안 돼'라고 말할 수 있는 안전한 방법에 대해 더 많이 알고 싶었다.

그 숲에서 일어난 일을 설명할 수 있는 어휘들을 더 다양하게 보유하게 되었다. 열두 살의 나에게는 그런 단어가 단하나도 없었다. 그때는 그저 이 남자애들이 나와 강제로 섹스를 했고 당시의 나는 전혀 알지 못했던 다양한 방식으로 소녀의 몸을 유린했다는 것밖에 몰랐다. 책과 상담과 온라인 친구들 덕분에 이 세상에서 강간이라 불리는 행위가 무엇인지 확실히 알았다. 여자가 싫다고 말하면 남자는 그 말을 듣고 하던 짓을 멈춰야 한다. 강간을 당한 건 내 잘못이 아니란 것도 알았다. 이렇게 새로운 어휘들을 갖게 되는 건 은근히 신나는 일이었지만 여러 면에서 그 어휘들이 나에게 딱 맞아떨어진다고는 느끼지 못했다. 이미 고장나고 너무 연약해져서 그러한 면죄부를 받을 수조차 없는 상태였다. 진실을 아는 것과 진실을 믿는 것은 달라서, 쉽게 믿어지지 않았다.

26

3학년이 되기 몇 주 전에 나는 실종되었다. 아무에게도 어디 간다고 말하지 않았다. 내 불규칙한 생활과 이상 행동에 지쳐가던 내 룸메이트에게도, 지인들에게도, 심지어 부모님에게도 한마디 없이 어느 날 갑자기 온데간데없이 증발해버린 것이다. 나는 샌프란시스코행 비행기를 탔다. 온라인 게시판에서 만난 한 사십대 남자를 만나기 위해서였다. 우리에게는 공통의…… 관심사가 있었다. 내 생애 최초로 누가 날 원한다는 느낌을 받았고 내 감정이 어떻든 그가 나를 원하는 것만으로 충분했다. 최악의 경험도 했고 알 만큼 알 나이였지만, 내 몸을 위험한 상황에 내던진 건 내가 아는 지금 이 인생을 버리고 떠나는 것 외에는 원하는 것이 없었기 때문이다. 나에게 주어진 단 하나의 탈출구를 붙잡기로 했다.

나는 상당히 안타까운 일을 당하기도 했지만 상당히 운이 좋기도 했다. 내가 만나러 간 중년 남자는 이상하긴 했지만 기본적으로 선한 남자였다. 나를 절대 해치지 않았다. 그 사람은 내가 원치 않으면 어떤 것도 강제로 하려 하지 않았다. 그는 나를 보호해주었고 나를 있는 그대로 받아주었고, 마찬가지로 이상하지만 선한 사람들을 소개해주었다. 그 사람들은 젊고 완전히 망가진 채 방황하는 나를 있는 그대로 받아주었고 내 약점을 이용하려 들지 않았다. 우리는 샌프란시스코에서 열리는 여러 파티에 가서 그전 몇 달 동안 온라인에서 알게 된 많은 사람을 만났다. 광란의 파티가 끝나자 그는 애리조나주 피닉스 외곽의 스코츠데일에 있는 자기 집으로 가서 같이 살자고 했다. 나는 내 인생으로 돌아가고 싶지 않았다. 돌아갈 수 없었다. 그래서 돌아가지 않았다.

돈도 한푼 없었고 며칠 버틸 정도의 옷가지가 전부였다. 나를 사랑하는 사람들 중에 내가 어디 있는지 아는 사람은 한 명도 없었다. 기분이 날아갈 것 같았다. 부모님이나 다른 사람 앞에서 모범적인 아이비리그 걸 행세를 하지 않아도 된다고 생각하니 드디어 어마어마한 해방감이 밀려왔다.

그렇게 거의 일 년간 피닉스에서 살았다. 나는 이미 정신이 반쯤 나가 있었고 정신을 차리고 똑바로 살아야 된다는 생각도 전혀 하지 않았다. 그냥 내키는 대로 하고 싶은 대로 하며 살았다. 오랫동안 나인 척했던 그 착한 소녀라면 꿈도 꾸지 못할 일들을 했다. 이제 전과목 A를 받는 학생인 척할 필요도, 성적에 신경쓸 필요도, 좋은 딸인 척할 필요도, 어떤 면에서든 괜찮은 사람인 척할 필요도 없었다. 이전의 삶에서 완전히 떨어져나와 온전한 백지상태가 될 수 있었다. 나를 재창조할 수 있었다. 바로 얼마 전까지만 해도 생각할 수조차 없던 온갖 위험을 감수하며 끝장을 볼 수 있었다. 나와 우리 가족, 그리고 내가 지금까지 알아온 모든 것 사이에 점점 깊어지고 있던 그 틈을 벌려 완전히 단절할 수 있었다.

그때 나는 피닉스 시내의 폰섹스 회사에서 나처럼 방황하는 다른 여인들과 함께 야간근무를 했다. 대체로 부스에 홀로 앉아 십자말풀이를 하면서 십 분 혹은 한 시간 혹은 두 시간 동안 자기 이야기를 들어주는 여자에 대한 판타지를 가진 외로운 남자들과 전화로 대화를 나누었다. 우리의 점심시간인 새벽 네시가 되면 다 같이 길 건너에 있는 잭 인 더 박스로 몰려가 느끼하고 형편없는 음식을 사다 먹었다. 나는 뚱뚱했고 더 뚱뚱해지기 위해 계속 먹었고 남자에게 손끝 하나 닿지 않고도 남자와 이야기를 나누었다. 근무시간이 끝나면 각자 집으로 갔지만 가끔은 동료들을 나의 동거인의 집에 초대했고, 우리는 집 수영장에 누워 애리조나의 따가운 햇살에 피부를 내맡긴 채 선글라스만 끼고 잠이 들곤 했다.

애리조나로 나를 데려온 이 남자는 어느 날 내게 밀랍 총알이 들어간 총을 쏘는 법을 가르쳐주었다. 내가 손에 총을 쥐고 있다니, 방아쇠를 당길 수 있다니 의기양양해졌다. 비록 이 총알로는 고정된 표적을 작은 소리를 내며 맞힐 수 있을 뿐이었지만 그것만으로도 신이 났다. 이 총구를 나를 해친 남자애들에게 겨누고 싶다고 생각했다. 그 총구로 나를 겨누고 싶다고도 생각했다.

실종된 시절에 내가 한 대부분의 선택들은 대체로 무분별했다고 할 수 있겠다. 앞뒤를 재지 않고 막살았다. 내 몸을 전혀 신경쓰지 않았다. 내 몸은 아무것도 아니었으니까. 남자들이 내 몸을 함부로 하도록 내버려두었다. 그들이 나를 상처 주도록 내버려두었다. 나는 이미 상처받았고 망가졌기에, 진심으로, 이미 시작된 것을 끝내줄 누군가를 기다리고 있었다.

바닥을 모르는. 겁대가리가 없는. 같이 어울리던 사람들은 나를 그렇게 평했다. 그중 하나는 사실이기도 했다.

처음 만난 사람들 집에 가곤 했다. 한 남자 집에 가서 침대에 누웠는데, 그 침대 옆 바닥에 그의 아내가 자고 있었다. 바닥은 고양이 배설물로 엉망이었다. 다음날 아침에 그 집을 빠져나올 때 내 맨발에 밟히던 조각들의 소리를 아직 기억한다. 집을 나온 뒤 공중전화로 같이 살고 있는 남자에게 전화를 걸어 데리러 오라고 말했다. 여자들과도 데이트를 하기 시작했는데 순진하게도 여자와 함께 있으면 무조건 안전할 거라 생각했기 때문이다. 여자들은 이해하기가 더 쉬울 거라 생각했다.

두세 달 동안 이 남자와 살다가 나중에는 한 커플과 같이 살았는데 이들은 매달 내 집세를 꼬박꼬박 받아갔지만 주인에게 내지 않았다. 그 집에 산 지 몇 달 후에 하루아침에 쫓겨나는 신세가 되었을 때 나 혼자만 충격을 받았다.

내 예상엔 부모님이 아마도 사설탐정의 도움을 받아 나를 찾아낸 것 같다. 구체적으로 물어보진 않았다. 부모님은 막내 남동생 마이클 주니어를 시켜 나에게 전화를 걸었는데 어쩌면 우리집 귀여운 막내의 목소리를 듣고서는 내가 차마 전화를 끊지 못하리라는 걸 알았던 것 같다. 가족과 나는 머뭇거리며 띄엄띄엄 연락을 주고받았다. 나중에 알고 보니 아빠는 뉴헤이븐으로 가서 내가 살던 아파트와 짐을 정리했고 룸메이트에게는 내가 무책임하게 떠나버리면서 그 아이가 받은 정신적 손해를 보상해주었다. 연락이 닿으면서 아빠는 내 물건들을 내 주소로 부쳐주었고 나의 막대한 카드빚을 갚아주기도 했다. 아빠는 내가 부모님과 연을 끊기 위해 그 모든 무모한 짓을 저질렀음에도 불구하고 묵묵히 그전과 똑같이 아빠 노릇을 했다.

그러다 이 가출을 끝내야 할 때가 오고 말았다. 집에 와보니 내가 살던 아파트 문에 퇴거 명령 쪽지가 붙어 있었다. 나와 같이 살던 커플은 하루이틀 겪는 일이냐는 듯 재빨리 짐을 쌌다. 나는 얼굴이 하얗게 질렸는데, 여전히 비교적 비빌 언덕이 있는, 있는 집 자식이었기에 그런 궁지에 몰렸을 때 어찌 감당해야 하는지 몰랐기 때문이다. 나는 꺼이꺼이 울면서 내 짐을 트렁크에 욱여넣고 친구에게 짐을 맡겨놓았다. 내 앞의 여러 선택지를 고려했지만 집으로 가고 싶지는 않았다. 아직 준비가 되지 않았다. 갖고 있는 돈을 모두 털어서 미니애폴리스로 가는 비행기표를 샀다. 한겨울에 얼어붙은 미네소타로, 인터넷에서 만난 한 여자와 같이 살기 위해 무작정 떠난 것이다. 이제 나에게는 관계를 맺는 익숙한 패턴이었다. 연인은 늘 온라인에서 찾았다. 처음에는 안전하리라 생각해서였고 실제로 성적인 행동을 하지 않고도 성적일 수 있어서였다. 그때도 나는 점점 더 뚱뚱해지고 있었으므로 온라인으로 일단 내 인간적 매력을 뽐내 상대를 사로잡은 다음 나의 커다란 몸은 나중에 보여주었다. 미네소타에 사는 이 여자가 내가 평생 사랑하게 될 내 운명의 연인이라고 생각했다. 꾸준히 반복되는 패턴이었다. 이 주 후 나는 그녀가 운명의 연인이 아니라는 것을 깨달았다. 그녀는 결국 생면부지의 사람이나 마찬가지였고 나에겐 아무것도, 돈도 살 곳도 일자리도 없었다. 그제야 나는 완전히 무너져서 부모님에게 전화를 했다. 아빠가 미니애폴리스공항으로 오라고 해서 그렇게 했고, 가보니 내 앞으로 비행기표가 준비되어 있었다. 이번에도, 아빠는 아빠 노릇을 했다.

부모님은 그렇게 할 필요가 없음에도 불구하고, 사실은 걱정으로 가슴이 녹아내릴 것 같았으면서도, 집에 돌아온 나를 기쁘게 맞아주었다. 물론 여러 가지를 묻고 화도 내고 상처받았다는 걸 드러내 보이기도 했지만, 내가 해줄 수 있는 건 별로 없었다. 진실을 말할 수는 없었다. 내 몸무게가 왜 그렇게 계속 늘어가는지 설명할 수가 없었다. 어떻게 하면 이보다는 덜 실망스러운 딸이 될 수 있는지도 생각나지 않았다. 그럼에도 나에게 돌아갈 집이 있다는 건, 내가 돌아가면 기뻐해주고 사랑해주는 집이 있다는 사실은 알고 있었다.

여전히 엉망이었다. 내 방에 처박혀서 컴퓨터 앞에 앉아 모뎀으로 연결된 전화선으로 하루종일 인터넷을 하느라 식구들에게 불편만 끼쳤다. 가상의 세계에 빠져들어 나를 잊는 편이, 내 삶을 추스르려 노력하거나 나를 안다고 생각하는 사람들과 얼굴을 맞대는 것보다 쉬웠다. 여전히 망가진 상태였고, 내 인생의 모든 것이 틀어져버렸고 다시는 옳게 되돌릴 수 없다는 걸 받아들이는 그 자포자기 상태가 편했다. 다른 사람인 척 연기하지 않고 새롭게 뭔가 시도하거나 노력하지 않고 사는 것이 좋았다.

27

몇 달 동안 오마하의 집에 억지로 칩거하다가 집에서 80킬로미터 정도 떨어진 링컨으로 이사했다. 독립을 원했고 내 '공간'을 원했고 어른과는 거리가 한참이나 먼 주제에 어른처럼 살고 싶었다. 이제 스무 살인데 아직 열두 살 같기도 하고 스무 살 같기도 하고 때론 백 살 먹은 노인이 된 것 같기도 했다. 아무것도 모르면서 모든 걸 안다고 생각했다.

당연히 부모님이 집세를 내준 이 아파트는 작은 부엌이 딸린 방 하나짜리 집으로 나는 발코니에서 여전히 열심히 담배를 피워댔다.

부모님 댁에 자주 들러 두루마리 휴지 같은 생활용품과 식료품 저장실에 있는 식료품을 챙겨왔다. 가족들과의 사이는 여전히 금이 가 있었고 삐꺼덕거렸지만 그럼에도 언제나처럼 내게 집이 있다는 건 알았다. 그러니까 나는 든든히 지원받는 망나니였다. 항상 무언가를 미친듯이 갈망했어도 진짜 배가 고픈 적은 없었다.

그래도 약간이라도 내 힘으로 살아보기 위해 잡다한 아르바이트를 전전했다. 성인비디오 가게 직원이나 텔레마케터

일을 했다. 갤럽 여론 조사원, 학생 대상 대출 회사의 대출 상담원 등등을 하다가 대학교를 나오지 않으면 이렇게 평생 최저임금을 받고 임시직만 전전하게 되리라는 것을 알았다. 예일대학교에 다시 등록할 수도 있었지만 뉴헤이븐으로 돌아간다는 건 생각만으로도 끔찍했다. 스물한 살이 되던 날 생일 기념으로, 맥주 냄새와 맛을 끔찍하게 싫어하면서도 코로나 한 팩을 사 들고 집에 왔다. 그날 밤 내가 가볍게 만나고 있던 여자친구가 전화를 걸어왔고, 오늘은 내 스물한 살 생일인데 아파트에 혼자 앉아서 싸구려 맥주 여섯 캔과 함께하고 있다고 말했더니 즐거운 시간을 보내게 해주겠다며 불러냈다. 그날 뭘 했는지는 기억이 나지 않는다. 그때 난 친구가 없었다. 결국 버몬트 칼리지의 단기 연수 프로그램에 등록해 학사학위를 받았다. 버몬트 칼리지는 당시 사관학교인 노리치대학교에 속해 있었다. 그러면서도 나는 글을 쓰고 쓰고 또 썼다.

작가가 되고 싶었기에 네브래스카대학교 링컨 캠퍼스의 석사과정에 입학해 문예창작학을 전공했다. 밤에는 일하고 낮에는 학교에서 공부를 했다. 항상 빈털터리였지만 그건 진정한 가난과는 다른 종류였다. 나에게는 안전망이 있었고, 안전망이 있다는 사실을 스스로 잘 알고 있었다. 그 시절 하루가 멀다 하고 라면으로 끼니를 때우긴 했지만 허기가 질지언정 정말로 배를 곯은 적은 없었다. 거의 잠을 자지 않았는데 잠이 들면 나 자신을, 내 과거를 마주해야 했기 때문이다. 끔찍한 악몽 때문에, 그 남자애들, 그 숲속과 그들의 무자비함에 내맡겨진 내 몸뚱이에 대한 기억 때문에 잠들 수 없었다.

대학교에서는 수업에 꼬박꼬박 출석해 빅토리아시대 문학과 문화 이론과 탈식민주의 이론을 공부했고 학생들과 워크숍을 진행했다. 이들은 참으로 관대하게 자기 시간과 정성을 들여 여느 글쓰기 워크숍에서 기대할 수 있는 것 이상으로 내 글에 열심히 피드백을 해주었다. 대학원에서 발행하는 문학잡지인 『프레리 스쿠너Prairie Schooner』에서 보조 편집자로 일하면서 투고 원고를 검토하는 일도 했다. 나처럼 발견되고 싶어하는 무명작가들이 쓴 원고가 일주일에 수백 편씩 쏟아졌다. 문학잡지사에서 일하는 것은 자신이 작가로서 어느 정도 수준인지를 알게 되는 가장 좋은 방법 중 하나라는 것을 배웠다. 온갖 종류의 투고 원고를 받았다. 사람들은 일기를 보내고, 고양이에게 바치는 시를 써 보내고, 장편소설 한 권과 시집 한 권 분량의 원고를 깔끔하게 인쇄해 노란 우편 봉투에 넣어 보냈다. 수감자들의 원고도 많았는데 이들은 나만큼이나 외롭고, 좁은 교도소에서 자기 목소리를 찾고 싶어하고, 누군가가 자기 목소리를 들어주길 원하고 있었다. 자기 삶에서 어떤 이야기든 나누려고 하는 이 작가들이 보낸 자기소개서들을 유심히 읽어보곤 했다.

밤에 집으로 돌아와서는 대개 바로 컴퓨터 앞에 앉아 이야기들을 쓰고 또 썼다. 대부분이 여성과 그들의 상처에 관한 이야기였는데 그것만이 내가 생각할 수 있는, 내가 느끼는 모든 고통을 밖으로 드러낼 수 있는 유일한 방법이었기 때문이다. 성폭력 생존자들을 위한 온라인 포럼이나 채팅방에도 자주 들렀다. 현실세계에서는 내게 무슨 일이 일어났는지 아무에게도 이야기할 수 없었지만 인터넷에서 만나는 익명의 사람들에게는 마음의 짐을 털어놓을 수 있었다. 블로그에도 꼬박꼬박 소소한 일상생활과 생각들을 올렸다. 아마 누군가 봐주기를, 들어주기를 바랐던 것 같다. 온라인에서 느끼는 자유, 내 인생과 내 몸에서 벗어날 수 있는 자유를 사랑하고 갈구했다. 나는 먹고 먹고 또 먹었지만 내가 먹는 어떤 음식도 그 양 외에는 특별하게 기억에 남을 만한 맛있는 요리가 없었다. 내 안의 크게 벌어진 상처를 메우기 위해, 아니 그 상처를 메우려고 애쓰느라 머리를 비우고 먹기에 집중했다. 아무리 많이 먹어도 나는 여전히 아팠고, 여전히 다른 사람들을 무서워하고 여전히 도저히 벗어날 수 없는 기억에 진저리쳤다. 밤마다 작업해 가까스로 '이 세상은 얼마나 좁은가How Small the World'라는 제목의 논문 주제에 맞는 단편소설을 몇 편 모을 수 있었고, 무사히 논문을 써서 졸업은 했으나 무엇을 해야 할지 몰라 공과대학에서 글쓰기 업무를 담당하는 교직원으로 일하기로 했다. 학교에서 나에게 기대하는 만큼은 하려고 노력했다. 어떤 날들은 정말로 정말로 열심히 일했다.

28

공과대학에서 일하면서 내가 작가로 먹고살고 싶다면 그것이 과연 정확히 무슨 의미인지에 대해 더 구체적인 계획과 비전이 있어야 한다는 것을 깨달았다. 그럼에도 막연히, 매일 글을 썼다. 혼자 쓰는 사무실에서 컴퓨터로 솔리테르 카드 게임을 하기도 하고 소설도 썼다. 보통은 교수들의 연구 논문에 관련된 기사를 썼다. 아무것도 모르는 나에게 교수들이 엄청나게 열정적으로 설명하곤 했던 로봇 건축 장비라든가 우주에서 사용할 수 있는 에어로젤이라든가 생물테러에 대한 방어 시스템, 무선인식RFID 칩의 혁신적 활용법 등에 대한 기사였다.

나쁘지 않은 직업이었다. 이제까지 내가 거친 직업 중에 최고였고 아주 많지는 않았어도 내 평생 가장 높은 임금을 받았다. 훌륭한 상사 콘스턴스는 내가 더 나은 작가가 될 수 있도록 격려를 아끼지 않았다. 어도비 크리에이티브 프로그램들을 사용하는 데 능숙해졌다. 공대 학부생들이 펴내는 잡지의 감수자가 되어주기도 했다.

그럼에도 나는 교수실에 앉아서 교수들의 연구 논문 이야기를 들으면서 생각하곤 했다. '이 사람들이 할 수 있는 건 나도 할 수 있겠다.' 사실 넘보기 힘든 꿈이었지만 그때 나는 하루 열 시간씩 일하고 항상 누군가의 변덕에 좌우되는 교직원 생활에 지치기도 했다. 교수들이 누리는 그 자유, 일주일에 두세 번만 강의하고 스스로 일정을 짜고 넉넉한 수입도 보장받는 생활이 부러웠다. 나도 그런 인생을 살고 싶었다. 석사과정 내내 박사학위를 따야겠다는 생각을 하며 내가 그렸던 미래는 문예창작학을 전공해 박사학위를 받고 위대한 아이티계 미국인 작가로 소설을 써서 교수 자리를 얻어 안정적으로 사는 것이었다.

마침 업무의 일환으로 전국 흑인 엔지니어 협회의 연례 콘퍼런스에 가서 공대 학생들을 모집하게 되었다. 콘퍼런스 내내 내 테이블과 복도 하나를 사이에 두고 맞은편에 앉아 있던 베티라는 여성이 자신이 근무하는 학교인 미시간공과대학교를 소개해주었다. 굉장히 훌륭한 테크니컬 커뮤니케이션 프로그램이 있다고 했다. 그때까지 미시간공대란 대학에 대해 들어본 적이 없었을뿐더러 나는 계속 네브래스카대학교 링컨 캠퍼스에 있으리라 생각했었다. 콘퍼런스가 끝난 후에도 연락이 닿았고 그녀의 끈질긴 설득에 마음이 조금씩 움직였다. 하필 그때 내가 사귀고 있다고 생각한 여인이 밸런타인데이에 별안간 메일을 보내 결별을 요구했고, 나는 링컨에서 되도록 먼 곳으로 떠나고 싶었다. 미시간공대에 입학 원서를 넣었고 합격했으며 그곳에서 내가 도저히 거절할 수 없는 제안을 했다. 현재 받는 연봉과 거의 비슷한 수준의 연봉은 물론 학생들을 가르칠 기회와 장학금과 의료보험 혜택까지 준 것이다. 그해 여름 아무에게도 말하지 않고 미시간주의 행콕이란 곳으로 떠났다. 남들 시선에서 벗어나 한번도 들어보지 못한 학교에서 내가 전혀 모르는 분야의 박사학위를 이수하기 위하여. 동생 마이클 주니어도 미시간공대로 편입해 나와 같은 학교에 다니겠다고 했다. 같이 새로운 동네로 들어서면서 우리 둘 다 지금 어떤 곳으로 왔는지 전혀 모르고 있었다는 사실을 깨달았다. 어퍼반도*는 아주아주 외진 지역이었다. 이차선 시골 국도는 몇 시간을 운전해도 울창한 숲만 이어졌다. 해가 기울면서는 사슴이 튀어나와 속도를 줄여야 했다. 내가 세 들어 살 집의 주인은 세상을 떠난 남편과 운영하던 세탁소가 있는 낡은 건물의 2층에 살고 있었다. 그녀는 걸쇠가 걸린 망사문 뒤에 서서 현관에 선 나와 동생을 내다보며 말했다. "전화통화 할 때는 백인인 줄 알았는데." 나는 서른 살이었다.

---

* Upper Peninsula. 미시간주 북부 지역.

29

대학원 생활과 공부와 연구에만 집중하는 삶은 편안했다. 학교에 박혀서 수업을 듣고 공부를 할 때는 내 몸이 문제가 되지 않았다. 특히 교수법을 배우는 것이 재미있었다. 나의 집중력과 시간과 에너지를 모두 쏟아서 구체적인 책임을 다해야 했다.

하지만 나는 내 몸을 한시도 잊지 못했다. 이 몸에서 도망갈 수가 없었다. 어떻게 하면 도망갈 수 있는지도 몰랐고 이 세상은 언제나 나에게 내 몸이 어떤지 상기시켰다.

생애 최초로 대학 수업을 하게 된 월요일에 나는 너무 겁이 나서 수업 시작 전에 화장실에 가서 먹은 걸 다 게워냈다. 사실 학생들을 가르치는 일 자체가 그리 두려운 건 아니었다. 신입생 작문 수업을 맡았는데, 수업을 원활하게 이끌어가는 건 언제나 어려웠지만 학생들에게 설득력 있는 글쓰기의 기본을 가르쳐주는 일은 그리 부담스럽지 않았다. 극도로 두려웠던 건 역시 나의 외모와 학생들의 반응이었다. 학생들이 나를 좋아하지 않을까봐, 나를 손가락질할까봐, 내 몸무게를 비웃을까봐 두려웠고 어떻게 하면 학생들이 나를 좋아하게 만들 수 있을지 확신이 서지 않았다. 나는 사람들에게 호감을 사지 못하는 사람이라고 느꼈고 언제나 그래왔다. 과연 내 체력이 버텨줄지, 내가 오십 분 동안 강단에 서 있을 수 있을지도 자신 없었다. 학생들 앞에서 땀이 비 오듯 흐를까봐 걱정했고 그러면 그들이 나를 어떻게 판단할지 두려웠다. 어떤 옷을 입어야 할지도 고민이었다. 매일같이 입는 티셔츠와 청바지는 너무 캐주얼하고 몇 벌 안 되는 외출복은 수업시간에 입기에는 너무 고지식한 정장이었다.

학교가 좋은 건 학생들은 아주 어린 나이부터 규칙을 따르는 훈련이 되어 있다는 점이다. 그들은 교실에 들어오면 대체로 자리에 앉아서 질서 있게 행동한다. 학생들에게 무엇을 하라고 시키면 하라는 대로 한다. 첫 수업을 하러 들어가자 심장은 쿵쿵 뛰고 진땀이 나고 두려움과 불안감 때문에 머리가 울렸다. 커다란 레고 상자를 가져왔는데 만약 일이 잘 안 풀리면 학생들이 장난감을 갖고 놀게라도 할 심산이었다. 처음에는 다들 내가 선생이라는 사실을 깨닫지 못한 것 같았는데 그 이유가 나의 사이즈 때문인지, 내 인종 때문인지, 헛된 희망이지만 어려 보이는 나의 외모 때문인지는 알 수 없었다. 강단에 서자 교실은 조용해졌고 아이들은 내가 선생이라는 것을 알아챘다. 출석을 부르고, 불안감으로 다리가 후들거리는 가운데 강의계획서를 설명하고, 이 수업이 어떤 수업이고 학생들이 해야 할 일은 무엇인지—출석, 적극적 참여,

과제를 제시간에 내기, 표절은 절대 하지 않기 등등—이야기했다. 학생들에게 이런 행정적인 사항들을 짚어줄 때는 그나마 마음이 편했지만 강의계획서 설명이 모두 끝나고 본격적으로 수업에 들어가자 불안감이 거세게 나를 강타해왔다.

첫 수업을 마치고 학생들이 교실을 빠져나가는 순간 그제야 안도감이 밀려오며 그 자리에서 쓰러질 것만 같았다. 오십분 동안, 열여덟 열아홉 살의 학생 스무 명 앞에서 이 뚱뚱한 몸으로 살아남았다. 이윽고 내가 이번 학기가 끝날 때까지 매주 수요일과 금요일에 이 짓을 반복해야만 한다는 사실을 깨달았다.

강의에 나갔다. 학생들을 가르쳤다. 내 공부를 했다. 친구를 사귀려고 했고 사귀기도 했으니 약간의 성공이었다. 주말이면 집에서 65킬로미터 떨어진 오지브웨 보호구역에 있는 버러가 카지노에서 낯선 남자들과 테이블에 구부정하게 앉아 포커를 쳤는데 내 목표는 이들의 돈을 따는 것이었고 실제로 자주 성공했다. 여전히 잠은 충분히 자지 못했다. 계속먹으면서, 내게 허락된 약간의 평화를 찾으려 했다.

어느 날, 우리집 맞은편 주유소에서 담배를 사서 집으로 걸어오는 길이었다. 모자를 눌러쓰고 다 해진 티셔츠에 잠옷 바지를 입고 있었다. 구질구질한 차림새였지만 주유소의 점원들은 그런 것에 신경쓰지 않았다. 나도 마찬가지였다. 그때 한 남자가 나를 따라오며 큰 소리로 나를 부르기 시작했다. "이봐요, 카지노 걸." 듣자마자 본능적으로 도망가고 싶었다. 분명 나에게 시비를 거는 거였다. 나는 그런 사람들, 특히 남자들에게 익숙했다. 그동안 자동차 안에서, 자전거를 타면서, 길을 지나가면서 자기네가 내 몸을 어떻게 생각하는지를 정확히 알려주려는 듯 내게 잔인한 말들을 퍼부어댄 사람이 한둘이 아니었다.

이번에는 달랐다. 그는 내 아파트까지 따라와서 계단을 올라왔고 나는 재빨리 망사문을 닫고 걸쇠를 건 채로 그를 바라보았다. "카지노에서 포커 치는 그 친구 맞죠?" 그가 물었고 나는 마지못해 고개를 끄덕였다. 그가 어떤 사람이었는지 기억해내려 했지만 기억나지 않았다. 그는 같은 테이블에 앉아 포커를 쳤던 다른 백인 남자들과 다를 바가 없었다. 칙칙한 인상에, 엉클어진 머리에, 턱수염을 기르고, 플란넬 체크 셔츠에 청바지를 입고 작업화를 신은 남자들. "아가씨 포커 테이블에서 욕 걸쭉하게 잘하던데. 내 친구들이 이 근처에 있는데 같이 놀래요?" 그는 저쪽을 손가락으로 가리켰다. "싫어요. 가세요." 그가 사라지기만을 바라며 말했지만 그는 특이할 정도로 끈질겼다. 그가 나에게 무엇을 원하는지 알 수 없었지만 그것이 무엇이든 좋은 것일 리 없었다. 자기 친구들에게 데리고 가서 나를 상처 주고 놀리겠지. 어쩌면 돈을 원하는 것일지도 몰라. 그가 계속 나를 구슬리는 동안 모든 가능성을 따져보았다. 이윽고 그는 자기 친구들에게 돌아가봐야겠다고 말했고 나는 여전히 불안해하며 문을 잠갔다. 그날 밤 잠을 한숨도 못 잤다. 천장을 바라보면서 낯선 남자가 우리집까지 따라왔던 위험한 상황을 떠올렸다.

그 남자는 그날 이후 매일 밤 우리집에 와서 끈질기게 노크를 하다가 내가 어쩔 수 없이 문 가까이로 가면 망사문 사이로 말을 붙였고 집으로 들어오려고는 하지 않았다. 마침내 나도 그가 나에게 데이트 신청을 하려 한다는 결론을 내릴 수밖에 없었다. 집 근처에 있는, 식당 음식은 별로지만 괜찮은 바가 있는 라마다호텔에 가기로 했다. 그의 이름은 존이었다. 벌목꾼이라고 했다. 사냥과 낚시를 좋아했다. 레이커스 농구팀도 좋아했다. 그는 태어나서 지금까지 미시간의 어퍼반도 바깥으로는 한번도 나가본 적이 없다고 했다.

나는 그가 내게 보내는 관심에 늘 회의적이었고 머지않아 본모습인 잔인한 면모를 드러낼 거라 굳게 믿었다. 하지만 하루가 지나고 또 하루가 지나고, 일주일이 지나고 또다른 일주일이 지나도 그는 나에게 잘해주었다. 한결같이 잘해주었다. 내 입에 밴 가시 돋친 말을 무시했고 그를 밀어내려는 갖가지 시도에도 끈질기게 버텼다. 그는 술을 많이 마셨지만 명랑하고 착한 주정뱅이로 자기가 하는 농담에 자기가 웃다가 얼굴에 미소를 띠고 잠이 드는 사람이었다. 그즈음 나는 담배를 끊었는데 나이도 점점 많아지는데다가 십팔 년 동안 담배를 피워왔으니 이제 적어도 애착을 갖고 있는 안 좋은 습관들 중 하나라도 덜어내면서 나를 조금이라도 사랑하려는 노력을 해야 한단 생각이 들어서였다.

항상 인터넷에 접속했고 문학 블로그 사이트인 HTMLGiant 와 The Rumpus에 내 블로그를 열었다. 소셜 네트워킹도 발견했다. 내 글을 다시 한번 넓은 세상에 띄워 보냈다. 존은 내가 온라인에서 알게 된 사람들을 가리켜 "컴퓨터 속 작은 친구들"이라고 불렀다. 주말에는 가끔 그의 캠프에도 따라갔다. 어퍼반도 버전의 외딴 호숫가 오두막이었다. 인터넷 연결은 당연히 되지 않았고 휴대폰도 잘 터지지 않았다. 나는 안전한 가상세계와의 접속을 끊고 현실세계에서 이 남자와 꼬박 하루이틀 동안 함께 있어야 했다. 그는 어떤 식으로든 부드러움을 담아 나를 만진 첫번째 남자였다. 심지어 내가 그렇게 하지 말라고 해도 그는 늘 부드럽게 나를 어루만졌다. 그는 나를 사랑했고, 시간이 흘러, 나도 그를 사랑한다는 것을 깨달았다. 우리 사이는 나쁜 날보다 좋은 날이 훨씬 많았다.

박사학위 과정은 거의 끝나가고 있었다. 이스턴일리노이대학교에서 교수 자리를 제안받았다. 작가로서도 조금씩 내 이름이 알려지고 있었다. 희망적이라고 느낄 만했다. 존과 나는 우리의 앞날에 대해서 대화를 나누고 또 나누었다. 그는 내가 이곳에 남아주길 바랐다. 한편으로는 나도 그러고 싶었다. 그냥 이곳에 눌러앉아 벌목꾼의 아내로 살고 싶었다. 하지만 내가 가는 곳에 그가 따라와주길 바라는 마음이 더 컸는데 오 년 동안 정말 열심히 노력해왔기 때문이었다. 나는 많은 사람이 이루지 못하는, 특히 흑인 여성이 쉽게 이루지 못하는 무언가를 이루었다. 나는 우리의 러브 스토리가 해피엔드이길 바랐다. 내가 원하고 바라는 것을 그가 알고, 프러포즈 같은 웅장한 제스처를 보여주길 기다렸다. 나도 그런 것을 받을 만한 가치가 있는 사람이라고 믿고 싶었다.

어퍼반도에서 우리가 함께 보내는 마지막 나날이 다가오고 있을 때도 우리 사이엔 극적인 싸움이나 언쟁 같은 것이 없었다. 나는 졸업했고 그는 일리노이까지 이사를 도와주었다. 같이 이케아에 가서 가구를 샀다. 그는 책장과 커피 테이블을 조립해주고 나의 새로운 아파트 문에 자물쇠를 달아주었다. 우리는 실제로 "안녕"이라고는 말하지 않으면서도 백 가지 방식으로 작별을 했다. 집으로 돌아갈 무렵 그의 눈시울은 붉어져 있었다. 내 눈도 마찬가지였다. 우리는 그후로도 오랫동안 연락을 했고 얼마 동안은 우리 둘이 함께하는 미래에 대한 순수한 갈망이 있었다. 그럼에도 불구하고, 그에게서 끝까지 웅장한 제스처는 나오지 않았다. 나는 익숙한 자기혐오의 굴레로 빠져들었다. 늘 그랬듯이 내 탓을 했다. 그래, 이 몸 때문이겠지. 내 몸 때문이야.

3부

30

이십대가 내 인생 최악의 시기였다는 말을 곧잘 하는데 실제로 정확히 그랬다. 해가 갈수록 상황은 나아졌고 나는 좀더 어른답게 살 수 있게 되었다. 학위를 쌓아갔고 더 나은 직업도 구했다. 느리지만 부모님과의 관계도 확실히 회복하려 노력했고 그들 눈에 좋은 딸이 되려고 애썼다. 비포 시절에 나는 착한 소녀였기에 그 역할을 어떻게 해내는지는 잘 알았다. 애리조나에서 방황의 세월을 보내고 왔어도 내게는 여전히 모범생 역할을 다시 해낼 의지가 남아 있었고 어마어마한 외로움과 싸우면서도 나는 계속해서 무언가와 이어져 있으려고 일을 하고 글을 쓰고 가족과 가깝게 지냈다.

하지만.

이십대 내내 나의 사생활은 끝없는 진창 속이었다. 어떤 식으로건 나를 배려하거나 존중하며 대하는 사람들을 많이 만나지 못했다. 나는 무관심, 경멸, 노골적인 적대감을 끌어당기는 피뢰침과도 같았고 그 모든 푸대접을 다 참았다. 왜냐하면 나는 과거에 한번 망가져버렸고, 그 이후로도 스스로 내 몸을 망가뜨려버려서 대접받을 자격 같은 건 없다고 생각했기 때문이다.

　나는 애초에 우정이라는 용어를 굉장히 막연하게 사용하는데, 나에게 우정이란 한때 스쳐가는 인연일 뿐이고 연약한 끈이고 보통은 고통의 원천일 뿐이었다. 사람들은 대체로 나에게서 무언가를 원하고 그것을 얻는 즉시 나를 떠나버렸다. 나는 너무 외로운 나머지 이런 관계들을 다 참았다. 인간적인 교류를 희미하게 닮기만 해도 내겐 충분했고 그렇지 않더라도 충분한 척해야만 했다.

　음식은 유일한 위안이었다. 나 혼자, 내 아파트에서 음식으로 나를 달랬다. 음식은 나를 판단하지도 나에게 무언가를 요구하지도 않았다. 먹을 때는 오로지 나 자신이 될 수 있었다. 그렇게 나는 45킬로그램이 늘고, 45킬로그램이 더 늘고, 또 한번 45킬로그램이 늘었다.

　어떤 면에서는 이 살들이 어느 날 갑자기 내 몸에 짠 하고 등장한 것 같다. 8사이즈였다가 얼마 후 16사이즈가 되었더니 28사이즈를 넘어 어느 날 42사이즈가 되어버린 것만 같다.

　또 어떤 면에서는 내 몸에 점점 쌓여가고 들러붙는 모든 무게를 매 순간 민감하게 의식했다. 내 주위의 모든 사람도 민감하게 의식했다. 걱정하는 가족들은 한목소리로 나를 들들 볶는 잔소리 합창단이 되었고 아무리 좋은 의도라 해도 그들의 잔소리는 내가 인간의 기본적인 의무인 몸 관리에 철저히 실패한 사람이라는 걸 상기시켜줄 뿐이었다. 가족들은 나의 이 '문제'를 도대체 어떻게 해결할 생각이냐고 수시로 물었다. 때론 부드럽게 조언했다. 때론 엄하게 훈계했다. 제발 전문가에게 가보라고 하고 온천에 가보라고도 했다. 목돈을 주겠다고도 하고 새 옷과 새 차를 사주겠다고도 했다. 가족 모두 팔을 걷어붙이고 내 몸의 문제를 해결할 수만 있다면 어떤 일이든 하려 했다.

물론 그들의 마음은 안다. 나의 부모님이니까. 나를 사랑하는 사람들이다. 그들은 현실을 잘 알고 이 세상은 나같이 큰 사람들에게 살 만한 곳이 못 된다는 것도 안다. 내가 나이를 먹을수록 이 몸으로 살아가기가 더 어려워지리라는 것도 안다. 그들에겐 나의 건강과 행복이 최우선이다. 좋은 부모다. 그래서 날 이해하지 못하면서도 이해하려고 한다. 지성인이고 똑똑하며 현실적인 분들이다. 이성적으로 해결해왔던 여타의 문제들처럼 나의 몸무게도 이성적인 판단과 노력으로 해결할 수 있기를 바란다. 내가 왜 이런 일이 일어나게 내버려두었는지, 왜 이렇게 몸을 커다랗게 만들었는지, 어쩌다 이렇게 통제 불능 상태가 되었는지를 진심으로 이해하고 싶어한다. 그 점에서 부모님과 나는 닮았다.

그럼에도 불구하고. 그들은 나만을 위한 비만 위기 해결 단체가 되기로 자처했다. 열네 살 때부터 내 몸의 문제에 적극적으로 개입했다. 그들을 사랑하기에 그 행동을 우아하게 받아들이려 하나 그러지 않을 때도 있다. 사십대 초반이 되면서부터 단호하게 맞서기 시작했으며 그들이 내 몸에 관해 말을 꺼내려 하면 바로 차단한다. "아니, 몸무게 이야기 안 할 거예요. 그만해요. 이 몸으로 움직이는 것도 나고 이 몸을 먹이는 것도 나니까 신경쓸 것 없어요."

가족들과 얘기하면 빼놓지 않고 내 몸무게가 얼마인지에 대한 질문을 받던 시기가 있었다. 나의 부모님, 특히 아빠가 내가 지금 어떤 다이어트를 하고 있는지, 어떤 운동을 하는지, 살이 빠지고 있는지 아닌지, 마치 나의 이 크고 뚱뚱한 몸이 나에 관한 모든 것이라는 듯이 꼬치꼬치 캐물었다. 그렇다. 날 사랑해서 그렇다. 늘 이렇게 생각하면서 그들을 용서한다.

잔소리 부대에서 가장 열성적으로 활동하는 대원도 아빠다. 몇 년 동안 지치지도 않고 몸무게 감량 프로그램에 등록해주고 다이어트 책, 특히 오프라가 보증한 책들을 사주었다. 어떤 해에는 리처드 시먼스*의 『딜 어 밀Deal-a-Meal』을 들이밀었다. 갖가지 안내서를 집으로 보내주었다. 때로는 학교를 휴학하라고도 했는데 근거는 이러했다. "네가 지금 따고 있는 학위들은 너에게 아무 도움이 안 돼. 공부를 아무리 열심히 해봤자 어디서 너같이 뚱뚱한 사람을 고용하겠니." 그러면서 이렇게 말했다. "아빠니까 남들이 못하는 이야기도 해주는

* 미국 에어로빅 강사이자 다이어트 전문가.

거야." 글쎄다, 아빠는 이 세상이 내게 언제 어디서나 해주고 있는 말을 반복하고 있을 뿐인걸. 아빠는 라디오나 TV에서, 공항에서, 어디에서건 새로 체중 감량 신약이나 프로그램을 접하면 바로 나에게 전화를 걸어 당신이 내 몸의 문제에 특효약이 되기를 희망하는 그것에 대해 들어본 적이 있는지 묻는다. 아빠는 내가 내 몸만 극복하면 될 수 있는 다른 나에 대해 강력한 희망을 품고 있다. 아빠의 꺾이지 않는 희망이 내 가슴을 아프게 짓누른다.

엄마는 조금 더 교묘하게 내 몸무게 문제를 건강이라는 프레임으로 접근한다. 비만이 유발하는 건강상의 위험을 진지하게 의논하려고 한다. 당뇨병, 심장마비, 심장발작이 걱정된다고 한다. 내가 만약 끔찍한 병에 걸리면 결국 엄마가 간병을 해야 할 텐데, 엄마는 그럴 준비가 되어 있지 않다고 호소한다.

동생들도 당연히 내 몸에 신경을 쓴다. 그들이 걱정한다는 건 나도 알지만 그래도 동생들이기에 나에게 이래라저래라 훈계하지 않는다. 그들은 나의 지지자가 되어주는 듯하지만 나를 고문하는 이들이기도 하다. 동생들은 내 주제가라며 〈휴멍거스humongous〉*라는 노래도 만들었다. 바로 밑의 동생은 내 옆을 어슬렁거리며 세레나데를 부르곤 한다. "휴멍거

---

* '거대한'이라는 뜻.

스라고 말해보자. 휴명 랄랄라라." 그는 빽빽거리며 노래하고 다들 웃음을 터뜨린다. 그게 진짜로 너무 우습기 때문이다. 사실 나는 그 노래가 십대일 때도 웃기지 않았고 지금도 웃기지 않지만 여전히 우리집에서 불리고 있다. 가족들이 그 노래를 부를 때 난 가끔 예민해진다. 내 몸은 농담거리도 오락의 소재도 아닌데, 많은 사람에게 그렇게 취급되는 것 같다.

살을 빼라는 우리 가족의 지속적인 압박은 나를 오히려 더 고집스럽게 만들기도 한다. 물론 이렇게 해서 피해를 받을 사람은 오직 나뿐이지만. 가족들이 부담을 줄수록, 나를 사랑한다 말하지만 내 모습을 있는 그대로 받아주지 않는 이 사람들을 벌주기 위해서라도 다이어트를 거부하겠다는 아집이 생기기도 한다. 점점 이 잔소리 부대의 합창을 한 귀로 듣고 한 귀로 흘려보내기가, 사람들이 나를 대하는 그 무례한 방식을 견디기가 더 쉬워지고 내가 더이상 일반 쇼핑몰에서, 아니 레인 브라이언트Lane Bryant에서도, 때로는 캐서린스 Catherines●에서도 옷을 살 수 없다는 사실도 별로 신경 쓰이지 않는다. 나는 사람들이 나에게 관심을 두는 분야가 오직 내 몸이란 사실에, 언제나 내 뜻대로 되지 않고 나를 실망시키는 이 몸뿐이란 사실에 부아가 난다. 그래서 나는 철저히 무시한다. 그런 척을 아주 잘한다. 우리 부모님, 내 동생들, 지

● 레인 브라이언트와 캐서린스 모두 플러스 사이즈 의류를 판매하는 쇼핑몰이다.

나다니는 사람들의 말에 귀를 막아버리는 법을 배웠다. 오직 내 머릿속에서만 사는 법을 배웠다. 내 머릿속에서는 나를 받아들이길 거부하는 이 세상을 무시할 수도 있고, 그 남자 아이들의 기억을 차단할 수도 있다. 아무리 오랜 시간이 흐르고 멀리 떠나와도 절대로 잊을 수 없는 그 기억을 말이다.

한동안은 내가 있었고, 내 머릿속에 살면서 나 자신을 타인처럼 바라보는 여자가 있었고, 나의 이 과체중인 몸뚱이를 지니고 다녀야만 하는 여자가 있었다. 이 세 사람은 같은 사람이 아니다. 그들은 같은 사람이 될 수가 없고, 그렇게 되면 나는 살아남을 수가 없다.

31

당신이 비만이면 당신의 몸은 여러 측면에서 공식 기록이 된다. 당신의 몸은 지속적으로 대중에게 떡하니 전시된다. 사람들은 당신의 몸에 대해 자신들이 추측한 이야기를 입힐 뿐이고 당신의 몸에 담긴 진실에는 전혀 관심이 없다. 그 진실이 무엇이든 간에.

뚱뚱하다는 건 피부색과 흡사하게 절대로 숨길 수 없는 특징으로 아무리 짙은 색 옷만 입고, 아무리 최선을 다해 가로줄무늬 옷을 피해도 별수없다. 파티에서 벽에 기대어 사람들을 멍하니 바라보는 일에 점점 더 능숙해지기도 한다. 혹은 파티에서 재담꾼이 되어야만 하는데, 그래야 사람들이 당신을 비웃거나 당신과 함께 웃느라 바빠서 그들이 속으로 끊임없이 생각하고 있을 당신의 체중 문제를 거론하지 않을 수 있기 때문이다. 이 세상은 당신 같은 몸에는 어떤 인내심도 어떤 자비도 베풀지 않는다는 걸 인정하고 어떻게든 이 안에서 살아남는 법을 고안해야 한다.

당신이 무슨 말과 행동을 하는지에 상관없이 오직 당신의 몸만이 가족과 친구들에게, 때론 낯선 사람들에게도 공공 담론의 대상이 된다. 당신의 몸무게가 늘었을 때, 빠졌을 때, 혹은 그 비정상적인 몸무게를 그대로 유지했을 때 역시 당신의 몸은 비평의 대상이다. 사람들은 비만의 위험성에 대한 각종 통계와 정보를 당신 코앞에 들이미는데, 마치 당신이 뚱뚱할 뿐만 아니라 멍청하기까지 해서 당신 몸의 실체에 대해, 그 몸을 최대한 적대적으로 대하는 이 세상에 대해 무지하거나 착각에 빠져 사는 줄 아는 것 같다. 그 사람들은 언제나 당신에게 가장 유익한 것이 무엇인지 알기 때문에 이런 비평들은 항상 염려라는 말로 포장되곤 한다. 그들은 당신도 사람이라는 사실을 잊는다. 당신은 곧 당신의 몸이고 결코 그 이상이 아니며 당신의 몸은 말할 것도 없이 더 작아져야만 한다.

32

유행병이란 급속히 확산되는 전염성 질환을 말한다. 인류는 주기적으로 도래하는 전염성 질환의 행군을 막을 수가 없었다. 역사적으로 우리가 아는 수많은 유행병─홍역, 독감, 수두, 가래톳페스트, 황열병, 말라리아, 콜레라─이 있으나 뉴스 보도에 따르면 이 가운데 어떤 것도 비만이라는 유행병만큼 치명적이거나 만연해 있지 않다고 한다. 이 질병의 증상은 고열, 물집, 림프샘 비대, 발진이 아니라 출렁거리는 복부와 비대한 몸집이다. 비만인 몸은 무절제와 타락과 나약함의 상징이다. 비만인 몸은 대규모 감염이 진행되고 있는 현장이다. 의지력과 음식과 신진대사 사이의 전쟁이 벌어졌다가 폐허가 되어버린 전쟁터이며 최후의 패배자는 바로 당신이다.

최근 미국에서는 거의 하루도 그냥 지나가는 일이 없이 현대인의 위기인 비만 유행병을 분석한 새로운 기사가 쏟아진다. 대체로 가혹하고, 공포를 조장하며, 이 유행병에 피해를 입은 사람들에 대한 근거 없는 우려와 자기들의 좁은 시야로 보고 있는 삶에 대한 심오하고 진정성 담긴 탄식으로 채워지곤 한다. 또 한 가지, 비만 인구가 건강보험 체계에 재정 부담을 가중시키고 있다고 한탄한다. 결국 이 기사들에 따르면, 비만은 우리를 죽이고 있고 용납할 수 없는 지출도 발생시킨다.

이런 기사에는 정말 진실이라고 할 만한 건 한 톨밖에 없고 광분과 패닉만 넘친다. 물론 두려움도 팽배하다. 왜냐하면 아무도 이 비만이란 병에 전염되고 싶지 않으니까. 사람들은 자기네가 비만인들을 어떻게 보고 어떻게 대하고 어떻게 생각하는지 알기 때문에, 스스로 그런 가혹한 운명을 마주하고 싶어하지 않는다.

33

뚱뚱한 여성으로서 나의 존재가 하나의 통계로 축소되는 현상을 본다. 우리 문화는 똑떨어지는 구체적인 숫자만 갖고 있으면 인간의 허기가 무엇으로 변하는지 이해를 할 수 있다고 생각하는 것 같다. 정부의 통계에 따르면 비만 유행병으로 인한 국가 재정 손실은 연간 1,470억 달러 내지 2,100억 달러라고 하는데 연구자들이 어떻게 이런 압도적 수치를 계산해냈는지에 관해서는 명확한 근거를 제공하지 않는다. 비만과 직접적으로 연관된 손실이란 정확히 무엇을 말하는가? 여기서 방법론은 상관없다. 중요한 건 뚱뚱하면 무조건 돈이 나가고, 그렇기 때문에 비만은 아주 다급하고 위중한 문제라는 점이다. 뚱뚱한 사람들은 정부 예산을 고갈시키는 주범으로 이들의 몸 역시 같은 인간의 신체일 뿐임에도, 이 신체에 필요한 건강보험과 의약품만 엄청난 것처럼 강조한다. 사람들은 뚱뚱한 사람들이 자기 지갑에 손을 뻗어 돈을 꺼내가는 것처럼, 다른 사람들의 지방덩어리가 자기 예산에 구멍을 내는 것처럼 군다.

통계적으로 미국인의 34.9퍼센트가 비만이고 68.6퍼센트는 비만이거나 과체중이다. '과체중'과 '비만'의 정의는 대개 굉장히 모호하고 애매하며 체질량 지수 등의 독단적인 기준에 따라 정해진다. 최근에는 이런 주장까지 나왔다. 비만 유행병이 최근에 대서양을 건너가 많은 유럽인을 무력한 희생자로 만들고 있으며 전 세계에 빠르게 퍼져 전 지구적 유행병이 되었다고. 뚱뚱한 사람이 너무 많다는 게 제일 큰 문제이며, 이 유행병은 무슨 수를 써서라도 막아야 한다고.

34

현대 대중문화에서 특히 비만에 집중하는 분야는 리얼리티 쇼인데, 기본적으로 너무 적나라하고 너무 냉혹하고 때로는 잔인하기까지 하다.

〈비기스트 루저The Biggest Loser〉는 자본주의와 다이어트 업계의 불경스러운 결합이라 할 수 있다. 겉보기엔 체중 감량에 관한 TV쇼이지만 사실은 비만 타도를 선동하는데, 뜻대로 되지 않는 비대한 몸을 가진 참가자는 물론이고 같은 처지의 시청자들에게도 날씬한 몸을 갖고 싶다는 소망이 실현될 수 있다고 약속하며 희망을 준다. TV 앞에서 아무것도 하지 않고 있으면서도 동기부여가 된다. 참가자가 열의를 보이면 시청자들도 같이 자극을 받고 의욕이 샘솟으며 미약하게나마 그 쇼의 일부가 되고 있다고 느낀다. 한편 참가자들이 25만 달러의 상금을 놓고 경쟁하면서 매주 점점 날씬해지는 모습을 지켜보는 재미도 쏠쏠하다.

〈비기스트 루저〉의 첫 몇 시즌은 집중해서 보았다. 이 쇼는 뚱뚱한 여자들이 품는 궁극의 판타지가 아닐 수 없다. 몇 달 동안 '시골 목장'에 갇혀서 엄격한 퍼스널 트레이너에게 혹독한 훈련을 받으며 건강에 치명적일 정도로 낮은 칼로리만 섭취하고 리얼리티쇼 제작자들에게 교묘하게 조종당하고 카메라는 한시도 멈추지 않고 집요하게 따라다닌다. 덕분에 혼자서는 절대로 뺄 수 없을 몸무게를 감량한다.

처음 몇 시즌을 보면서 나도 한번 오디션에 나가볼까 하고 온갖 상상의 나래를 펼쳤지만 현실에선 결코 일어나지 않을 일이었다. 일단 나는 너무 낯을 가린다. 인터넷 금단증상을 겪게 될 것이 뻔하다. 음악 없이는 운동을 하지 못한다. 만약 질리언 마이클스가 나에게 고함을 지르면 나는 입을 닫아버리거나 애처럼 질질 짜거나 그 여자의 목을 조르려고 달려들지도 모른다. 그 당시 나는 채식을 시작했기에 몇 년째 뻔뻔한 간접 광고 방식으로 홍보를 하는 제니오Jennie-O 칠면조를 먹어야 할까봐 걱정이 되기도 했다. 그나저나 TV쇼 출연이라니, 그때나 지금이나 실현 가능성은 제로다.

하지만 시즌이 거듭될수록 〈비기스트 루저〉를 즐겨 시청하는 나조차도 거북했다. 뚱뚱한 사람들에게 끊임없이 모멸감을 주었고, 의료 전문가들은 기회만 있으면 이 비만 출연자들의 건강 상태가 얼마나 곧 죽어도 이상하지 않을 만큼 최악인지에 대해 일장 연설을 늘어놓으려 했다. 그리고 공포의 트레이너들이 있었다. 누가 보나 완벽한 체형의, 군살 하나 없는 탄탄한 몸매의 이들은 이유를 묻지도 따지지도 않고 자신의 몸과 건강한 관계를 맺지 못한 사람들에게 자기들과 같은 완벽함을 요구했다. 참가자들은 비인간적인 방식으로 자신을 몰아붙이며—울고 땀 빼고 토하면서—만인 앞에서 자신의 나약한 몸을 숙청한다. 이 프로그램은 쇼의 그럴싸한 선전 문구가 지향하는 것과는 달리 운동을 통해 자신의 몸에 자신감을 갖고 용기를 얻는 프로그램이 아니었다.

〈비기스트 루저〉는 뚱뚱함을 반드시 파괴해야만 하는 적이자, 근절해야만 하는 전염병으로 보는 프로그램이다. 뜻대로 되지 않는 몸은 오만 가지 방법으로 통제와 징계를 받아야 하고, 그 통제와 징계를 통해 비만인들은 더 인정받을 만한 사회구성원으로 재탄생한다. 그들은 살만 빼면 행복을 얻을 수가 있는데, 이 쇼에 따르면, 그러니까 이 사회의 문화적 관습에 따르면, 행복이란 오직 날씬함에서만 찾을 수 있기 때문이다. 〈비기스트 루저〉 같은 쇼와 이를 모방한 여러 쇼를 볼 때마다 우리는 실질적으로 우리에게는 없는 힘을 달라고 빌게 된다. "너무나 인간적인 이 몸을 가져가시고 당신이 의도하는 그 몸을 주세요."

〈비기스트 루저〉 시즌 15 우승자인 레이철 프레더릭슨의 폭로 사건 이후 우리 시청자들은 마침내 이 쇼와 이 쇼의 행태에 대해 지극히 정당하게 분노할 수 있게 되었으나, 사실 방영을 시작한 2004년부터 이 프로그램은 체중 감량에 관해 대중에게 해로운 서사를 퍼뜨리고 있었다.

프레더릭슨이 시즌 15에 참가하기 전 체중은 117킬로그램이었다. 시즌 마지막 편 생방송에서 밝혀진 그녀의 최종 몸무게는 47킬로그램으로 몇 개월 만에 몸무게의 60퍼센트를 감량한 것이다. 이 숫자가 발표되는 순간 트레이너인 밥 하퍼와 질리언 마이클스조차 프레더릭슨의 수척한 얼굴과 지방이라고는 없는 몸에 입이 떡 벌어졌을 정도였다. 그녀는 방송에서 훈련받은 대로, 하라는 대로 하면서 자신의 몸을 통제했으나 이번에는 너무 심하게 몰아붙인 것 같았다. 우리는 이제 '비기스트 루저'는 적당한 정도로만 살을 빼야 한다는 것을 알게 되었다. 왜 이렇게 우리 몸에는 너무나 많은 규율이 따라다닐까. 무언의 합의인데다 자꾸 입장을 바꾸니 종잡을 수도 없다.

밥 하퍼는 이후 인터뷰에서 이렇게 말했다. "어안이 벙벙했어요. 그렇게밖에 표현을 못하겠네요. 이제까지 72킬로그램이나 뺀 출연자는 한 명도 없었거든요." 각종 언론과 소셜 미디어에 레이철 프레더릭슨의 새로운 몸매에 관한 기사와 발언이 쏟아졌다. 이제 그녀의 몸은 여성 대부분의 몸처럼 그 즉시 공공 텍스트가 되었고 담론의 주제가 되었다. 이번에는 몸무게를 너무 빨리 많이 뺐기 때문에, 자신을 너무 심하게 통제했기 때문에 문제가 된 것이다.

최근에 이전 출연자 몇 명이 또다른 진실들을 폭로하며 쇼를 비판하는 데 가세했다. 제작진이 강제로 수분 섭취를 막아 탈수 현상이 일어났고, 칼로리 섭취를 극단적으로 제한했고, 때로는 다이어트 약을 권장했다고. 참가자들이 목표를 달성하게 하기 위해, 말하자면 더 오락적인 TV쇼를 만들기 위해서였다. 신진대사 전문가인 케빈 홀이 실시한 어느 시즌 참가자들의 건강 상태 연구는 더 큰 충격을 안겨주었다. 참가자 열네 명 중 열세 명은 체중 감량 이후 신진대사량이 점점 더 낮아졌다. 신진대사량이 감소하면서 참가자들은 방송에서 감량한 체중의 전부는 아니더라도 거의 원래 체중과 비슷한 수준으로 돌아갔다. 체중 감량은 의학이 발달해도 아직은 정복하지 못한 큰 산이라는 사실을 다시 한번 일깨워주었을 뿐이다. 적어도 리얼리티쇼를 통해 극복할 수 있는 수준의 도전은 아니었다. 그러니 우리 중 많은 이들이 뜻대로 되지 않는 몸과 씨름하고 있는 것도 당연하다.

폭로 이후 프레더릭슨은 두 달 만에 9킬로그램이 쪘고 확실히 사회가 인정해주는, 지나치게 마르지 않은 몸이 되었다. 그러나 여전히 적절하게 관리된 몸이다. 그녀가 살을 그토록 심하게 뺀 이유는 오직 25만 달러라는 상금 때문이었다고 설명했지만 우리 자신을 부정하고 우리 몸을 통제하려고 노력해온 우리 같은 사람들은 모르지 않는다. 레이철 프레더릭슨은 우리가 그녀에게 요구하는 기준을 그대로 따르려 한 것이다. 그리고 우리 중 많은 이들도 할 수만 있다면 스스로에게 그렇게 하라고 명령하고 있다.

35

〈비기스트 루저〉와 같은 맥락으로 다이어트와 외모를 주제로 한 프로그램이 여럿 있다. 〈익스트림 메이크오버: 다이어트Extreme Makeover: Weight Loss〉는 약간은 더 현실적으로 접근하는 프로젝트로, 뚱뚱한 사람들을 일 년 동안 따라가는 '다이어트, 길고도 먼길'을 표방한다. 트레이너는 〈비기스트 루저〉보다는 훨씬 상냥하다. 더 진정성 있는 몸무게와의 싸움을 보여주고, 체중 감량은 그렇게 쉽게 달성할 수 없으며 시청자들에게 모범 답안을 쥐여줄 수도 없다는 사실을 알려준다. 그러나 전달하는 메시지는 동일하다. 자아존중감과 행복은 날씬한 몸과 불가분의 관계이니 일단 살을 빼자.

어떤 방송은 착취 수준으로 인간을 최대한 활용한다. 〈핏투 팻 투 핏Fit to Fat to Fit〉이란 프로그램에서는 완벽한 체형의 트레이너들이 고객들과 동질감을 느끼기 위해 일부러 살을 찌운다. 물론 다시 살을 빼서 그들에게 자연스러운 몸으로, 아니 조금 더 완벽한 몸으로 돌아가는 결론이다. 처음에는 몸매를 포기하고 먹는 즐거움을 만끽하는 모습을 보여주다가 이어 억지로 패스트푸드를 먹어야 하는 괴로움과 뚱뚱해진 자신을 보며 느끼는 불행을 보여주고 마침내 고행 끝에 자신이 선호하는, 무결점의 탄탄한 체형으로 돌아가면서 만족스러운 미소를 짓는 장면으로 끝맺는다. 이 트레이너의 뚱뚱한 고객들은 그저 이 비극에 동원되는, 아니 이 방송이 사랑하는 '쪘다 빼기'라는 승리의 서사에서 액세서리가 될 뿐이다.

50킬로그램이 약간 넘을 뿐인데도 온갖 타블로이드 신문에서 끊임없이 몸무게 이야기를 꺼내며 괴롭히는 클로이 카다시안은 E! 채널의 〈리벤지 보디Revenge Body〉라는 프로그램을 진행한다. 이 프로그램 참가자들은 살을 빼고 완벽한 몸매로 변신하여 과거에 상처를 주었던 사람들에게 복수한다. 죽여주는 콘셉트가 아닐 수 없다. 해묵은 원한을 갚는 방법이 오직 더 마르고 더 탄탄한 몸이 되는 것이라니. 쇼의 기본 전제는 이렇다. 당신이 뚱뚱했을 때 당신에게 못되게 굴었던 사람은 아마도 당신이 뚱뚱하다는 사실을 고소해하고 희희낙락했을 것이다.

〈나의 600파운드 인생My 600-lb Life〉이라는 프로그램에는 병적인 초고도비만 참가자들이 등장한다. 이들은 휴스턴으로 떠나 유년 나우자라단 박사―나우 박사로 불리는―를 만나서 위절제술이나 지방 제거 수술을 받는다. 이 프로그램에서는 뚱뚱한 사람이 얼마나 불쌍하고 안쓰러운지를 강조한다. 특히 막무가내로 커진 몸에 완전히 나가떨어지기 직전인 이들이 집에서 나올 때조차 응급 구조대의 도움을 받아야 하는 모습을 가감없이 비춘다. 그들은 인생에서 갈 데까지 갔고, 몸 때문에 철저히 실패했으며, 사랑하는 가족이나 연인마저 이제 지쳐 그들을 떠나려 한다. 이 프로그램에 나오는 뚱뚱한 사람들은 어마어마한 양의 음식을 먹고 보통은 해결되지 않은 트라우마로 고통받고 있다. 온갖 질병에도 시달린다. 이들의 모습은 여러 가지 면에서, 절대 이렇게 살아선 안 된다는 교훈을 준다. 어머, 저 여자 봐. 우체통까지 걸어가는데 숨을 헐떡거려. 저 남자 좀 봐. 저 몸으로 소파에 파묻혀서 느끼한 햄버거를 몇 개나 먹는 거야. 저 여자는 자기 차에 타고 내리는 것도 쉽지 않네. 운전대에 배가 눌려. 우리는 이 사람들의 가장 취약한 모습, 가장 세상과 맞지 않는 모습, 어디서도 보지 못한 오버사이즈 옷을 입은 모습을 본다. 옷을 입고나 있다면 다행이지만 말이다. 그들의 비대함은 눈에 거슬리고, 관습에 어긋나며, 우리의 문화적 규준을 무시한다.

모든 에피소드는 거의 비슷한 서사 구조를 지니고 있어 매번 새로운 주인공을 만나 그들의 인생에 대해 알게 되는데 대체로 불행한 부분만 응집한 버전이다. 그들은 나우 박사를 만나고 박사는 그들을 꾸짖고 이 상태가 되도록 내버려둔 가족과 친구들을 힐난한다. 박사 역시 환자들과 그들의 가족 때문에 스트레스를 받는다. 나우 박사는 하루에 1,200칼로리만 섭취하는 다이어트를 하면 지방 제거 수술을 하기 전에 20킬로그램을 뺄 수 있다고 말한다. 그는 수술을 집도하고 수술은 언제나 성공적이며 주인공은 심리 치료사를 만나면서 이제까지와는 다르게 살고 다르게 먹기 위해 어렵지만 노력해나간다. 이 쇼는 쓸데없이 뚱뚱한 몸을 전시하기를 좋아한다. 그 모든 극단적인 모습, 살덩어리들이 출렁이는 모습에 카메라를 들이댄다. 수술 장면 또한 시각적으로 정밀하며, 우리는 의료 장비들이 지방덩어리를 들어내는 모습을 본다. 비만인의 몸은 의학적으로 수선해야만 하는 신체다. 의학적 개입이라는 방식을 통해 이 쇼는 구원을, 적어도 구원의 기회를 제공한다. 늘 희망적인 어조로 끝나지만 가끔은 의학적인 개입이 있어도 해피엔드를 맞이하지 못할 때도 있다. 말하자면 이 방송이 보여주고 싶어하는 날씬한 몸이 되지 못하는 경우다. 그런 점에서 〈나의 600파운드 인생〉은 약간의 진실을 보여주기도 한다.

나는 이런 방송이 싫지만 계속 본다. 나를 분노케 하고 가끔은 가슴을 무너지게 하고, 비만인의 몸을 받아들이지 못하는 세상에서 살아가다보면 필연적으로는 따라오는 고독, 우울, 절절한 고통 같은 내게 너무나 익숙한 경험을 아프게 바라보게 해도, 참고 본다. 이 쇼들이 해악적이고 비현실적이라는 것을 알면서도 내 안의 일부는 그 프로그램들이 약속하는 구원을 여전히 갈망하고 있기 때문에, 또다시 본다.

36

몸무게에 집착하는 대중문화 장르는 리얼리티쇼에 국한되지 않는다. 낮시간대 TV 프로그램, 특히 '여성 취향 방송'을 몇 시간만 시청하면 체중 감량 제품과 다이어트 식품 광고가 끝없이 흘러나오는 광경을 볼 수 있다. 몸매 관리를 돕는 도구라고 하지만 사실 이것들은 대기업의 돈주머니를 두둑이 불리고 있을 뿐이다. 난 이 광고들을 보면 돌아버릴 것 같다. 자기혐오를 한껏 부추기기 때문이다. 대부분이 우리에게 있는 그대로의 우리 몸으로는 절대 충분하지 않다고 말한다. 그러면서 잔인한 열망과 동경을 부추긴다. 광고에 나오는 여자들은 이 사회가 적절하다고 인정해주는 날씬한 몸매를 유지하기 위해서 조금은 역겨운 음식으로 허기를 채우면서도 황홀해 죽을 지경인 척한다. 무지방 요구르트나 100칼로리 과자 앞에서 여자들이 표현하는 환희와 기쁨을 믿을 수 있겠는가? 그런 요구르트 광고를 볼 때마다 생각한다. '맙소사, 나도 저렇게 행복해지고 싶네. 진짜로.'

날씬함을 자기 가치와 동일하게 보게 하는 건 이 시대의 강력한 거짓말이다. 하지만 다이어트 산업이 언제나 호황을 누린다는 점을 생각하면 이 거짓말은 확실히 징글징글하게 설득력이 있다. 여자들은 사회의 의도에 자기를 어떻게든 꿰맞추려고 한다. 여자들은 늘 배가 고프다. 나도 그렇다.

'웨이트 워처스'● 광고에서 제시카 심슨은 환하게 웃으며 말한다. "바로 살이 빠지기 시작하더라고요. 바로 웃음이 났죠." 또다른 웨이트 워처스 광고에서는 제니퍼 허드슨이 살이 빠지면서 얼마나 새로운 행복을 얻었는지, 얼마나 성공을 거두었는지 표현하며 기쁨의 비명을 지른다. 그 성공이 말하자면, 아카데미 여우 주연상은 아니지 않나? 행복을 날씬함과 동일시하는 수많은 다이어트 광고 중 딱 두 개를 소개했을 뿐이다. 물론 그 반대의 법칙도 적용되니 비만은 불행과 같은 말이리라.

영화배우 밸러리 버티넬리는 2012년 다이어트 식품 회사 제니 크레이그의 홍보 모델로 활동하며 자신의 '새로 태어난 몸'을 자랑스럽게 뽐냈다. 그녀는 총 18킬로그램이나 감량했으나 요요 현상이 일어나고 말았다. 그녀는 죄를 저질렀고, 속죄를 하기 위해서인지 토크쇼에 연달아 나가면서 이 사회의 비만 혐오와 싸우려 했다. 물론 그녀는 언론 투어가 끝나자 다시 피트니스 센터로 돌아가 살을 빼려 했다. ABC 뉴스에 따르면 그녀는 "여름에는 비키니 몸매로 돌아가고" 싶다

● Weight Watchers. '체중 감시자'라는 뜻으로, 미국의 다이어트 제품과 프로그램 서비스 회사 이름이다.

고 했단다. 배우 커스티 앨리 또한 그즈음에 제니 크레이그 홍보 모델이 되었다. "옆에서 코치가 도와주지 않았다면 그 기나긴 고행을 견디지 못했을 거예요." 다이어트와의 전쟁을 대중 앞에 내보이는 것은 과거의 영광을 되찾고 싶어하는 한물간 여자 연예인들의 방송 복귀 대비책이다.

무아경의 행복을 준다는 다이어트 식품 광고와 연예인들의 체중 감량에 대한 언론의 호들갑을 통해 우리 여성들은 어떤 생각을 주입받고 있을까? 제대로 된 음식을 먹고 제대로 된 식이요법을 하고 그에 따른 희생만 치르면 원하는 건 다 가질 수 있다는 생각이다.

이런 현상은 체중 감량에 대한 욕망을 여성 정체성의 기본적인 요소로 여긴 이 문화에 대해 무엇을 말하고 있는가?

37

내가 살아온 대부분의 시간 동안 오프라 윈프리는 공개적으로 체중과의 전쟁을 보여준 문화 아이콘이었다. 내가 살아온 대부분의 세월 동안 나 또한 체중과의 전쟁을 해왔지만, 다행스럽게도 오프라처럼 다른 사람들 눈앞에서 한 건 아니었다. 오프라는 체중을 감량하면 성공을 자축했다. 그러다 다시 몸무게가 늘면 실패를 애통해했다. 오프라의 토크쇼가 최고 시청률을 기록하던 1988년, 그녀는 유동식 다이어트로 거의 31킬로그램을 감량했다. 그해 방영한 쇼에서 그녀는 동물성 지방으로 가득 채운 라디오 플라이어 브랜드의 빨간색 수레를 무대로 끌고 나왔다. 그녀의 외모는 눈부시게 빛났다. 머리는 풍성하게 부풀리고 검은색 터틀넥에 딱 붙는 청바지를 입고선 지방에 혐오를 드러내는 퍼포먼스를 했는데, 그 수레를 끌고 다니거나 지방을 들어올리면서 자신이 그것을 지고 다녔다고 말했다. 과거의 뚱뚱한 자신은 죄인이었기에 속죄 행위를 한 것이다.

이 여성은 그동안 자신의 참모습을 찾고 스스로를 위한 최고의 삶을 살아야 한다는 신념을 우리에게 설파해왔다. 그러나 2015년 윈프리는 4,000만 달러를 투자해 웨이트 워처스의 주식 10퍼센트를 사들여 이 회사의 대주주가 되었다. 이 브랜드의 광고 중 하나에서 오프라는 말한다. "올해 당신 인생 최고의 몸매를 만들어보세요." 이 문장에 담긴 뜻은 현재 우리의 몸매는 최고의 몸매가 아니라는 것이다. 결코 절대로 그렇지 않다. 육십대 초반의 억만장자이며 세계에서 가장 유명한 여성인 오프라조차도 자기 자신이나 자신의 몸에 대해서는 행복을 느끼지 못하나보다. 이것이 바로 우리 뜻대로 되지 않는 몸에 관해 이 문화가 보내는 해로운 메시지다. 아무리 나이가 들어도, 아무리 물질적인 성공을 거두어도, 날씬하지 않으면 우리는 만족하거나 행복할 수 없다.

또다른 광고에서 그녀는 2016년 내내 매일 빵을 먹고 있는데도 세상은 여전히 정상적으로 돌아가고 있다면서 얼굴을 빛낸다. "난 감자칩이 정말 좋아요!"라고 소리치는 광고도 있다. 자신이 다 먹어치울 파스타를 요리하며 환성을 지르는 광고도 있다. 웨이트 워처스의 은혜 덕분에, 몸매를 유지하면서도 탄수화물을 즐길 수 있게 된 것이다. 또 어떤 광고에서는 마침내 18킬로그램을 감량했다고 자랑하면서 사람들에게 용기를 주기도 했다. 아마도 그 덕에 자신은 최고의 삶을 살게 되었다고 말하는 것 같았다.

또다른 광고에서 오프라는 진지한 어조로 말한다. "모든 과체중 여성 안에는 그들이 마음만 먹으면 될 수 있는 이상적인 모습이 있죠." 매우 유명한 개념으로, 우리 뚱뚱한 여자들 안에는 날씬한 여자가 살고 있다는 것이다. 이 광고를 볼 때마다 난 생각한다. '내가 그 말라빠진 여자 잡아먹어버렸지. 맛있긴 했지만 양이 너무 적더군.' 그러면 진짜 나다운 나란 사기꾼이나 강탈자나 불법 거주자처럼 이 뚱뚱한 몸 안에 몰래 숨어 있는 날씬한 여자란 말인가. 이 얼마나 빌어먹을 소리인가.

같은 광고에서 오프라는 몸무게의 문제가 단순히 몸무게 문제가 아니며 그 이상의 이야기가 있다고 말한다. 물론 이 말이 진실일 수도 있으나 오프라가 정말 팔고 있는 것이 자아실현이라든가 자기 안의 괴물을 대면하면서 얻는 카타르시스라고 보긴 어렵다. 그보다는, 우리의 궁극적인 목표는 다이어트를 열심히 해서 우리 안에 숨어 있는 날씬한 여자로 변신하는 것이라고 말하고 있다. 그렇게 하면 우리는 더 나은 몸을 가질 수 있고 그녀의 왕국은 계속 성장할 것이다.

38

가십 잡지는 우리로 하여금 유명한 여자들의 몸에 무슨 일이 일어나고 있는지를 지속적으로 감시하게 하면서 우리도 그 대열에 합류해야 한다고 부추긴다. 유명한 여자들의 들쑥날쑥한 몸무게 변화는 마치 주식시장처럼 관찰되는데 그들의 업계에서는 몸무게야말로 자기가 보유한 개인 주식, 즉 시장가치의 물리적 특질이기 때문이다. 연예인이 살을 빼면 자신의 새로운 몸을 '과시하면서' 상품 가치를 올리는데 사실 평생 갖고 있던 단 하나의 몸이지만 이제 타블로이드 신문에 좀더 적합한 사이즈가 되었기 때문이다. 연예인이 임신을 하면 그들의 몸은 임신중과 임신 후에 집중적으로 추적 관찰된다. 배가 볼록 나왔을 때부터 만삭일 때와 출산 후의 몸매까지 주시된다. 특히 출산 후에는 우리가 한때 알았던 그 비정상적으로 늘씬한 몸으로 다시 돌아갈 때까지 집요하게 추적당하고 기록된다.

유명 인사들의 몸은 우리가 무슨 일이 있더라도 따르려 노력해야 하는 도달하기 힘든 기준이다. 그들은 '신스피레이션 thinspiration', 즉 날씬하게 해주는 영감thin inspiration으로 현재 우리의 몸과, 적절한 통제만 있으면 변신할 수 있는 새로운 몸 사이의 거리를 끊임없이 상기시킨다.

유명 인사들은 날씬함의 경제적 이익을 이해하고 있으며 대부분은 기꺼이 그 경제에 참여하려고 한다. 그래서 더 말라 보이기 위해 볼을 쏙 집어넣고 찍은 셀카를 소셜미디어에 올려놓는 것이다. 그렇게 그들은 더 좁은 공간을 차지할수록 더 중요한 사람이 된다.

39

통제 불능이고 과체중인 상태인 인간의 몸에도 분류 체계라는 것이 있고, 특히 과체중 여성에게는 그 체계가 훨씬 더 다양하게 분화되어 있다. 사람들이 내 몸과 각 부위를 논할 때 너무나 자주 사용하는 이른바 전문용어이기 때문에 뚱뚱한 여자인 나는 이 분류 체계에 무척 익숙하다.

문화 전반에 걸쳐 예의바른 사람들 사이에서 뚱뚱한 여자는 BBW 또는 SSBBW●가 된다. 둥글둥글한, 풍만한, 토실토실한, 투실투실한, 통통한 여자가 될 수도 있다. '건강한' 뚱뚱함도 있고, 탄탄한, 튼튼한, 건장한 여자가 되기도 한다. 예의바르지 않은 사람들 사이에서 뚱뚱한 여자는 돼지, 뚱돼지, 소, 젖소, 뚱녀, 비행선, 살덩어리, 지방덩어리, 엉뚱이, 멧돼지, 짐승, 뚱뚱보, 들소, 고래, 코끼리, 2톤 여자 등등이 되고 여기에 차마 쓰지 못하는 온갖 용어와 별명도 차고 넘친다.

옷에 관해 말해보면, 우선 보통 사이즈보다 큰 플러스 사이즈와 익스텐디드라고 불리는 더 큰 사이즈가 있고, 플러스

● BBW는 Big Beautiful Woman, 즉 뚱뚱하고 예쁜 여자라는 뜻이고, SSBBW는 Super-Sized Big Beautiful Woman으로 매우 뚱뚱하고 예쁜 여자라는 뜻이다.

사이즈의 프리사이즈라고 할 수 있는 퀸 사이즈가 있으며, 퀸 사이즈와 마담 사이즈가 결합된 것이라고 할 수 있는 '여성용' 사이즈도 있다.

특정 신체 부위, 즉 '문제가 되는 부분'에도 온갖 딱지가 붙는다. 하체 비만, 허릿살, 코끼리 다리, 뚱벅지, 출렁거리는 팔뚝, 코티지치즈 허벅지, 헤일 데미지•, 머핀 톱••, 옆 가슴, 등살, 허리 군살, 안장•••, 스페어타이어, 이중 턱, 곡스••••, 가슴 달린 남자, 맥주 뱃살 등이다.

이런 용어들—의학 용어, 가볍게 놀리는 말, 속어, 모욕적 언어—은 모두 뚱뚱한 사람들의 몸이 비정상이라는 사실을 상기시키기 위해 만들어진 것이다. 우리의 몸은 너무나 문제가 심각해서 특별한 용어들이 필요하다는 것이다. 우리 몸을 그렇게 무자비하고 공공연하게 해부하고, 정의하고, 그리고 폄하하는 데 이렇게 열심이라니 다 대단들 하다.

• hail damage. 셀룰라이트가 많은 몸.
•• muffin top. 허리띠 위로 삐져나온 살.
••• saddle back. 엉덩이 옆으로 불룩 튀어나온 살.
•••• gocks. 배꼽 주변의 복부에 넘치는 살.

40

자기 관리란 어떤 면에서 부정이나 거부의 몸짓이기도 하다. 원하지만 가질 수 없다. 어떤 음식들을 거부하기로 한다. 휴식을 거부하고 운동하기로 한다. 우리 몸을 늘 감시하고 초조해하면서 마음의 평화를 거부한다. 목표를 달성할 때까지 자신을 억제하고 그 목표를 유지하기 위해 또 자신을 억제한다.

내 육체는 심각할 정도로 방만하고 통제를 벗어나 있지만 그럼에도 나는 내가 갈망하는 거의 모든 것을 스스로 거부하기도 한다. 공공장소에서 내 공간에 대한 권리를 부정하기 위해, 허리를 수그리려 하면서, 사실은 어디에서나 눈에 띄는 거구인 이 몸을 어떻게든 보이지 않게 하려 한다. 공유하는 팔걸이에 대한 권리를 부정한다. 감히 어떻게 그런 폐를 끼친단 말인가? 나 같은 몸에는 부적절하다고 여겨지는 특정 장소에 가기를 거부한다. 사람들이 오가는 대부분의 공간, 대중교통, 내가 눈에 띄거나 어쩌면 사람들에게 방해가 되거나 거슬릴 수 있는 장소는 거부한다. 밝은 색상의 옷을 거부하고, 옷장에 다양한 옷을 두고도 청바지와 짙은 색 셔츠만 유니폼처럼 입는다. 내가 사용하기를 거부하는 여성스러운 표현이 있다. 내 몸은 사회에서 강요하는 여성스러운 몸에 대한 기준에 맞지 않으므로 내겐 그런 표현을 사용할 권리가 없다고 생각하기 때문이다. 나는 누군가 나를 혹은 내가 누군가를 부드럽게 만지는 식의 온화한 애정 표현을 거부한다. 마치 나 같은 몸을 가진 사람에게는 그런 쾌락을 누릴 자격이 없다는 듯이. 학대는 사실 내가 스스로에게 허락하는 몇 안 되는 것 중 하나다. 나는 내게 매력이 있다는 것도 부정한다. 물론 내게도 매력적인 면이 있지만 그것을 겉으로 표현하지는 않는다. 내가 어떻게 감히 그런 것을 원할 수 있을까? 내가 어떻게 감히 내가 원하는 것을 고백할 수 있을까? 그리고 내가 어떻게 감히 원하는 것을 얻기 위한 행동을 할 수 있을까? 나는 너무 많은 것을 스스로 금기시해왔다. 하지만 그럼에도 불구하고 금기를 깨고 뛰쳐나오려고 몸부림치는 수많은 욕망이 내 안에 있다.

거부함으로써 우리가 원하는 것을 손이 닿지 않는 곳에 둘 수는 있다. 하지만 우리는 여전히 그것이 거기에 있다는 사실을 알고 있다.

로스앤젤레스에서 내가 가장 사랑하는 친구와 호텔방에서 와인을 마시고 있었다. 즐겁게 밀린 수다를 떨고 있는데 친구가 갑자기 내 손을 덥석 잡더니 엄지손톱에 매니큐어를 발라주겠다고 했다. 꼭 발라주고 말겠다고 거의 협박조로 말했지만 나는 애매한 이유들을 대가며 거부하고 또 거부했다. 그러다 결국 나는 굴복하고 친구의 손에 손을 맡겼고 친구는 사랑스러운 분홍색으로 내 손톱을 정성스럽게 칠해주었다. 호호 불었고, 마르게 놔둔 뒤에 한번 더 덧발랐다. 그날 밤은 그렇게 흘렀다. 다음날 나라 반대쪽으로 가는 비행기에 앉아서 내 손가락을 바라보았다. 매니큐어를 칠하는 소소한 기쁨을 느낀 게 얼마 만인지 도통 기억나지 않았다. 손톱을 바라보니 마음에 들었다. 적당히 길고, 모양도 가지런했고, 손톱을 물어뜯는 습관이 있지만 아직 물어뜯지 않았기 때문이다. 그러다가 나는 그만 자의식에 사로잡혔고 엄지를 손바닥으로 감쌌다. 마치 숨겨야 한다는 듯이, 마치 나에게는 예쁠 자격이 없다는 듯이, 나 자신을 보고 마음에 들어 하면 안 된다는 듯이, 여성으로서 지켜야 하는 규범—아담한 몸이어야 하고 공간을 적게 차지해야 한다는—을 명백히 어겼으니 나를 여성으로 인정하면 안 된다는 듯이 말이다.

비행기에 오르기 전에 친구는 비행기에서 먹으라고 감자칩 한 봉지를 사주겠다고 했지만 나는 거부했다. 내가 말했다. "나 같은 사람은 공공장소에서 그런 음식 먹는 거 아니야." 그것은 내가 누군가에게 한 말 중에서 가장 솔직한 말이었다. 우리 우정의 깊이 덕분에 그런 고백까지 할 수 있었는데, 이내 내가 이런 끔찍한 서사에 나를 맞추고 내면화하고 있다는 사실에 부끄러워졌고, 내가 내 몸을 통제하지 못한다

는 사실에 부끄러워졌고, 너무나 많은 것을 부정하고 살면서
도 여전히 충분하지 않은 듯 수많은 것을 부정하는 나 자신
이 부끄러워졌다.

41

나는 나를 싫어한다. 아니, 이 사회 전체가 내가 나를 싫어할 것이 틀림없다고 말하고 있으니 내 생각에 적어도 내가 이것만큼은 제대로 해내고 있는 것 같다.

아니면, 이렇게 말할 수도 있겠다. 나는 내 몸을 싫어한다고. 나는 내 몸을 통제하지 못하는 나의 나약함을 싫어한다. 내 몸으로 인해 느끼게 되는 감정을 싫어한다. 사람들이 내 몸을 보는 방식이 싫다. 사람들이 내 몸을 훑어보고 내 몸을 대하고 내 몸에 말을 보태는 방식이 싫다. 내 자아의 가치를 내 몸의 상태와 동일시하는 것도 싫고 이 동일시를 극복하기가 쉽지 않은 것도 싫다. 나의 인간적인 취약점을 받아들이는 것이 너무 어려워서 싫다. 내 몸을 내 사이즈 그대로 받아들이지 못해 수많은 여성을 실망시키고 있다는 사실이 싫다.

하지만 나는 나를 좋아하기도 한다. 나의 인격, 나의 특이함, 나의 유머 감각, 거칠면서도 낭만적인 구석이 있는 내가 좋다. 내가 사랑하는 방식과 내가 글쓰는 방식이 좋고 친절함과 까칠함이 공존하는 내 성격과 말투가 좋다. 이제야, 사십대가 되어서야 나는 나 자신을 좋아한다는 걸 인정할 수 있게 되었는데 아직도 그래서는 안 된다는 의심이 날 괴롭히기도 한다. 너무나 오랫동안 자기혐오에 힘없이 굴복하며 살았다. 나 자신을 있는 그대로 받아들이고 내가 사는 방식과 사랑하는 방식과 생각하는 방식과 세상을 보는 관점을 긍정하는 그 단순한 기쁨을 허락하지 않으려 했다. 그러다 나이가 들면서 다른 사람들이 어떻게 생각하는지 덜 신경쓰게 되었다. 온갖 자기혐오에 지쳐버렸고, 내가 나를 싫어했던 이유 중 일부는 다른 사람들이 내가 나 자신을 싫어하는 걸 당연한 일로 여길 거라고 추측해왔기 때문이라는 것을 깨달았다. 마치 뚱뚱한 몸으로 이 세상에서 살아가려면 당연히 자기혐오라는 대가를 치러야 한다는 듯한 세상이 지긋지긋해졌다. 그보다는 모든 불쾌한 소음을 차단하려고 노력하는 편이, 고등학교 때와 대학교 때와 이십대 내내 저질렀던 실수를 용서하기로 노력하는 편이, 그 실수를 저지른 나에게 동정심을 갖는 편이 훨씬, 훨씬 더 쉽다는 걸 알게 되었다.

나 자신을 바꾸고 싶지 않다. 내 외모를 바꾸고는 싶다. 기운이 좀 있는 날에는, 투쟁심을 발휘해 세상이 나의 외모에 반응하는 방식을 바꾸고 싶다고 생각하기도 한다. 이성적으로는 진짜 문제는 내 몸이 아니라는 것을 알고 있기 때문이다.

그러나 기운이 없는 날에는, 내 인격, 즉 나라는 사람의 본질과 내 몸을 어떻게 분리해야 하는지 잊어버린다. 이 세상의 잔인함으로부터 나를 어떻게 지켜내야 하는지를 까맣게 잊어버린다.

4부

42

나는 뚱뚱한 몸을 주제로 글을 쓰는 일이 망설여지고 나의 뚱뚱한 몸에 대해 쓰는 건 특히 더 그렇다. 나의 몸에 대한 솔직한 심경 고백을 듣고 어떤 사람들은 심기가 불편해질 수도 있을 것이다. 나조차 심기가 불편해질 때가 있으니까. 나는 너무 자기혐오로 가득차 있고 뚱뚱함을 증오한다는 비난을 받는다. 전자의 비난은 타당하지만 후자는 그렇지 않다. 하지만 이 세상은 뚱뚱한 사람들을 향한 노골적인 증오는 참아주거나 때로는 열렬히 지지하기도 한다. 나도 어쩔 수 없는 환경의 산물이다.

내가 뚱뚱하다는 사실을 싫어한다고 인정할 때 불편한 기색을 드러내는 사람들이 종종 있다. 나는 그 사람들을 '레인 브라이언트 뚱보'라고 부른다. 그들은 그래도 26/28사이즈의 옷을 판매하는 레인 브라이언트 같은 상점에서 옷을 살 수 있는 사람들이다. 나보다 몸무게가 70킬로그램 내지 90킬로그램은 적다. 뚱뚱한 사람으로 사는 고충은 어느 정도 알고 있으나 심각하게 뚱뚱한 사람으로 사는 고충은 모르는 이들이다.

그래도 입장을 명확히 밝히자면, 뚱뚱함을 있는 그대로 받아들이자는 운동은 매우 중요하고, 이롭고, 지극히 필요한 일이라 생각하지만, 뚱뚱함을 받아들이자는 운동이 일어나고 있다는 건 우리 중 일부는 여전히 보여지는 몸 때문에 괴로워하고 있고 평화로운 상태나 무조건적인 자기 인정에는 이르지 못했다는 것을 인정하는 것이 아닐까 싶기도 하다.

뚱뚱한 사람들 커뮤니티 중에 내가 어디에 속하는지는 모르겠다. 나는 '모든 몸매의 건강Health at Every Size'을 비롯한 여러 뚱뚱한 몸 인정하기 커뮤니티를 알고 있고 관련 글도 꼬박꼬박 읽는다. 그들의 활동과 메시지를 존중하며 여성의 몸과 뚱뚱한 몸에 대한 우리 문화의 유해한 태도를 바꾸기 위해 꼭 필요한 일이라고 믿는다. 그런 커뮤니티와 그들의 긍정성 안에서 환영받고 싶다. 어떻게 그런 일을 하고, 어떻게 마음의 평화를 찾고 자기 인정까지 하게 되었는지 알고 싶다.

또한 나는 살을 빼고 싶다. 이 몸매의 나는 건강하지 않다는 사실을 알고 있다(뚱뚱해서가 아니라 고혈압 같은 건강 문제가 있기 때문이다). 더 중요한 건, 나는 이 몸매로 사는 게 행복하지 않다. 물론 당장 내일 아침에 날씬해진 몸으로 일어나면 절로 행복이 찾아오고 만사형통하리라는 환상을 갖고 있지는 않은데도 그렇다.

모든 조건을 고려해보았을 때 나에게는 어느 정도 자존감이 있다. 나와 잘 맞는 사람들 주변에 있을 때 나는 스스로

강하고 유능하고 섹시하다고 느낀다. 나는 다른 사람들의 예상만큼 겁 없고 용감하지는 않지만, 두려워하면서도 기꺼이 모험에 뛰어들고 나 자신의 그런 점 또한 마음에 든다.

그러나 사람들이 나를 대하고 인식하는 방식이 싫기도 하다. 극단적으로 눈에 잘 띄면서도 눈에 보이지 않는 그 느낌이 싫다. 가고 싶은 수많은 장소에 내가 어울리지 않는다는 점이 싫다. 내 겉모습이 달랐더라면 모든 것이 달랐으리라는 생각이 머릿속에 자리잡고 있다. 이성적으로는 이 논리에 허점이 있다는 것을 알고 있으나 감정적으로는 그러한 분별력을 갖기가 쉽지 않다.

이 몸으로도 내게 필요한 모든 것을 갖길 바라지만 아직은 갖지 못했고 언젠가 그렇게 되리라 생각한다. 아니, 그것에 가까워지리라 생각한다. 용감한 기분이 드는 날에는 그렇다. 그런 날에는 마침내, 내가 축적해왔던 이 보호막을 조금 덜어내고 앞으로 괜찮아질 것 같은 기분이 든다. 나는 젊지 않지만 아직 늙지도 않았다. 살아갈 날이 많이 남아 있고 아, 제발 지난 이십여 년 동안 해왔던 것과 다른 무언가를 하고 싶다. 더 자유롭게 움직이고 싶다. 자유로워지고 싶다.

43

나는 다이어트에 문외한이 아니다. 일반적으로 살을 빼고 싶다면 적게 먹고 더 많이 움직여야 한다는 사실을 이해하고 있다. 연이어 몇 달 정도 다이어트를 해서 그럭저럭 성공을 거두기도 했다. 칼로리를 제한하고 내가 먹은 모든 음식을 기록하기도 한다. 부모님의 감독 아래 처음 다이어트를 시작했을 때는 종이 노트에 다이어트 일지를 적었다. 이제 첨단 시대이니 휴대폰 앱을 사용한다. 아무리 식이용품 회사 광고들이 먹고 싶은 대로 다 먹으면서도 살을 뺄 수 있다고 믿게 만들려 해도 나는 그것이 거짓말이라는 걸 안다. 그것은 체중 감량에 대한 우리 문화의 강박을 보여주는 잔인한 일면일 뿐이다. 이 문화는 식생활을 철저히 조절하면서도 식도락을 마음껏 즐겨도 된다는 환상에 빠지게 만든다. 정말 화딱지가 난다. 살을 빼고 싶다면 당연히 먹고 싶은 만큼 먹어선 안 되는 것이다. 이는 불변의 원칙이다. 애초에 먹고 싶은 대로 먹어서 그렇게 체중이 불어난 거니까. 다이어트에는 결핍감이 수반되어야만 하고 모두가 이 진실을 받아들이는 편이 더 낫다. 물론 나도 다이어트를 할 때 그 진실을 받아들이려고 하지만 그다지 성공을 거두지는 못한다.

살을 빼기 시작하면 항상 내 몸이 더 좋게 느껴지는 순간이 온다. 숨쉬기도 편해지고 움직이기가 쉬워진다. 몸집은 작아지고 더 강해지는 느낌이 든다. 내 옷들은 원래 나와야 하는 모양대로 흘러내리다가 헐렁거리기 시작한다. 나는 공포에 질린다. 내 몸이 이렇게 점점 작아진다면 약해지지 않을까? 내가 다칠 수 있는 모든 방식을 상상하기 시작한다. 내가 다치게 된 그 모든 방식을 기억하기 시작한다.

그 가운데 희망을 맛보기도 한다. 옷을 살 때 더 많은 선택권이 주어지리라는 희망을 맛본다. 레스토랑 의자에, 극장의자에, 역 대합실 의자에 편안히 앉을 수 있겠다는 생각을 즐긴다. 사람이 붐비는 공간으로 들어갈 수도 있고, 사람들이 흘깃거리고 손가락질하고 수군댈까봐 걱정하지 않고 쇼핑몰을 활보할 수 있을 거란 상상을 맛본다. 생판 모르는 사람들이 내 카트에 담긴 식료품을 보며 함부로 말하거나, 물어본 적도 없는데 영양학적 조언을 하는 일 없이 마트에서 쇼핑할 수 있을 거란 생각을 맛본다. 비만인의 몸으로 사는 지독한 현실에서 마침내 벗어날 수 있을 거란 생각을 맛본다. 나도 자유로워질 수 있다는 생각을 맛본다.

그러고는 너무 앞서가는 건 아닌가 걱정한다. 나는 지금처럼 건강한 식생활을 계속 유지할 수 없고, 더 격하게 운동할 수 없으며, 꾸준히 자기 관리를 할 수 없을 것 같아서 걱정한다. 아니나다를까 이번에도 나는 또다시 발을 헛디뎌 넘어지며 자유의 맛이 무엇이었는지 잃어버린다. 희망의 맛을 잃어버린다. 기분은 다시 한없이 가라앉고 패배자가 된 것 같다. 그러면 며칠 굶은 것처럼 배가 고프고 그 사나운 허기를 채우기 시작하며 이제까지 쏟은 모든 노력은 물거품으로 돌아간다. 이런 일이 일어나면 나는 전보다 더 허기가 진다.

44

매일 아침, 조금 더 나은, 조금 더 건강한 삶을 살겠노라 의지를 다지며 하루를 시작한다. 일어나자마자 몇 분 동안은 내 몸과 나의 실패에서 벗어날 수 있을 것만 같다. 그 몇 분 동안 나는 생각한다. '오늘은 올바른 선택들을 할 거야. 꼭 운동할 거야. 조금만 먹을 거야. 되도록 계단을 이용해야지.' 하루를 시작하기 전에는 내 몸의 문제와 싸워 이길 만반의 준비가 되어 있다. 어제보다 더 잘해낼 자신이 있다. 그리고 난 침대에서 일어난다. 아침형 인간이 아니고 이미 몇 번이나 알람을 끄고 더 누워 있었기 때문에 서둘러 나갈 준비를 해야 한다. 보통 아침은 굶는데 배고프지 않거나 시간이 없거나 먹을 것이 하나도 없어서이며 이것들은 자기 관리의 의지가 부족한 나에 대한 핑계일 뿐이다. 가끔 점심은 먹는다. 서브웨이나 지미 존스에서 사온 샌드위치 하나. 아니, 샌드위치 두 개. 그리고 과자를 먹는다. 쿠키 두 개나 세 개. 이 정도는 괜찮다고, 나 자신에게 말한다. 왜냐하면 아침부터 아무것도 안 먹었으니까. 때로는 저녁까지, 하루 일과가 거의 끝날 때까지 참고 기다리면 저녁에 뭐든지 먹어도 된다고 나에게 말한다. 왜냐하면 하루종일 쫄쫄 굶었으니까.

밤이 오면 나 자신을 직시하며 내가 실패한 모든 방식과 직면한다. 대부분의 날에 나는 운동하지 않았고 아침의 다짐들은 하나도 지키지 않았다. 이미 하루를 망쳐버렸으니 그다음은 어떻게 되든 별수없다. 나는 폭식을 시작하고 내가 먹고 싶은 정도보다 더 많이 먹는다. 구역질이 나고 위산 때문에 속이 쓰린 상태로 잠이 들면서 나는 내일을 생각한다. '내일부터, 내일부터는 달라질 거야.' 나는 언제나 내일이라는 희망에 애처롭게 매달린다.

45

기한을 정해놓고 그 안에 내 몸이 쉽게 달성할 수 없는 이상적이다못해 허황된 목표를 세운다. 추수감사절이나 크리스마스에 집에 가기 전까지, 호주에 가기 전까지, 애인을 만나는 날 전까지는 X킬로그램을 감량할 거야. 북 투어 전까지 X킬로그램은 뺄 거야. 새 학기가 시작하기 전에 X킬로그램은 빼고 말겠어. 비욘세 콘서트 가기 전까지 X킬로그램은 빼겠어. 목표들을 세워놓고 그 목표를 달성하기 위해 무성의한 시도들을 하고, 목표를 달성하지 못하고, 그러면 나는 또다시 나아지는 게 없다는, 더 작아지지 않았다는 패배감에 젖고 악순환은 반복된다.

나의 한껏 부풀었던 환상과 뒤이은 실망은 나 혼자만 간직하기로 한다.

46

스포츠와 운동을 증오하는 나의 마음은 여전히 티 없이 순수하게 유지되고 있다. 운동은 시간 낭비 같고 몸을 움직이고 땀을 흘리면서 이 괴로움을 견디면 무언가 좋은 결과를 맞이할 것이라는 희망이 모두 헛되고 헛돼 보인다. 물론 운동 후에는 기분이 상쾌해지고 활기도 생기고 건강해진 느낌이 들기도 하지만 운동복으로 갈아입고 피트니스 센터에 가야 하거나 산책을 하러 나가거나 무엇이 되었건 몸을 움직여야만 하는 순간에 그 기분을 기억해내기란 쉽지 않다.

보통은 운동을, 종류를 불문하고 무서워하지만 이성적으로는 내게 좋은 일이라는 것을 알기에 운동을 안 하는 게으른 나, 동기부여가 안 되는 나, 절제나 자기 관리 능력이 한없이 부족한 내가 끔찍하게 싫어진다. 운동을 싫어한다는 건 커다란 불운이 아닐 수 없다. 운동이란 인간의 육체에 반드시 필요한 활동이다. 체중 감량과 건강 유지의 필수 요소다. 나도 그 정도는 안다.

체중을 유지하기 위해서는 체중 450그램당 11칼로리만 섭취해야 한다. 450그램의 지방을 빼기 위해서는 3,500칼로리를 연소시켜야 한다. 68킬로그램의 여성이라면 삼십 분 동안 에어로빅을 하면 대략 220칼로리가 연소된다. 삼십 분 동안 페달에 발을 올리고 손잡이를 앞뒤로 움직이는 운동기구인 일립티컬elliptical로 운동하면 대략 280칼로리가 소모된다. 숨이 찰 정도의 걷기는 1,600미터당 120칼로리가 소모된다. 내 사이즈에서는 68킬로그램의 여성보다 훨씬 더 많은 칼로리를 연소시켜야 한다는 사실을 알지만, 슬프게도, 나는 하지 않는다.

내 침실 한쪽에는 자전거 운동기구가 있다. 살을 빼겠다는 의지가 충만한 날이면 자전거를 한 시간 정도 탄다. 땀을 흘리면서 밀린 독서를 하는 시간은 꽤 괜찮다. 팔을 구부렸다 폈다 하는 운동을 해야겠다 싶을 때 사용하는 덤벨도 몇 개 있다. 복부 운동을 하거나 스쾃 등을 할 때 필요한 커다란 공기 주입식 볼 운동기구도 있다. 운동과 관련된 분야에서는 몰라서 괴롭진 않다. 무기력 때문에 괴로울 뿐이다.

지난 몇 년 동안 셀 수 없이 많은 피트니스 센터에 등록을 했다. 마지못해 퍼스널 트레이너와도 운동을 했었는데 나라는 사람은 남이 이래라저래라 하는 게 세상에서 제일 싫고, 늘씬하고 운동으로 다져진 탄탄한 몸매에, 보통 미남 미녀에, 시간당 기절초풍할 돈을 챙겨가는 사람이 내게 이래라저래라 하는 건 몇 배로 싫다.

플래닛 피트니스의 회원권을 갖고 있지만 우리 동네 지점에도 가본 적이 없다. 기본적으로 난 그 회사 유지비로, 운동할 기분이 날 때마다 전국의 어떤 플래닛 피트니스 지점이건 갈 수 있다는 그 발상에 한 달에 19.99달러를 기부하고 있는 셈이다.

전문가의 도움을 받으면 내 체력이 향상되리라는 것을 알았기에 지난 몇 년간 퍼스널 트레이너와 몇 차례 운동을 했다. 요즘 나와 같이 운동하는 트레이너는 인디애나주 토박이인 청년으로, 이름은 티제이다. 키는 작지만 다부진 체형에 믿기 힘들 정도로 강건한 육체를 갖고 있다. 그의 삶 자체가 피트니스라 할 수 있다. 그는 말 그대로 젊음과 건강으로 빛이 나고 이 세상을 자기의 무대로 만들고 싶다는 열정으로 가득하다. 그는 단백질의 원천인 닭가슴살의 신봉자로, 무지방이거나 칼로리가 낮은 머스터드를 곁들여 먹는다. 그의 식생활에 대해 들을 때마다 그와 그의 미각이 불쌍해진다. 그가 음식맛을 제대로 돋우는 양념이나 향료를 하나도 모르고 있을까봐 진심으로 걱정된다.

티제이는 내가 무엇으로 이루어져 있는지 전혀 모르는 듯한데 일단 나는 자기처럼 빛나지 않고 젊지 않고 활기 넘치지 않는다. 그는 나와 속도를 맞춰 달리면서 열심히 응원하고 격려한다. 그는 절대로 내 영혼을 짓밟아버리는 악몽 같은 트레이너는 아니다. 진실하고 친절하고 세심하며 아마도 그 사람 인생의 유일한 걸림돌이 나일지도 모른다. 나는 그에게 주어진 도전 과제다. 그는 마냥 신나 있다. 그는 '건강한 라이프스타일'이라는 교리를 믿는 신자다. 그는 내가 헐떡거리고 땀흘리고 힘들어하는데도 이 모든 게 쉬운 것처럼 말한다. 그래서 같이 운동을 할 때마다 이 남자를 죽이고 싶은 충동이 올라온다. 사실 너무 숨이 차서 심장이 밖으로 튀어나올 것만 같고 이러다가 쓰러져 죽을까봐 무섭다. 가끔 그가 나의 커다란 몸뚱이가 감당하지 못할 어떤 것을 하라고 요구할 때면 비명을 지르고 싶다. "나 이렇게 뚱뚱한 거 안 보여요?" 한번은 실제로 그렇게 소리를 질러버렸고 그는 매우 침착하게 대답했다. "그래서 우리가 여기서 같이 운동하잖아요." 나는 내 물병 쪽으로 다가가 물을 꿀꺽꿀꺽 마시면서 가쁜 숨을 몰아쉬며 중얼거렸다. "나쁜 자식."

사실대로 말하자면 나는 그에게 상당히 자주 욕을 내뱉고 그는 아무렇지 않게 받아들인다. 갈 때마다 그는 새로운 운동을 추가하거나 이전보다 강도를 높인다. 운동이 끝나면 고무처럼 흐물거리는 다리로 내 차까지 거의 기어가다시피 하고 이 다리로 집까지 어떻게 돌아가지 생각한다. 가끔은 차 안에 앉아 땀에 젖은 채로 물을 마시면서 십 분 동안이나 앉아 있어야 운전할 기운이 생긴다. 이때 찍은 셀카를 스냅챗에 올리고 운동이 세상에서 제일 싫다고 투덜거린다. 사진을 트위터에 올리면 사람들은 격려와 조언을 해주는데 둘 다 내가 바라는 건 아니다. 나는 그냥 괴롭다고 말하고 싶을 뿐이다.

그저 공감과 위로를 바란다.

피트니스 센터에서 혼자 운동할 때는 그곳의 모든 시선이 나에게 향해 있는 것만 같다. 한편으로는 자기 보호를 위해서 또 한편으로는 자기혐오 때문에 되도록 사람이 적은 시간대에 가려고 한다. 그곳에서는 유달리 자의식이 몇 배로 부풀어오른다. 내 몸을 활동적으로 움직이는 건 어쩐지 내 마음을 더 취약하게 만드는 구석이 있다. 물론 머릿속에는 자기 의심이, 이게 다 무슨 소용일까 하는, 나는 이런 곳에 속하지 않는다는, 건강을 위한 나의 모든 시도는 처량하고 한심하며 착각에 불과하다는 생각이 자리한다.

운동기구 사용법은 잘 알지만 그런 기구들이 나 같은 사람을 위해 만들어진 건 아닌 듯한 기분이 들어 트레드밀이나 자전거 운동기구에 올라갈 때마다 불안해진다. 나를 보는 사람들의 눈빛이 싫다. 저 뚱뚱한 사람이 운동을 하네. 원치 않는 응원도 싫다. "잘하고 계시네요" "힘내세요" "파이팅!" 그따위 응원을 원치 않는다. 그곳에 있는 나의 존재에 관한 다른 이의 의견에는 관심이 없다. 모르는 사람들의 인정은 필요 없다. 이러한 지지의 말들이 진심어린 격려나 친절에서 나온 게 아니라는 것을 알기 때문이다. 통제 불능인 몸에 대한 두려움의 표현일 뿐이다. 그들의 머릿속에서 뚱뚱한 사람들이 하는 운동은 건강을 위해서라기보다 당연히 살을 빼기 위한 것이기에 '열심히 노력하는 뚱뚱한 사람'의 행동에는 상을 내려주어야 하는 것이다. 빗나간 시도일 수밖에 없다.

피트니스 센터에 있을 때마다 나는 땀으로 얼룩진 절망 속에 혼자 있고 싶다. 내 몸이 더이상 구경거리가 아닐 때까지 사라지고 싶다. 하지만 나는 사라질 수 없고 내가 청한 적 없는 대화에 우아하게 응하거나 무시하는 수밖에 없는데, 만약 내가 자제심을 잃으면 무섭게 분노해버릴 것이기 때문이다.

47

몇 년 전 피트니스 센터에 갔는데 자전거 운동기구 여섯 개
중 다섯 개를 너무나 아름답고 날씬한 여성이 차지하고 있었
다. 금발을 휘날리던 이들은 내가 다가가기 바로 전에 기구를
차지하고는 자기 자리라고 주장했다. 나는 혹시 지금 영화 촬
영중인 건지, 아니면 여학생 클럽 운동 시간이기라도 한 건
지 궁금해 주변을 둘러보았다. 왜 이 젊은 여자들이 하필 내
가 운동하기로 한 이 시간에 모두 모여 있는지에 관해 정확
한 이유를 추측해낼 수 없었으나 어쨌든 이들이 모두 같이
운동하기로 한 건 확실했다. 날씬하다못해 마른 사람들이 피
트니스 센터에 있는 모습을 볼 때마다 그렇듯이 나는 짜증이
났고 화가 솟구쳤다. 그들이 바로 이렇게 운동을 열심히 하기
때문에 날씬할 가능성이 높다는 논리는 중요하지 않다. 이
사람들은 완벽한 몸매와 탄탄한 피부로 나를 조롱하는 것만
같다. 자신의 육체에 내려진 축복과 자기 관리 능력을 과시
하려고 안달이 난 것만 같다.

　그들이 운동기구를 사용하는 방식에는, 그러니까 운동기
구에서 가장 높은 레벨을 설정하는 그 손짓에는 의기양양함

이 깃들어 있다. 담담한 얼굴은 이렇게 말하고 있다. "이 정도는 장난이지." 그들의 피부에는 격렬한 신체 활동에서 나오는 찐득한 땀이 아니라 한 겹의 촉촉한 땀만이 맺혀 있다. 그들은 몸에 딱 맞는 귀여운 운동복을 입는다. 반바지는 너무 짧아서 실제로 옷의 기능을 한다기보다는 입었다는 느낌만 줄뿐이고 쇄골이 깊게 파인 어깨에 걸쳐진 가는 끈의 탱크톱은 그들의 완벽한 몸을 가능한 한 더 많이 드러내 보이기 위해 제작된 것 같다. 그들은 자신이 열심히 운동하고 있으며 흠잡을 데 없는 외모를 가졌다는 것을 잘 알고 모두들 그 사실을 알기를 바란다.

그래서 그날 나는 내가 가장 싫어하는 자전거를 탈 수밖에 없었다. 웨이트 운동실 입구 가장 가까이 있어서 내가 땀을 뻘뻘 흘리고 씩씩거리고 헉헉거리는 등 온갖 증상을 보이는 장면이 옆의 문으로 드나드는 모든 사람에게 전시될 것이 뻔했다. 그래도 자리를 잡았고 시간을 육십 분으로 설정했다. 사십 분쯤에 그만둘 것임을 알고는 있었지만 그때까지 죽지 않고 살아 있다면 나를 더 밀어붙이고 싶었다. 내 옆의 여자를 살짝 보았다. 그녀는 나보다 이 분 정도 먼저 시작했다. 사십 분이 지나자 다리가 타들어가듯 화끈거렸다. 옆 사람을 살짝 보았고 그녀도 나를 보았다. 그녀는 사실 계속 나를 흘끔거렸는데 내가 얼마나 오래 버틸지 보고 싶었던 것이다.

사십오 분이 지나고 나도 내 옆 사람/적수를 흘깃 보았고 그녀의 눈에서 번득이는 경쟁심을 보았다. 무슨 일이 일어나고 있는지 알았다. 그녀는 나에게 도전하고 있었다. 그녀는 내가 아무리 오래 달린다고 해도 자기가 더 오래 할 것이라는 사실을 내게 알리고 있었다. 이런 뚱보에게 질 수야 없지. 오십 분쯤 되자 나는 곧 심장마비가 올 수도 있음을 직감했다. 머리가 핑핑 돌았고 눈앞이 뿌옇고 다리는 후들거렸지만 저 건방 떠는 어린것에게, 저 제멋대로인 애에게 지는 것보다는 사망 선고가 더 나을 듯했다. 오십삼 분째에 그녀는 나를 쏘아보더니 앞으로 몸을 숙이고 자전거의 핸들을 잡았다. 나는 음악소리를 더 크게 키우고 박자에 맞춰 머리를 까딱거리기 시작했다. 오십사 분이 지났고 그녀는 꿍얼거리더니 나를 빤히 쳐다보았다. 마침내 그녀가 먼저 운동을 멈췄고 이렇게 말하는 소리를 난 분명히 들었다. "저 여자가 아직도 저 위에 있다니 말이 되니?" 친구들도 고개를 끄덕끄덕했다. 육십 분이 되자 나는 차분히 페달 밟기를 멈추고 몸에 달라붙은 티셔츠를 떼어내고 자전거에 떨어진 땀을 닦은 후에 천천히 그 방을 나왔다. 다리가 후들거렸고 힘이 하나도 없었다. 몸의 균형을 잡으려 하고 있을 때 그 여자애가 나를 보고 있음을 알았다. 득의만만한 표정을 한 번 지어주었고 잠시 동안 승리감을 느꼈다. 그리고 화장실로 걸어들어가 바로 구역질을 했고 공허한 승리감에 도취되어 목 안쪽에서 느껴지는 쓴맛도 무시할 수 있었다.

48

내게는 운동 잘하는 친구가 많아서, 소셜미디어에서 활발히 활동하다보면 친구들이 찍어 올리는 육체적 성취의 순간을 자주 본다. 짧은 반바지와 언더아머 셔츠는 그들의 완벽한 체형에 놀랍도록 딱 들어맞는다. 땀에 흠뻑 젖은 머리카락이 얼굴에 들러붙어 있다. 그들은 참가한 대회의 참가 번호를 높이 들고 있다. 5킬로미터, 10킬로미터, 하프 마라톤이나 진짜 마라톤이나 진짜 마라톤을 완주하고 받은 메달을 가슴 벅찬 얼굴로 자랑한다. 때로는 일반인 수준을 넘어서 터프 머더스*나 철인 3종 경기, 울트라 마라톤**에 참가할 때도 있다. 오늘 한 운동을 기록한 앱 화면을 페이스북이나 트위터에 올린다. "6.24마일 러닝" "24.5마일 라이딩". 아니면 그들에게 운동은 그저 일상이라는 듯 올린다. "오늘 등산했다. 산 정상에서의 맛난 점심." 이런 글과 함께 올라오는 사진 속 사람들은 언제나 건강함과 활기로 빛이 난다.

자신의 몸으로 무언가를 이루었다며 자랑스러워하는 건

* Tough Mudders. 진흙탕에서 하는 격한 경주 코스.
** 42.195킬로미터 이상을 완주해야 하는 마라톤.

정당하다. 그러나 내가 옹졸해질 때는, 매우 자주 그렇지만, 그들은 마치 흡족해하다못해 고소해하고 있는 것만 같다. 아니, 정말로 정직하게 말하자면 그들은 내가 절대 모를지도 모를, 몸으로만 이룰 수 있는 일에서 얻은 만족감과 성취감을 자랑하는 것 같다. 이들이 올리는 게시물을 보면서 화가 난다. 이 사람들은 내가 할 수 없는 것을 하고 있기 때문이다. 그들은 내가 하고 싶은 것, 너무나 간절히 원하는 것, 나는 스포츠나 야외 활동에 관심이 없으니 할 수 있어도 안 할 가능성이 높지만 이론상으로는 언젠가 할 수도 있는 것을 하고 있다. 아니, 난 화가 난 것이 아니다. 부럽다. 부러워서 속이 부글부글 끓는다. 나도 그 활동적인 세상의 일부가 되고 싶다. 너무나 간절히 그렇게 되고 싶다. 나는 너무나 많은 것에 허기져 있다.

49

나는 남들이 상상할 수 없을 정도로 나를 의식한다. 이 세상에서 움직이는 내 몸에 관해 격렬하게, 끊임없이 몰두하고 있다. 사람들이 나를 볼 때 어떻게 생각하고 무엇을 볼지 안다. 내가 일반 여성의 외모 기준에 관한 암묵적인 규칙을 깨고 있다는 사실을 안다.

나는 공간을 어떤 식으로 차지하는지에 관해 매우 예민하게 의식한다. 여성으로서, 뚱뚱한 여성으로서 나는 원래 자리를 많이 차지하면 안 된다. 그러나 페미니스트로서 나는 내가 자리를 얼마든지 차지할 수 있다고 믿어야만 한다. 자리를 차지하되 너무 많이 차지해서는 안 되며, 그것도 잘못된 방식으로 차지해선 안 되는 모순적인 공간에서 살고 있는데, 내 몸을 고려할 때 나는 어떤 방식으로든 잘못될 수 있다. 사람들 근처에 있을 때 되도록 몸을 움츠려서 내 몸이 다른 사람들의 공간을 침범하지 않게 하려고 하는데, 문제는 이런 행동을 굉장히 극단적으로 한다는 점이다. 다섯 시간 동안 비행하면서 몸을 창문에 바짝 붙이고 팔은 안전벨트 위에 얌전히 걸쳐놓아 마치 과도한 존재감이 있는 곳에 억지로 부재감을 만들어내려는 듯 행동한다. 인도에서는 가장자리로 걷는다. 건물 안에서는 벽을 거의 끌어안을 정도로 벽에 붙어 있다. 누가 뒤에서 걸어오는 것 같으면 방해가 되지 않으려고 가능한 한 빨리 걸으며 마치 나에겐 이 세상에 대한 권리가 그 어떤 사람보다 적은 것처럼 행동한다.

공간을 차지하는 방식에 지나치게 예민하지만 늘 이런 식으로 움직여야 할 때는 화가 나고, 내 주변 사람들이 공간을 차지하는 방식에 무심할 때면 순수한 분노를 느끼기도 한다. 질투심 때문에 미칠 것 같다. 그들이 공간을 차지하는 방식을 전혀 신경쓰지 않아도 된다는 사실이 싫다. 그들은 원하는 속도로 걸을 수 있다. 팔걸이에 팔을 아무렇게나 걸칠 수 있다. 어디에 있든 꾸물거릴 수 있고 팔다리를 펼 수 있고 어깨를 으쓱할 수 있다. 매 순간 자신의 움직임을 계산하지 않아도 되고 잠시 멈춰 자신이 차지하는 공간에 대해 생각해보지 않아도 된다는 사실에 울화가 치민다. 그들은 자신이 차지하는 공간에 대해 아무 불편도 느끼지 않는다는 점이 내게는 악의적이고 이기적으로 느껴진다.

어쩌면 나는 감당할 수 없을 정도로 스스로에게 집착하고 있는지도 모르겠다. 어디에 있든 내가 어디에 서 있고 어떻게 보일지 질문해본다. 나는 생각한다. '나는 이 아파트에서 가장 뚱뚱한 사람일걸. 나는 이 수업에서 가장 뚱뚱한 사람이군. 나는 이 대학교에서 가장 뚱뚱한 사람이야. 나는 이 극장에서 가장 뚱뚱한 사람이지. 나는 이 비행기 안에서 가장 뚱뚱한 사람이야. 나는 이 공항에서 가장 뚱뚱한 사람이야. 나는 이 고속도로에서 가장 뚱뚱한 사람일 거야. 나는 이 도시에서 가장 뚱뚱한 사람일지 몰라. 나는 이 행사장에서 가장 뚱뚱한 사람이겠지. 나는 이 모임에서 가장 뚱뚱한 사람이네. 나는 이 레스토랑에서 가장 뚱뚱한 사람이 맞아. 나는 이 쇼핑몰에서 가장 뚱뚱해. 나는 이번 패널 중에서 가장 뚱뚱해. 나는 이 카지노에서 가장 뚱뚱한 사람이야.'

나는 가장 뚱뚱한 사람이야.

이것은 끊임없이 들려오는, 날 파괴하는 후렴구이고 나는 이 반복적인 문장에서 도망갈 수가 없다.

50

다른 사람들이 두렵다. 그들이 나를 바라보게 될 방식이, 날 쳐다보고 나에 대해 말하고 나에게 잔인한 말을 하게 될 가능성이 두렵다. 어린아이들이 무섭다. 아이들의 해맑은 순수함과 잔인할 정도의 솔직함이 두렵다. 숨김없는 태도로 날 빤히 바라보고, 나에 대해 큰 소리로 말하고 부모에게 물어보고 때로는 나에게 직접 물어보기 때문에 두렵다. "왜 아줌마는 그렇게 덩치가 커요?" 이들의 부모가 우물쭈물하며 적절한 대답을 고르기 전에 생기는 잠깐의 침묵이 두렵다.

나도 그 질문에 대한 답을 가지고 있지 않거나, 아니면 갖고 있지만 설명하기엔 시간이 충분치 않거나, 이 세상이 그 대답을 받아줄 만큼 너그럽지 않다.

그래서 나는 사람들을 두려워한다. 그들이 속삭이는 무례한 말들이 내게도 들린다. 그들의 시선과 웃음과 낄낄거림이 보인다. 그들의 은근한 경멸과 노골적인 경멸이 보인다. 나는 못 본 척한다. 내가 할 수 있는 한 그것들을 차단해버리는데 그래야 살아갈 수 있고 약간의 평화 비슷한 거라도 얻어 숨 쉴 수가 있기 때문이다. 나의 이 대단한 몸으로 인해 내가 상

대해야 하는 망할 것들의 목록은 길고 지루하며 솔직히 말해서 나조차도 지겹다. 우리가 사는 세상이 이렇다. 외모가 중요하다고 말해놓고 우리는 말한다. "아니야, 그건 아니고, 그게 전부는 아니고." 아니, 그렇지 않다. 외모는 중요하다. 몸은 중요하다.

입을 다물고 잔인한 세상으로부터 숨어버리는 건 쉽다. 대부분의 날에는 옷을 챙겨 입고 집을 나가는 데만도 나의 모든 에너지와 적지 않은 용기를 끌어모아야 한다. 수업이 없거나 일 때문에 어디 가야 할 필요가 없을 때는 거의 늘 굳이 집밖으로 나가지 않아도 된다는 사실을 되새긴다. 배달을 시키고 주문을 하면 된다. 집에 있는 것으로 해결하면 된다. 그리고 나 자신에게 약속한다. '내일은, 내일은 세상 밖으로 나갈 거야.' 만약 주말이 가까워져 오고 있다면 월요일까지 아직 많은 내일이 남아 있다. 나 자신에게 거짓말을 할 수 있는 많은 내일이 남아 있고, 그동안 너무나 잔인하게 나를 맞을 이 세상과 마주하기 위해 더 강한 방어력을 키울 수 있다는 희망을 붙잡고 살아갈 수 있다.

51

나에게는 두 종류의 옷가지가 있다. 한 가지는 매일 입는 옷으로 대부분 짙은 데님 청바지와 검은색 티셔츠, 그리고 중요한 날에 입는 드레스셔츠다. 이 옷들은 내 안의 겁쟁이를 가려준다. 이 옷들은 입으면 안전해진 기분이 든다. 이 옷들은 내가 세상을 마주해야 할 때 입는 갑옷이며, 확언컨대 갑옷은 반드시 필요하다. 내게 필요한 건 이 갑옷뿐이라고 되뇐다. 매일같이 입는 이 옷들을 입으면 안전한 기분이 들고 내가 평범하게 사람들 사이에 자연스럽게 녹아들 수 있을 것만 같다. 눈길을 끄는 일이 적어질 것 같다. 여전히 자리를 많이 차지할 테지만 점잖고 겸손해 보이기 때문에 문제가 될 일이 적고 방해될 일도 적을 것이다. 나 자신에게 하는 말이다.

또다른 옷가지는 사실 내 옷장의 대부분을 차지하는데 내가 차마 입을 용기를 내지 못하는 옷들이다.

사람들은 나를 꿋꿋하다고 생각하지만 나는 담대함과는 거리가 먼 사람이다. 작가로서 나는 언어로 무장하고 무엇이든 할 수 있지만 나의 몸을 세상에 내놓아야 할 때는 담대함이 연기처럼 사라진다.

나는 뚱뚱하다. 내 키는 190센티미터다. 나는 거의 모든 방식으로 자리를 차지한다. 천성적으로 눈에 띄지 않기를 바라는 편임에도 나는 눈에 띄는 사람이다.

하지만 나는 패션을 사랑한다. 다채로운 색상의 옷, 특이한 재단과 실루엣의 블라우스, 목선과 어깨가 드러나도록 깊이 파인 옷을 입는 상상을 즐긴다. 나에게는 고급스러운 정장 바지가 여러 벌 있고 나는 옷장에 걸려 있는 매끈하고 전문적으로 보이는, 전혀 나답지 않은 그 옷들을 한참이나 바라보는 것을 좋아한다. 롱스커트나 대담하고 밝은색의 줄무늬가 있는 맥시드레스를 입고 싶다는 꿈이 있다. 나의 갈색 팔을 드러내는 슬리브리스를 입는다는 생각만 해도 숨이 멎을 것처럼 설렌다. 가슴속에 있는 동굴에서 강렬한 허영이 피어오른다. 나는 멋지게 보이고 싶다. 멋진 기분을 느끼고 싶다. 지금의 내 몸으로도 아름답고 싶다.

내 인생에 관한 이야기는 모조리 내가 갖지 못한 것에 대한 강렬한 욕망, 끝없는 허기에 관한 이야기이고 어쩌면 내가 감히 나에게 허락하지 않은 것들을 갈망하는 이야기일지도 모르겠다.

아침에는 종종, 거의 매일 아침마다 나는 옷장 앞에 서서 오늘 무엇을 입을지 신중하게 고민한다. 사실 이것이야말로 결말이 언제나 같은, 복잡하고 피곤하기만 한 퍼포먼스의 일부라 할 수 있다. 하지만 나는 여전히 환상을 품고 그 환상을 걱정스러울 정도로 자주, 그리고 열성적으로 즐긴다. 다양한 옷을 입어보면서 내가 갖고 있는 귀여운 옷들에 감탄한다. 특별히 용기가 샘솟는 날이면 그 옷을 입고 거울 앞에 서본다. 평소에 입지 않는 옷을 입은 내 모습을 보는 건 언제나 놀랍고 내 몸이 화사한 색상이라든가 데님이나 면이 아닌 다른 보드라운 원단에 싸여 있는 모습을 보면 낯설고 신기하다.

가끔은 그 옷들 중 하나를 골라 입고 침실에서 나간다. 남들에게는 아무것도 아닌 일상적인 순간이겠지만 나에겐 그렇지 않다. 나는 중요한 결정을 내린다. '나는 전문직 여성이니 오늘은 내 직업에 어울리는 옷을 입을 거야.' 아침을 차려 먹거나 출근하려고 짐을 챙긴다. 이상하고 어색하다. 몇 분 지나지 않아 이 익숙하지 않은 옷들이 나의 몸을 옥죄는 것처럼 느껴지기 시작한다. 내 몸의 예쁘지 않은 불룩한 살과 굴곡이 보이고 느껴진다. 목이 막혀온다. 숨을 쉴 수가 없다. 옷들은 오그라든다. 소매는 지혈대처럼 조여온다. 정장 바지는 족쇄가 된다. 나는 패닉에 빠지고 나도 의식 못하는 사이에 이 밝은 색상의 아름다운 옷들을 내 몸에서 뜯어낸다. 나는 이런 옷을 입을 자격이 없다.

평소 유니폼처럼 입고 다니던 옷들로 갈아입고 나면 안전하게 은폐된 느낌을 되찾는다. 다시 숨이 쉬어진다. 그리고 자제력이 부족해 이렇게 엉망인 몸을 만든 형편없는 나를,

다른 사람들이 어떻게 생각할지 두려워 입고 싶은 옷도 차마
못 입는 비겁한 나를 미워하기 시작한다.

52

가끔 나에게 패션에 대한 조언을 해주려 하는 사람들이 있다. 그들은 '빅 걸'이 입을 만한 멋진 옷들이 매우 다양하다고 말하지만 아주 한정적인 유형만을 떠올리며 그런 소리를 하는 것이다. 나같이 아주 큰 여자들을 위한 옷은 아무리 방방곡곡 뒤져도 없다는 걸 알아야 한다.

옷 쇼핑은 고문이다. 물론 뚱뚱한 사람들이 견뎌야 하는 수많은 굴욕 가운데 하나일 뿐이지만. 내가 정말 입고 싶은 옷은 구할 수 없다는 걸 알기에 나는 옷 쇼핑을 싫어하고 오래전부터 그랬다. 날마다 미국에서 비만이 얼마나 심각한 문제인지에 관한 각종 통계를 듣지만 정작 뚱뚱한 사람이 옷을 살 수 있는 매장은 극히 드물다. 그리고 그나마 있는 매장의 옷들도 대부분 흉측하다.

우리 같은 사람들은 보통 레인 브라이언트, 애비뉴Avenue, 캐서린스에 간다. 그 밖에 모리시스Maurices나 올드 네이비Old Navy, 몇몇 백화점에도 소량이지만 플러스 사이즈 옷이 갖추어져 있다. 플러스 사이즈 전문 온라인 쇼핑몰도 있지만 온라인 쇼핑은 운에 맡겨야 해서 불안하다. 내가 짚고 넘어가고자 하는 사실은, 이런 매장들은 대부분 초고도 비만인을 위한 옷을 전혀 가져다놓지 않는다는 점이다. 레인 브라이언트의 사이즈는 최대가 28사이즈이고 다른 매장들도 대부분 마찬가지다. 애비뉴는 그나마 가장 옵션이 다양한 곳으로 32사이즈까지 있다. 그런데 그보다 더 크다면, 나는 그보다 더 큰데, 정말이지 선택지가 거의 없다. 그리고 그중에 멋진 옷은 없다.

남자옷을 입을 수도 있고 가끔은 그렇게 한다. 남성복은 백화점에도 많고 큰 사이즈의 옷들도 여성복보다는 선택지가 다양하다. 그럼에도 여전히 비교적 선택지는 적고 최근에는 캐주얼 메일/데스티네이션 XL 매장 스타일로 통일되어버렸다.

이십대에는 나의 여성성을 되도록 숨기고 싶었고 남자 옷이 날 안전하게 만들어준다고 느꼈기에 남성복을 선호했다. 하지만 남성복은 대체로 몸에 잘 맞지 않는다. 여성의 가슴과 굴곡과 엉덩이에 맞춰서 제작되지 않는다. 여자가 스스로 예쁘게 느끼도록 디자인된 옷이 아니다.

그러다보니 나에게는 선택지가 너무 없고, 나는 갈망으로 가득하다. 내가 할 수 없는 일들은 끝이 없다. 쇼핑몰로 쇼핑하러 가는 재미도 없고, 친구 옷을 빌려 입을 수도 없다. 애인이 나에게 옷 선물을 해줄 수도 없다. 패션 잡지를 넘기면서 눈에 쏙 들어오는 옷을 발견해도 그런 아름다운 옷은 적어도 지금의 나에게는 닿을 수 없는 먼 곳에 있다는 사실을 안다. 하찮은 욕심 같지만 전혀 그렇지 않다.

요즘 뉴욕이나 로스앤젤레스에 자주 가는데 그런 대도시에서는 머리부터 발끝까지 완벽한 차림새를 한 사람들이 주변에 넘쳐나서 나의 부족한 패션 감각이 더욱 신경 쓰인다. 그들은 내가 입을 수만 있다면 너무나 입고 싶은 바로 그 옷들을 입고 있다.

나는 스스로 매혹적이라거나 섹시하다거나 옷을 잘 차려입었다고 느낄 때가 거의 없다. 내가 진심으로 원하는 옷이나 액세서리를 걸쳤을 때 어떤 느낌인지를 잘 모른다. 맞는 옷을 발견하기 어렵기 때문에 내 몸에 맞기만 하면 일단 사고 본다. 요란한 무늬가 있는 옷은 좋아하지 않는다. 아플리케도 좋아하지 않는다. 뚱뚱한 여성을 위한 옷을 만드는 디자이너들이 제발 소비자의 취향이나 트렌드를 공부했으면 좋겠다.

패션 산업이 다양한 신체를 위한 디자인을 할 의지가 전혀 없어 보여서 화가 난다.

십대와 이십대 초반에는 주로 엄마와 같이 쇼핑을 하러 갔는데 내 옷을 살 수 있는 유일한 옷가게에 갈 때마다 엄마의 얼굴은 실망으로 어두워졌다. 나는 딸이 다른 몸을 가졌으면 하는 엄마의 바람을 보았다. 엄마의 좌절감과 수치심을 보았다. 엄마는 가끔 이런 말도 했다. "제발, 우리가 여기서 쇼핑

하는 게 오늘이 마지막이었으면 좋겠다." 나도 그렇다고 중얼
거렸다. 나도 엄마와 같은 희망을 품었다. 그러면서도 이번이
마지막이 될 리가 없다는 사실을 알았다. 그래서 나는 나 혼
자 적지 않은 불만을, 혹은 분노를 품었다. 엄마의 말에, 엄마
의 실망에, 더 좋은 딸이 될 수 없는 나에게, 내가 절대 가질
수 없는 또하나의 소중한 일상인 엄마와 쇼핑하는 즐거움이
허락되지 않은 내 인생에 불만을 품었다.

　몇 년 전 혼자 옷을 사러 갔다. 좋은 옷 몇 벌을 꼭 사고 싶
었다. 나를 있는 그대로 사랑해주는 사람, 외모에 신경을 쓰
게 만드는 사람, 크고 작은 방식으로 나 자신을 아끼는 법을
가르쳐준 사람이 있었고 그 앞에서 예뻐 보이고 싶었다. 누군
가에게 예쁘게 보이고 싶다는 마음이 나에겐 낯설고 신선한
감정이라 참 좋았다.

　귀엽고 색깔이 화려한 셔츠를 사기 위해 어떤 매장으로
들어갔을 때 탈의실에서 울면서 나오는 한 여자아이를 보았
다. 울게 된 사정은 자세히 밝힐 수 없지만 그 소녀는 매우 속
상해하고 있었고 그 아이의 엄마는 굉장히 창피해하면서 딸
에게 막말을 퍼붓고 있었다. 나는 바로 그 매장 안 그 탈의실
앞에서 펑펑 울어버리고 싶었다. 나에게 너무나 익숙하고 고
통스러운 장면이라 차마 보고 있을 수가 없었다. 뚱뚱한 딸
과 날씬한 엄마는 매우 복잡한 모녀 관계를 맺고 있다는 걸
나는 안다.

나도 그런 딸이었으니까. 들어간 매장에 있는 어떤 옷도 입지 못할 정도로 너무 큰 몸으로, 그저 어떻게든, 아무거나 나에게 맞기만 하는 옷을 찾아 헤매면서, 그 와중에 생각해주는 척하는 사람들의 뾰족하고 무신경한 평가와 잔소리까지 꾹 참고 들어야 하는 그런 소녀. 옷가게에서 그런 소녀가 된다는 것은 세상에서 가장 외로운 소녀가 되는 것과 다름없다.

나는 사람들을 잘 안아주는 사람이 아니지만 당장이라도 그 소녀를 안아주고 싶었다. 소녀를 이 나쁜 세상으로부터, 뚱뚱한 사람에게 믿을 수 없을 정도로 잔인한 이 세상으로부터 보호해주고 싶었다. 사실 나도 이 세상이 어떤지 알고 이 세상에서 살고 있기에 내가 그 친구에게 해줄 수 있는 건 없었다. 우리가 사는 이 세상에는 타인의 잔인한 눈초리와 지적질에서, 너무나 좁은 의자에서, 아니 이 너무나 큰 몸에는 너무나 작은 모든 것에서 도망쳐버릴 수 있는 안전한 은신처나 안전지대가 없다.

그럼에도 불구하고 나는 탈의실까지 따라 들어가서 그 소녀에게 예쁘다고 말해주었다. 실제로 정말 아름다운 소녀였다. 소녀는 고개를 끄덕거렸지만 얼굴 위로는 눈물이 주르륵 흘러내렸다. 나와 소녀는 각자 마저 쇼핑을 했다. 그 소녀의 엄마 얼굴을 쥐어뜯고 싶었다. 애인에게 전화를 걸어서 다정한 목소리를 듣고 싶었다. 자꾸만 빨려들어가게 되는 자기혐오의 소용돌이에서 나를 꺼내줄 무언가가 필요했다. 그 매장을 불질러버리고 싶었다. 악 하고 소리를 지르고 싶었다.

　그 소녀는 엄마와 함께 매장을 나갈 때까지 울고 있었다. 내가 너무나 잘 아는 눈빛을 하고 있던 소녀의 얼굴이 계속 떠올랐다. 소녀가 그토록 눈에 띄는 몸에 자신을 구겨넣으려고 얼마나 노력하고 있는지를 계속 생각하게 된다. 소녀는 사라지려고 노력하지만 그럴 수 없는 것이다. 이토록 작은 걸 바라는 데도 너무나 많은 것이 필요하다는 걸 참을 수가 없다.

53

내가 문신을 할 수 있는 사람이라고 상상해본 적이 없다. 그런 건 범죄자들이나 하는 것이라고 부모님이 얼굴을 찡그릴 것이 분명했다. 하지만 애프터에 나는 착한 소녀가 아니었고 한때 알았던 그 규칙들을 따를 필요가 없었다. 부모님은 여전히 자신들이 생각하는 딸은 어떠해야 한다는 관념을 붙들고 있어서 기겁할 것이 뻔했다. 하지만 내가 문신을 할지 말지는 부모님과 상관없는 일이다. 내 몸에, 내가 원하는 무언가를 하기로, 내가 결정하는 일이다.

그리하여 나는 열아홉 살 때 첫번째 문신을 했다. 처음에 한 문신은 날개가 있는 여자 이미지였다. 문신사는 알코올 솜으로 내 팔을 문지르고, 플라스틱 면도기로 털도 다 밀어 깨끗한 캔버스로 만들면서 꽤 아플 것이라고 말했다. 고통을 기다렸으나 아무런 느낌도 없었다. 나는 말없이 앉아 잉크가 내 피부에 스며드는 광경을 가만히 바라보았다. 그로부터 이십 년이 지난 지금도 잉크가 활 모양으로 지나간 자리를 보면 여전히 날개 달린 여자가, 그녀가 원하기만 한다면 어떤 것으로부터든, 심지어 자신의 몸으로부터도 멀리 달아날 수 있는 여자가 한 명 있다.

얼마 지나지 않아 두번째 문신을 했다. 이번에는 왼팔에 있는 첫 문신 바로 밑에 검은색과 붉은색으로 원주민 부족 문양을 새겼다. 내 문신에 뭔가 심오한 뜻이 담겼다고 말하고 싶지만 그렇지 않다. 그저 내 몸에(내 몸에 표시를 새기는 데) 내 힘을 행사하고 싶었다.

한편 나는 사람들 눈에 띄지 않고 싶었기에 문신을 한다는 사실에 갈등이 내재되어 있을 수밖에 없다. 사람들은 문신을 알아본다. 문신은 흔히 대화를 이끌어내기도 한다. 사람들은 내 문신에 특별한 의미나 의도가 있는지 묻지만 나는 그럴듯한 답을 갖고 있지 않다. 아니, 그보다는 사람들이 듣고 싶어할 만한 쉽고 간단한 대답이 없다.

나의 첫 문신 몇 개는 작고, 소심했다. 새로운 문신을 할 때마다 잉크는 점점 진해지고 굵어지고 피부를 더 많이 덮었다. 문신을 하는 행위 그 자체를 사랑했다. 내게 의미 있는 건 디자인보다는 내 몸에 표시를 하는 과정이었다. 문신사가 작업할 부분을 정하고 잉크와 바늘과 레이저를 움직이는 모습을 보고 있으면 좋았다.

문신으로 내가 말하고 싶은 건 이것이 내가 내 몸에 내린 선택, 목청껏 동의한다고 외친 내 선택이라는 점이다. 나는 이렇게 내 몸에 표시를 한다. 나는 이런 식으로 내 몸의 주인이 된다.

2014년에 타호호수에서 열린 작가 워크숍에서 예술학 석사과정 학생들을 가르칠 때 오랜만에 새로운 문신을 했다. 그 문신을 하기 전에 작가 콜럼 매캔, 조시 웨일, 란다 자라와 호숫가 옆에서 모닥불을 피워놓고 둘러앉아 있었다. 유명한 사람들을 안다고 자랑하려는 것이 아니다. 그저 우리는 모두 같은 프로그램에서 가르치고 있었다. 콜럼이 내게 특유의 경쾌한 아일랜드 억양으로 눈을 반짝반짝 빛내며 물었다. "왜 문신을 하세요?" 상당히 자주 받는 질문이었다. 약간은 지나칠 수도 있는 질문이지만 진한 잉크로 자신의 몸에 표시를 새겼다면 그런 질문을 직접 이끌어낸 거라고 봐도 무방하다. 사람들은 다른 사람이 왜 그런 행동을 하는지 알고 싶어한다. 그리고 상대방이 그어놓은 선을 넘고 싶어한다. 나도 그런 사람에 속한다. 그런 면에서는 다들 어쩔 수 없이 비슷하다. 나는 콜럼에게 내가 왜 내 몸에 표시를 하는지에 관한 진실 중 한 버전을 들려주었고 내 피부에 약간이라도 통제력을 갖는 것이 내게 어떤 의미인지 털어놓았다.

나도 이제 중년에 가까워지면서 과거로 돌아가 어떤 일을 다시 해야 한다면 다르게 해보고 싶은 것들이 있다. 하지만 문신은 그대로 했을 것이다.

이따금 새로운 문신을 하고 싶은 욕구가 불쑥불쑥 치민다. 나에게 좀처럼 허락되지 않는 방식으로 내 몸과 연결되고 싶은 욕구를 느낀다. 아주 특별한 방식으로 내 몸이 만져

지길 바라는 욕구이기도 하다. 문신사가 내 몸의 일부를 잡고, 라텍스 장갑을 낀 손으로 사실 무기라고 할 수 있는 도구를 사용해 여러 가지 바늘로 내 피부를 찌르고 또 찔러 나의 나긋나긋한 살결이 점점 더 부드러워지는 그 느낌을 또 받고 싶다.

문신을 하는 행위에는 어느 정도 복종의 태도가 있고 나는 이런 종류의 통제된 종속 행위를 무척 사랑하는 편이다. 내 몸을 낯선 사람에게 몇 시간 동안 맡길 때의 그 굴복의 느낌을 좋아한다. 또한 그렇게 못 견딜 고문까지는 아니나 상당히 불안할 정도로 지속적이고, 문신 기계의 끝없는 윙윙 소리와 함께 나에게 영원한 표시를 남기는 그 특별한 통증을 사랑한다. 타호에서 나에게 문신을 해준 남자는 자신의 지배력을 행사하고 싶어 안달이었다. 그는 자신이 '알파 메일'임을 분명히 했다. 내 팔 앞에 수그려 작업하며 실제로 이렇게 말했다. "나는 알파 메일이에요." 나는 짜증스러운 티를 내지 않으려고 나의 자제력을 있는 대로 쥐어짜내야 했다.

문신을 하는 동안 고통은 계속되고 가끔은 몇 시간이나 이어지지만, 내가 그동안 고통이라고 느껴왔던 것과는 다른 종류의 고통이다. 이 부분에서 내 말을 전적으로 신뢰해서는 안 된다. 다시 말해서, 나는 고통에 대한 참을성이 보통 사람에 비해 상당히 강한 편이다. 어쩌면 너무 강한지도 모른다. 하지만 문신을 할 때의 통증은 당신도 어쩔 수 없이 항복해야만 하는 것이다. 일단 시작하면 다시 돌이킬 수 없고, 그랬다가는 미완성의 자국으로 영원히 남을 것이기 때문이다. 나는 이 상황의 돌이킬 수 없음, 취소 불가능성에 끌린다. 당신은 고통에 몸을 맡겨야 한다. 당신 스스로 이 고통을 선택했고, 고통이 끝날 때쯤에는 당신의 몸이 달라져 있다. 당신의 몸이 더 당신 것으로 느껴질 수도 있다.

나는 심각한 비만이다. 언제까지나 이렇지는 않기를 바라지만, 지금 당장은 이것이 내 몸이다. 그 사실과 조금씩 화해를 해가고 있다. 그에 대해 덜 수치스러워하려고 노력중이다. 내가 잉크로 내 몸에 표시를 남길 때, 그 일을 마쳤을 때, 나는 내 것이 아니었던 내 몸의 일부를 돌려받는다. 이는 매우 느리고 긴 과정이다. 그리고 이를 통해 내 몸은 나를 지키는 요새가 된다.

54

내 몸에 대한 이야기를 한다는 건 곧 수치심에 관한 이야기를 한다는 것이다. 내 외모에 대한 수치심, 내 나약함에 대한 수치심, 내 몸을 바꾸는 건 전적으로 나에게 달려 있다는 것을 알면서도 일 년이 지나고 또 지나도 바꾸지 못하고 있는 나에 대한 수치심이다. 아니, 나도 바꾸려고 노력은 했다. 아니, 하고 있다. 식생활을 조절한다. 운동을 한다. 내 몸은 점점 작아져 내가 이고 지고 다니는 살들의 감옥이 아니라 진짜 나처럼 느껴지기 시작한다. 바로 그때 새로운 공포감이 엄습한다. 내가 지금까지와 다르게 보일 것이기 때문이다. 내 몸은 이제 또다른 이야깃거리와 화제가 될 것이다. 입을 수 있는 옷의 선택지가 늘어나고 더 작은 사이즈의 바지가 들어가고 셔츠가 어깨에 넉넉하게 맞는 순간에 나는 도취된다. 내 가슴속 동굴에 도사리고 있던 허영심이 부풀어오르기 시작한다.

그런 순간에 나는 거울로 내 모습을 본다. 더 가늘어지고, 조금 더 여윈 내 모습을. 내가 될 수 있었고, 되어야만 했고, 과거의 나였고, 지금 되고 싶은 나를 본다. 나 자신의 이 버전은 놀랍기도 하고 약간은 아름답기도 해서, 나는 패닉에 빠지고, 며칠이나 몇 주 안에 그동안 해온 노력을 모두 무산시켜버린다. 피트니스 센터에 가지 않게 된다. 제대로 먹지 않는다. 다시 안전하다고 느껴질 때까지 그렇게 한다.

우리 대부분에게는 날 덜컥 겁나게 하는 나의 버전이 있다. 우리에게는 도무지 어떻게 다루어야 할지 모르겠는 이 불완전한 몸이 있다. 있는 그대로의 우리 모습, 더도 덜도 없는 그 모습을 보여주는 일은 너무 감당하기 힘들기에 나에게 익숙한 수치심을 그대로 안고 가기로 한다.

수치심은 다루기 어렵다. 사람들은 뚱뚱하다는 이유로 날 수치스럽게 하려고 작정했다. 거리를 걸을 때면 운전하던 남자들이 일부러 차창으로 몸을 내밀고 내 몸을 향해 상스러운 욕설을 내뱉는다. 이 몸을 자기들이 어떻게 보고 있는지, 자기들의 시선과 자기들의 취향과 욕망에 내가 부합하지 않아 얼마나 열받는지 알려주지 않고는 못 배긴다. 이 남자들을 심각하게 생각하지 않으려 하는데, 이들이 정말 하고 싶은 말은 이것이다. "나는 당신 같은 여자한테 끌리지 않아. 당신하고 자고 싶지 않아. 그건 나의 남성성, 나의 특권, 이 세상에서의 나의 위치를 이해하는 데 혼란을 줘." 물론 내 몸으로 저 남자들을 기쁘게 해줘야 할 이유는 없다.

하지만 불특정 다수의 사람들이 나를 어떻게 보는지를 매우 공공연하고 폭력적인 방법으로 내게 상기시키려 할 때 느끼는 이 감정 앞에서 초연하기란 생각만큼 쉽지 않다. 문제는 나한테 있다고 느끼지 않기란, 앞으로 이따위 남자들이 나를 희롱하지 않게 할 수만 있다면 무엇이든 하겠다고 결심하지 않기란 쉽지 않다.

비만에 대한 비하는 일상생활에서 끊임없이 일어나며 때로는 그럴듯해 보이는 의견으로 가장해 뚱뚱하다는 사실을 지적하기도 한다. 실제로 충격적일 정도로 많은 사람이 뚱뚱한 사람들을 괴롭히면 살을 빼게 될 거라고, 몸 관리를 하게 될 거라고, 그것도 아니면 자기 시야에서 사라지게 될 거라고 믿고 있다. 의사 자격증이라도 가진 것처럼, 비만과 관련된 건강상의 문제를 장황하게 설명하는 식으로 인신공격을 한다. 이 박해자들은 말하지 않아도 되는 사실, 우리 몸이 통제 불능이고, 사회를 거역하고, 뚱뚱하다는 사실을 지적하면서 자기들이 우리를 정의의 길로 이끄는 사도라고 생각한다. 무척이나 이상하고 잔인한 시민의식의 발로가 아닐 수 없다. 사람들이 뚱뚱하다는 이유로 나를 모욕할 때 나는 앙심을 품는다. 나는 완고해진다. 날 모욕하는 이들에게 침을 뱉기 위해 더 뚱뚱해져버리고 싶다고 생각한다. 사실은 그게 다른 누구도 아닌 나 자신에게 침을 뱉는 행위일 뿐임에도.

55

나는 열망으로 가득하고, 질투로 가득하고, 내 질투의 너무 많은 부분이 끔찍하다. 나는 섭식장애의 무서운 현실을 폭로한 〈나이트라인〉 특집 방송을 본다. 그런 프로그램과 그런 인간이라는 주제에 병적으로 매혹된다. 거식증에 걸린 소녀들의 수척한 얼굴과 뼈만 남은 몸은 혐오스러우면서도 나를 끌어당긴다. 어떻게 그 몸이 제대로 붙어 있는지 궁금하다. 부러질 것 같은 뼈를 살이 팽팽하게 감싸고 있는 모습이 부럽다. 옷이 몸에서 헐렁하게 떨어지는 모습이 부러운데 마치 옷을 입지 않은 것처럼 옷이 붕 떠 있는 것만 같고, 그 옷은 그들의 마른 몸을 축복해주는 후광으로 빛나는 사제복 같다. 보도 기자는 이 소녀들이 스스로를 가혹하게 밀어붙이고 과하게 운동을 하며 아사 직전까지 굶고 몸에 대해 심한 집착을 보인다고 경멸적으로 이야기한다. 그럼에도 불구하고 나는 이 소녀들의 의지력이 부럽다. 그 소녀들에겐 굳건한 의지가 있다. 적어도 자기가 원하는 몸을 갖기 위해 무엇이든 하겠다는 고집이 있다. 그들의 가늘어진 머리카락과 썩어가는 치아와 망가질 대로 망가진 장기는 모른 체한다. 그 대신 다른 이들이 나의 몸에 집착하는 것처럼 그들의 몸에 집착한다. 나도 이제 짭짤한 크래커만 몇 개 집어먹으면서 배부르다고 말하는 저런 여자가 되어야지 다짐한다. 피트니스 센터에서 몇 시간 동안 내리 운동하고 무슨 옷을 입어도 오버사이즈가 되어버리는 저 여자가 되어야지 다짐한다. 목구멍 안으로 정확하게 손가락을 집어넣어 몸안에서 불필요한 칼로리를 몸밖으로 빼내는 저 여자가 되겠다고 생각한다. 나는 모든 사람이 사랑하기 싫어하는 것을 사랑하는 저 여자가 될 것이고, 치아가 누렇게 되고 머리카락이 빠진다 해도 내 몸이 마침내 지금보다 받아들여질 만해질 때까지, 내 몸이 야위어가다 사라져버리고 더이상 자리를 차지하지 않을 때까지, 끝까지 가보겠다고 생각한다.

어떻게 해도 나는 절대 저 소녀가 될 수 없다. 그러면 나는 어떤 것을 그렇게까지 간절히 원하지 않는 나를 원망하고 내몸 때문에 나를 싫어하는 이 세상에 분노하고 내 몸이 왜 이렇게 눈에 띄는지를 원망하고 너무나 많은 소녀와 여인들이 사라지기 위해 최선을 다하게 만드는 이 세상에 분노한다. 내분노는 보통 침묵으로 사라지는데 어느 누구도 자리를 너무 많이 차지하면서도 자기 자리를 찾을 수 없는 뚱뚱한 여자들의 이야기를 듣고 싶어하지 않기 때문이다. 그보다는 굶거나 운동을 너무 많이 해서 너무나 말라빠진 여자들의 이야기, 그러다 희미해지고 수척해지고 사람들의 시야에서 사라져버리는 그런 사람들의 이야기를 더 듣고 싶어한다.

56

배가 고프지 않을 때도 배가 고파 기절할 것만 같은 기분이 들곤 한다. 기분이 안 좋은 날, 나에게는 그런 날이 상당히 많은데, 그런 날 나는 많이 먹는다. 물론 스스로에게 말한다. 이래서는 안 된다고. 하루종일 소파에 앉아 사탕이나 치토스를 먹지 말자고 나 자신에게 말한다. 그건 사실이긴 하다. 집에 정크푸드를 쟁여놓지는 않는다. 사실 정크푸드를 먹는 버릇은 없다. 하지만 어떤 음식에 한번 꽂히면 며칠 동안, 때로는 몇 주 동안 먹고 먹고 또 먹는다. 완전히 물릴 때까지 먹는다. 이건 어리석은 충동이라고, 나는 생각한다.

나는 적당한 한 끼 분량에 대한 감각이 없다. 나는 완전주의자다. 내 접시에 있는 음식은 남기지 않고 다 먹어버려야 한다. 스토브 위에 음식이 남아 있으면 전부 먹어치워야 한다. 음식을 남겨서 버리는 일이 거의 없다. 처음에는 기분이 좋다. 한입 맛볼 때마다 세상은 나에게서 멀어진다. 스트레스도 잊고 슬픔도 잊는다. 오직 내 입속에서 느껴지는 맛과 먹는 행위에서 오는 특별한 쾌락에 집중한다. 배가 불러오지만 그 포만감을 무시하기만 하면 배부른 감각은 이내 무뎌

지고 그때부터 속이 메스껍다. 그래도 먹는다. 먹을 것이 하나도 남지 않으면 마음이 불편해진다. 그때부터 죄책감과 감당하기 힘든 자기혐오가 차오르고, 그러면 나는 자주 또다시 먹을 것을 찾아 헤매기 시작한다. 그 괴로움을 잠재우기 위해서, 그리고 이상하게 들릴지 몰라도 나를 벌주기 위해서 먹는다. 속을 더 메스껍게 만들어서 다음번에는 내가 지나치게 과식하면 어떤 기분인지를 기억하기 위해서.

물론 다음번에도 기억하지 못한다.

나는 배고프지 않으면서도 배고프다는 것이 어떤 의미인지 안다. 우리 아빠는 허기가 마음속에 있다고 믿는다. 내가 아는 건 다르다. 내가 알기로 허기는 마음과 몸과 심장과 영혼에 모두 깃들어 있다.

57

나는 만성적인 소화불량과 속쓰림으로 고생하고 있는데 과거에 먹고 난 후에 구토를 했었기 때문이다. 이런 행동을 나타내는 전문용어가 있다. '폭식증'.• 하지만 나를 가리키며 그 단어를 쓰는 것은 언제나 이상한 것 같다. 고백하자면 나는 한동안 내가 부러워하는 그 여자들, 자신을 극단적으로 몰아붙이는 식이장애를 가진 여자들을 모방하려고 노력했었다. 오래는 아니었다고, 스스로에게 말한다. 사실이 아니다. 이 년 동안 이어졌다. 이 년은 그리 길지 않을지도 모르지만 꽤 길기도 하다. 어쩌면 내가 그 단어를 쓰고 싶지 않은 건 너무나 오래전 일이기 때문일지도 모른다. 이 또한 사실이 아니다. 먹고 토하는 짓을 그만둔 건 고작 사 년 전이다. 지금도 아주 가끔은 재발한다. 가끔은 내 몸에 들어간 모든 음식을 다 없애버리고 싶다. 나를 텅 비우고 싶다.

　아주 오래전 나는 내 속에 아무것도 없는 느낌을 원했기 때문에 토하기 시작했다. 나는 텅 빈 느낌을 원하면서도 나

• bulimia. 폭식을 하고 토해내기를 반복하는 증세로 '식욕 이상 항진증'이라고도 한다.

를 가득 채우고 싶기도 했다. 십대도 아니고 이십대도 아니었다. 삼십대가 되어서야 나는 마침내 스스로를 통제하는 방법을 배웠고, 그 방법이란 바로 식이장애였다. 첫날 밤 나는 커다란 등심스테이크를 미디엄 레어로 굽고, 차가운 양상추에 샐러드드레싱과 크루통과 치즈를 얹어서 먹고 싶었다. 식료품점에서 아주 두껍고 마블링이 잘된 꽃등심 두 덩이를 샀다. 더블 스터프 오레오 한 상자도 샀다. 현대 여성답게 인터넷에서 모든 정보를 얻었다. 시간을 들여 어떻게 과식을 하고 구토를 하는지 알아보면서 내가 찾아낸 정보에 매혹되는 동시에 질려버렸다. 구토를 하기 바로 전에 물을 많이 마시면 도움이 된다는 정보를 얻었고 폭식을 하기 전에 당근을 먹어 모두 게워냈다는 것을 확인할 수 있는 표지를 남겨두는 것도 배웠다. 음식이 목으로 넘어올 때 초콜릿맛이 최악이라는 것을 배웠고(그건 사실로 밝혀졌다) 손가락이 이에 긁혀 피가 날수도 있으며 위산 때문에 손마디에 화상을 입을 수도 있다는 것을 알게 되었다(이 또한 전부 사실로 밝혀졌다).

이만하면 만반의 준비가 되었다 싶을 때 저녁을 정성껏 차렸고, 이제 뒷일은 걱정하지 않고 내가 먹고 싶은 대로 먹을 수 있다는 기대감으로 인해 흥분이 물밀듯 몰려왔다. 나는 확신했다. 이건 꿈이나 마찬가지라고. 나는 그 음식들을, 그 큼지막한 스테이크를, 그 산더미 같은 샐러드를, 쿠키 한 상자를 다 먹어치웠다. 위가 쓰려왔고 이제까지 한 번도 느껴

보지 못한 방식으로 배가 괴로울 정도로 불러오며 메스꺼워졌다. 너무 오래 기다리고 싶지 않았기에 바로 부엌 싱크대로 달려가 물 세 컵을 마시고 나서 알루미늄 대야 위에 고개를 숙이고 두 손가락으로 내 목을 쑤셨다. 몇 번은 잘못 찔렀지만 곧 토해내기 시작했다. 눈에는 눈물이 맺혔다. 그리고 내가 방금 먹은 모든 음식을 안에서 끌어올려 밖으로 내뱉었다. 일이 다 끝났을 때 수도꼭지를 틀자 그 모든 토사물과 내가 방금 한 짓의 모든 증거가 천천히 사라졌다. 처음으로 음식을 먹은 후에 죄책감과 후회가 느껴지지 않았다. 천하무적이 된 것만 같았다. 나를 통제하는 것이 가능해진 기분이었다. 왜 진작 토해내려고 해보지 않았는지 알 수가 없었다.

뚱뚱하면 아무도 당신의 식습관 장애에 관심을 기울이지 않거나 못 본 척하거나 혹은 바로 알아챈다. 당신은 보이는 듯 보이지 않는다. 나는 거의 평생 동안 이런저런 방식으로 숨어살아왔다. 이제 더이상 그렇게 하지 않겠다고 결심하는 것, 나를 세상에 보이게 하겠다고 결심하는 것은 어려웠다.

나는 뚱뚱하지 않았고 그러다 날 뚱뚱하게 만들었다. 나의 몸이 거대하고 무엇으로도 뚫을 수 없는 커다란 덩어리가 되기를 바랐다. 나는 다른 여자애들과 같지 않다고, 나에게 말했다. 먹고 싶은 모든 것을 먹었고 다른 여자아이들이 원하는 것까지 모두 먹어치웠다. 너무나 자유로웠다. 내가 만들어낸 감옥 안에서, 나는 자유로웠다.

나이가 들어갔고, 그저 이 감옥 벽을 허물지 않으려고 계속 먹었다. 사실 이는 당신이 상상하는 것보다 더 수고로운 일이다. 그러다가 훌륭한 남자와 멋진 관계를 만들었고 박사 학위를 취득했으며 내 인생은 점차 자리를 잡아갔고 나는 내가 만들어낸 이 감옥에서 나갈 방법이 있을 거라 생각했다.

우리는 상실에 아파하고, 상실의 아픔은 나를 망쳐버렸다. 나는 비난할 무언가가, 비난할 누군가가 필요했기에 나 자신을 비난했다. 무참히 무너진 내 몸을 비난했다. 의사는 이런 나를 만류하지도 않았고 그것은 그 나름대로의 지옥이었다. 당신에 대한 최악의 공포를 의료적 판단을 할 자격이 있는 전문가에게 인정받은 것이다.

내 몸은 비난을 받아야 마땅했다. 나는 비난을 받아내야 했다. 나는 내 몸을 바꾸어야 했으나 사실 먹고 싶기도 했는데 먹으면 위안이 되었고, 위안이 절실히 필요한 상태였음에도 나에게 음식보다 더 큰 안식을 줄 수 있는 유일한 사람에게 부탁하지는 않으려 했다. 이건 내가 오랫동안 너무나 잘 알고 있는 것이다. 그전까지만 해도 나는 내가 자진해서 토할 수 없기 때문에 폭식증 환자는 될 수 없다고 농담삼아 말해 왔다. 그러나 내가 정말 무언가를 하고 싶으면 나는 그걸 해냈다. 어떻게 토하는지를 배우고 아주 잘하게 되었다.

나는 뚱뚱하다. 그래서 뻔히 보이는 곳에 감쪽같이 숨어서 먹고 토하고 먹을 수 있다. 나는 완벽하게 정상이고 괜찮다고, 나에게 말한다. 한번은 내가 눈이 빨개져 눈물을 흘리며 변기 앞에 수그리고 있는 모습을 남자친구에게 들키고 말았다. 상당히 험악한 장면이 이어졌다. "씨발, 당장 나가." 나는 조용히 말했다. 몇 달 동안 그는 물론이고 누구와도 몇 마디 이상 대화를 나누지 않은 채 살았다.

그는 나를 잡고 끌어냈다. 내 몸을 흔들어대며 말했다. "지금까지 이러고 있었어? 이딴 짓 했어?" 나는 그를 물끄러미 바라보기만 했는데 그러면 그가 더 화가 나리라는 걸 알았기 때문이었다. 그를 더 화나게 만들어서 나를 벌주게 만들고, 그래서 내가 나를 벌주는 짓은 그만하고 싶었다. 그는 나를 얼마든지 벌줄 수 있고 나는 속죄하기 위해 그에게 그 권리를 주고 싶었다. 하지만 그는 착한 사람이라 내가 원하는 것을 주지 않았다. 그는 손에 힘을 빼 나를 풀어주고 화장실에서 나갔다. 그는 주먹으로 벽을 쳤는데 그 주먹이 나를 향하길 바랐기에 화가 났다.

그 이후로 그는 나를 절대 혼자 두지 않았다. 나에게서 나를 구하기 위해서였다. 하! 하! 하! 전보다 나아졌다고, 그에게 말했다. 이제 그 짓 그만두었다고, 그에게 말했다. 더 나아지긴 했다. 나는 내가 하는 짓을 더 잘 숨기게 되었다. 그가 나를 졸졸 따라다닐 수는 없었다. 또 아주 조용하게 그 일을 해내는 법을 배웠다. 우리 사이는 괜찮아졌다. 아니, 그 어느 때보다 더 좋아졌고 나는 졸업을 했고 이사를 했고 그는 따라

오지 않았고 나는 마침내 혼자 살게 되어 내가 하고 싶은 건 뭐든 하게 되었다. 나는 성공한 사람이었고, 보이지만 안 보이게 숨는 것은 전보다 더 쉬워졌다.

새로운 도시엔 나를 아는 사람도 없었다. '친구'가 생기긴 했으나 내 아파트에 놀러오거나 내가 어긋나 있다는 것을 알아챌 만큼 날 깊이 알 만한 사람은 없었다. 같이 저녁을 먹으러 갈 때 친구들은 내가 먹고 난 다음에는 꼭 화장실에 간다고 짚어주긴 했다. "소화가 잘 안 돼서." 예의바르게 별일 아니라고 말했다. 반만 진실이었다.

놀라울 정도로 금방 옛 남자를 잊고 새로운 남자를 만나게 되었다. 그는 내가 토하는 모습을 보더니 이렇게 말했다. "그래도 그 문제를 해결하려고 나름대로 노력은 하는구나." 그 남자에게 진짜 문제는 내 몸이었고, 그는 그 사실을 계속 상기시켰다. 그는 나를 벌주었고 나는 그 점이 좋았다. 나는 마침내 올 것이 왔다고 생각했다. 마침내. 그는 무자비한 말을 서슴지 않았고 나에게 '조언'을, 즉 내 몸이 이렇게 잘못된 건 전부, 그야말로 내 탓이라는 점을 짚어줄 뿐인 말들을 했다. "그런 개자식하고 왜 만나?" 아주 많은 주변 사람—친구들, 혹은 공공장소에서 우리가 함께 있는 걸 본 낯선 사람들까지도—이 나에게 물었다. 그와 오래 만날수록 그는 나를 더 끔찍한 기분으로 만들었고 한편으로는 더 기분좋게 만들기도 했다. 왜냐하면, 드디어, 누군가 내가 이미 알고 있는 나 자신에 대한 진실을 말해주고 있었으니까.

어떤 것들은 버려야만 한다. 어떤 것들은 떨어져나가게 되어 있다. 내 슬픔도 점점 잦아들기 시작했다. 그 망할 짓을 하기엔 너무 늙었음을, 나는 깨달았다. 속쓰림이 재발했고 이제 나를 벌주는 이 짓거리는 그만해야 한다는 걸 알았다. 그리고 마침내, 삼십 년 만에, 최고의 나와 최악의 나를 볼 줄 아는 멋진 친구를 만났고 내게 무슨 일이 일어나고 있는지 말을 하지 않아도 그녀는 항상 내 곁에 있었고 나는 그녀에게 말할 수 있었고 말을 했어도 괜찮았을 것이다. 나 자신을 어떤 사람에게 전부 다 드러내도 괜찮다는 걸 아는 건 상당히 강력했다. 나는 더 나은 사람이 되고 싶어졌다.

그만두고 싶었지만 원하는 것과 실행하는 것은 완전히 다른 일이다. 나에게는 굳어진 습관이었다. 하루종일 굶다가 엄청난 양의 저녁식사를 하고 먹은 것을 다 토해버렸다. 나는 나를 텅 비웠고 그 텅 빈 느낌을 사랑했다. 누렇게 된 치아나 탈모, 오른손 손가락들에 있는 위산 화상자국과 손마디에 앉은 딱지는 무시했다. "머리카락이 왜 이렇게 빠지죠?" 인터넷에 물어보았다. 마치 그 이유를 모르기라도 하는 것처럼.

진실은 조금 더 복잡하고 나는 그 진실을 어떻게 털어놓아야 할지 몰랐다. 내 인생에서 누구도 그 진실에 신경쓰지 않을 거라고, 내가 내 몸을 어떻게든 필요한 수단으로 다루기만 한다면 괜찮을 거라고 생각했다. 쇠약한 소녀들에게는 코에 튜브를 꽂아 영양분을 넣어주기도 하지만 나 같은 여자에겐 그렇게 하지 않는다. 그리고 보통 사람들이 사춘기 때 겪는 문제라고 생각하는 거식증과 싸우기엔 나는 나이가 너무 많았다. 당황스러웠다. 지금도 당황스럽다. 당신들은 나를 존경해서는 안 된다. 나는 젠장할, 엉망진창인 인간이다.

그나마 나의 식생활을 덜 해롭게 만들 방법이 필요해 채식주의자가 되었다. 먹은 것을 매일 토해내는 것과는 상관없는 무언가에 집중할 필요가 있었다. 원래는 일 년만 채식을 하려고 생각했는데 거의 사 년 동안 유지했고, 결국 빈혈이 와서 고기를 먹어야만 했다.

'가슴앓이, 속쓰림heartburn'이라는 단어는 오해하기 쉬운 말이다. 사실 가슴과는 아무런 상관이 없는 말이기 때문이다. 한편 그 반대일 수도 있다. 다만 당신이 생각하는 방식과는 다른 의미로.

58

가끔은 어떤 사람들, 내 생각에는 날 아껴주려는 사람들이 나에게 뚱뚱하지 않다고 말하곤 한다. 이런 말을 한다. "스스로에 대해서 그렇게 말하지 말아요." 그들은 '뚱뚱하다'는 것을 무언가 부끄러운 것으로, 무언가 모욕적인 것으로 이해하고 있기 때문인데 사실 나 같은 경우는 '뚱뚱함'을 내 몸의 실체로서 이해한다. 내가 그 단어를 쓸 때는 나를 욕보이고자 하는 것이 아니다. 그저 나 자신을 묘사하고 있는 것이다. 이 착한 척하는 사람들은 부끄럽지도 않은 듯이 이렇게 말한다. "당신 안 뚱뚱해요." 아니면 진부한 칭찬을 한다. "얼굴이 참 예쁘시잖아요" "정말 훌륭한 분이시잖아요" 하고. 내가 뚱뚱하면서도 동시에 그들이 보기에 가치 있는 자질들을 보유할 수는 없는가보다.

마른 사람들은 뚱뚱한 사람들에게 몸에 대해 어떻게 말해야 할지 잘 모른다. 그들의 의견을 내가 청했건 아니건 말이다. 나도 이해한다. 하지만 내가 뚱뚱하지 않은 척하는 것이나 내 몸과 내 몸의 현실을 부정하려 하는 것 또한 매우 모욕적이다. 어떤 식으로건 내가 나의 육체적인 겉모습을 인식하지 못하고 있을 거라고 생각하는 것이 모욕적이다. 그리고 내가 뚱뚱하니까 나를 수치스러워할 거라고 짐작하는 것 또한 모욕적이다. 그것이 진실에 얼마나 가까운지와 상관없이 말이다.

59

나 같은 몸에 맞는 장소는 그리 많지 않다.

팔걸이가 있는 의자는 대체로 견딜 수가 없다. 이 세상에는 팔걸이 있는 의자가 무척이나 많다. 그런 의자에 앉았다가 생긴 멍은 잘 없어지지 않는다. 멍든 자리는 보통 몇 시간 동안, 때로는 며칠이 지나도 건드리면 아프다. 허벅지는 지난 이십사 년 동안 상당히 자주 멍이 들어 있었다. 나 같은 사람을 수용하도록 제작되지 않은 좌석에 내 몸을 구겨넣고 한 시간 혹은 두 시간 이상 앉아 있다가 일어나면 그제야 피가 통하며 강렬한 통증이 찾아온다. 가끔은 침대에서 몸을 뒤척이다가 통증 때문에 얼굴을 찡그리며 기억해내기도 한다. 맞아, 나 팔걸이의자에 앉았었지. 또 어떤 때는 수건으로 몸을 닦다가 거울로 흘깃 나의 몸을 보고 허리부터 허벅지 중간까지 길게 멍이 든 걸 발견한다. 물리적인 공간이 어떤 식으로 나의 통제 불능인 몸을 벌주고 있는지 목격한다.

통증이 참을 수 없을 정도로 극심할 때도 있다. 그럴 땐 아파서 쓰러질 것만 같다. 어딘가 앉아야 할 공간에 들어갈 때마다 불안에 휩싸인다. 어떤 의자가 있을까? 혹시 팔걸이가

있을까? 튼튼할까? 몇 시간이나 앉아 있어야 할까? 팔걸이의
자 사이 좁은 공간에 나를 밀어넣을 수 있을까? 의자에 앉았
다가 무사히 몸을 빼낼 수 있을까? 의자가 너무 낮으면 나는
서 있어야 할까? 이런 질문은 내 귓속에서 반복 재생되는데
그건 마치 내가 스스로에게 하는 비난과도 같다. 이 뚱뚱한
몸 덕분에 나는 그러한 불안으로 항상 조바심을 내야 하는
사람이 된다.

아주 많은 경우에 암묵적인 굴욕의 순간이 찾아온다. 사
람들에게는 눈이라는 것이 있다. 주어진 의자가 나에게 너무
작으리라는 사실이 그들에게도 뻔히 보인다. 하지만 날 앉히
는 데는 아무 관심이 없는 의자에 내 몸을 구겨넣으려 애쓰
는 모습을 말없이 바라보고만 있다. 나를 이 비우호적인 장
소에 초대할 계획을 세우면서도 아무 말도 하지 않는다. 이것
이 가벼운 잔인함의 발로인지 의도적인 무시인지 나는 분간
할 수 없다.

학부생 때는 그 책상이 달린 작은 의자에 나를 집어넣어
야만 하는 교실이 공포였다. 앉아 있으면서 당해야 하는 굴
욕, 아니 엉덩이를 반만 겨우 걸치고 내 몸의 지방이 사방팔
방으로 삐져나와 있는 그 굴욕이 두려웠고 두 다리가 마비되
고 책상이 복부를 눌러 거의 숨도 쉬지 못할까봐 두려웠다.

극장에 가면 제발 올릴 수 있는 팔걸이가 있는 의자이기
를 기도한다. 안 그러면 또 아플 테니까. 연극과 뮤지컬을 사

랑하지만 의자에 앉을 수 없어 좀처럼 극장에 가지 못한다. 어쩌다 가게 되면 나는 팔다리가 아파서 내내 고통스러워하며 거의 집중을 하지 못한다. 친목 모임에도 못 가겠다고 거절하는데 실제로는 친구들이 생각하는 것만큼 비사교적인 사람은 아니다. 다만 내가 왜 가지 못하는지 설명하고 싶지가 않다.

레스토랑에 가기 전에는 어떤 종류의 의자가 있는지 확인하기 위해 레스토랑의 웹사이트를 검색하고 구글 이미지와 옐프• 이미지를 샅샅이 뒤진다. 디자인만 최신형이고 부실한 의자는 아닌가? 팔걸이가 있다면 어떤 팔걸이인가? 긴 의자가 갖춰진 좌석이 있을까? 있다면 그쪽으로 자리를 옮길 수 있나? 아니면 양편에 두 개의 긴 의자가 고정되어 있는 테이블인가? 비명을 지르지 않고 몇 시간이나 앉아 있을 수 있을까? 보통 사람들은 모두가 이 세상에서 자기네들처럼 움직일 거라 생각하기 때문에 내가 알아서 검색을 해야 한다. 사람들은 내가 자기들과 어떤 식으로 다르게 공간을 사용하는지 전혀 생각지 못한다.

이런 장면을 상상해보자. 저녁 약속을 했다. 나를 포함해 두 커플이 트렌디한 레스토랑에 왔다. 우리가 앉을 때가 되어서야 나는 미리미리 숙제를 해두지 않았다는 사실을 깨닫는

• Yelp. 미국 최대의 지역 리뷰 사이트로 식당 등에 대한 평판을 알아볼 수 있다.

다. 의자는 탄탄해 보이지만 양옆에 딱딱한 팔걸이가 있고 자리는 좁다. 직원에게 긴 의자가 갖춰진 좌석에 앉을 수 있는지 묻지만 레스토랑이 텅텅 비었음에도 이미 예약이 찼다고 이야기한다. 소리를 지르고 싶지만 그럴 수는 없다. 나는 지금 데이트중이다. 다른 친구들도 있다. 애인은 내 기분이 어떤지 알아채지만 내가 주목받는 것을 원치 않는다는 사실도 안다. 괜히 말썽거리를 만드느니 차라리 그 의자에 앉아 고통을 견디리라는 것을 안다. 나는 이러지도 저러지도 못한다.

우리는 결국 자리를 잡고 앉는다. 나는 엉덩이를 의자 끝에 겨우 걸치고 있다. 전에도 여러 번 이렇게 앉은 적이 있다. 이번에도 하면 된다. 내 허벅지는 아주 튼튼하니까. 나는 식사를 즐기고 싶다. 소중한 친구들과 담소를 즐기고 싶다. 맛좋은 칵테일과 내 앞에 화려하게 차려진 음식들을 즐기고 싶다. 하지만 느껴지는 거라고는 오직 허벅지에 가해지는 통증과 양 옆구리를 죄어오는 팔걸이뿐이며, 나는 언제까지 모든 것이 괜찮은 척할 수 있을까만 생각한다.

마침내 식사가 끝나면 안도감이 파도처럼 밀려온다. 일어나면 현기증으로 핑 돌고 속이 뒤집어지고 아프다.

내 인생에서 가장 환희에 넘치던 행복한 순간까지도 언제나 나는 나의 몸이라는 이 그림자에 가려져 있고 내 몸이 어딘가에 맞지 않아서 괴로워하고 있었다.

이렇게 사는 건 사는 게 아니다. 하지만 나는 이렇게 산다.

60

나는 늘 몸이 불편하거나 어딘가 아프다. 몸의 컨디션이 좋은 것이 무엇인지, 편안함에 가까운 것이 무엇인지 이제는 기억하지 못한다. 문을 통과해야 할 때 문의 너비를 눈으로 훑고 무의식적으로 몸을 옆으로 살짝 비트는데 굳이 그렇게 하지 않아도 될 때도 그렇게 한다. 걸을 때는 언제나 발목에 찌르르한 통증이 온다. 오른쪽 발은 아프고 허리는 땅긴다. 자주 숨이 찬다. 가끔 걸음을 멈추고 경치를 보는 척하거나 벽에 붙은 포스터를 보는 척하고, 요즘은 항상 스마트폰을 보는 척한다. 걸으면서 이야기하는 건 매우 힘든 일이기 때문에 가급적이면 다른 사람들과 걷는 건 피한다. 그리고 나는 천천히 움직이고 그들은 그러지 않기 때문에 어떻게든 다른 사람들과 걷는 건 피한다. 공중화장실에서는 겨우겨우 화장실 칸에 들어간다. 내 밑에 있는 것이 부서지는 걸 바라지 않기에 변기에 앉지 않고 엉덩이를 약간 든다. 화장실 칸이 아무리 작아도 장애인용 화장실에는 들어가지 않는데 나 같은 사람이 그러면 사람들이 한심하다는 듯이 째려보기 때문이다. 다른 이유가 아니라 뚱뚱해서 공간이 더 필요해서 그러는 것이니까. 나는 비참하다. 가끔은 비참하지 않은 척하지만 그 것 또한 내 인생의 다른 일들처럼 나를 지치게 할 뿐이다.

아프지 않은 척하려고 최선을 다한다. 허리가 아프지 않 은 척하고 무엇을 느끼든 아닌 척하려고 애쓴다. 나는 인간 의 몸을 가지도록 허락되지 않았으니까. 뚱뚱하면 뚱뚱하지 않은 어떤 사람의 몸을 가져야만 한다. 공간과 시간과 중력에 저항해야만 한다.

61

이제부터는 내 몸이 얼마나 이상하게 다뤄지는지를 이야기해야겠다. 나는 공공장소에서 아무렇지도 않게 밀쳐진다. 마치 나의 뚱뚱함으로 인해 나는 고통에 면역이 되었거나 아니면 내가 마땅히 고통을 감수해야 하는 것처럼, 뚱뚱함에 대해 벌을 받는 것처럼. 사람들은 아무렇지 않게 내 발을 밟는다. 나를 밀치고 지나간다. 나를 향해 돌진하기도 한다. 나는 확연히 눈에 띄지만 그러면서도 눈에 보이지 않는 사람처럼 취급된다. 공공장소에서 내 몸은 존중이나 배려나 보살핌을 받지 못한다. 내 몸은 공공장소처럼 다루어진다.

62

비행기 여행은 내게 또다른 지옥을 선사한다. 이코노미 좌석의 폭은 평균 34센티미터 정도이고 일등석은 평균 53 내지 55센티미터다. 마지막으로 이코노미석에 앉아 여행했을 때는 다리를 펼 수 있는 비상구 열에 앉았다. 그때 탔던 미드웨스트 익스프레스사의 비행기는 비상구 열 창가 좌석에 팔걸이가 없어서 다행히 앉을 수 있었다. 나는 탑승을 했고 내 자리에 앉았다. 내 옆자리 사람도 앉았는데 나는 그가 앉자마자 불안해하는 게 느껴졌다. 그는 계속 나를 쳐다보면서 중얼거렸다. 그가 문제를 일으킬 거라는 것을 직감적으로 알수 있었다. 그가 나를 모욕하리라는 것을 예상할 수 있었다. 몹시 당황했다. 그는 내 쪽으로 몸을 기울이더니 물었다. "여기 앉으면 비상 상황에 사람들을 도와야 하는 책임이 있는데 할 수 있겠어요?" 그는 약간 마른 체형의 노인이었다. 나는 뚱뚱했다. 하지만 그때나 지금이나 강하고 튼튼하다. 내가 이비상구 열 좌석에 앉은 책임을 다하지 못할 것이라는 생각은 타당하지 않다. 단답형으로 그렇다고만 대답했으나 그 순간내가 더 기세등등하게 그 질문을 그대로 돌려주는 여자였다면 더 좋지 않았을까.

당신이 뚱뚱한 사람이고 여행을 해야 한다면 공항에 들어서는 순간부터 사람들의 못마땅해하는 눈초리가 당신을 따라다닌다. 게이트에서도 수많은 사람들의 불편한 표정이 당신을 둘러싼다. 그들의 얼굴에는 당신 옆에 앉고 싶지 않다는, 뚱뚱한 몸뚱이가 자신의 몸에 닿는 것이 싫다는 표정이 역력히 드러난다. 보딩 과정에서 자신들이 러시안룰렛에서 겨우 살아남았다는 것을 알아챘을 때, 당신 옆에 앉게 되지 않으리라는 것을 알게 되었을 때 그들의 얼굴에는 안도감이 고스란히, 명명백백하게, 뻔뻔하게 떠오른다.

내가 탄 비행기가 움직이려고 하자 이 좌불안석인 남자는 기어이 승무원을 불렀다. 그가 일어서서 그녀를 따라 갤리에 들어갔고 그의 목소리가 비행기 전체에 울렸다. 그는 내가 그 비상구 열에 앉는 것은 너무 위험하다고 말하고 있었다. 그 비상구 열에서의 나의 존재가 그의 인생의 종말을 의미한다고 믿는 것이 확실했다. 그 비행의 미래에 대해서 다른 이들은 전혀 모르는 무언가를 알고 있는 듯했다. 나는 그 자리에 앉아서 손톱이 손바닥을 파고들도록 손을 꼭 쥐고 있었고 사람들은 고개를 돌려 나를 바라보며 한마디씩 하기 시작했다. 눈물을 꾹 참았다. 결국 이 노심초사하던 노인은 다른 좌석을 배정받았고, 비행기가 이륙하자 나는 내 자리에 되도록 몸을 웅크리고, 최대한 남들 눈에 보이지 않게, 최대한 조용히, 울었다.

그때부터 나는 비행기를 탈 때 좌석을 두 자리씩 예약하기 시작했다. 그 말은 내가 지금보다 어리고 돈이 없을 때는 거의 여행을 하지 않았다는 뜻이다.

당신의 몸이 클수록 당신의 세상은 작아진다.

당신의 몸이 클수록 당신의 세상은 작아진다.

두 자리를 예약한다 해도 여행중 찾아오는 굴욕의 경험은 끝이 없다. 항공사에서는 비만인들이 두 장의 티켓을 구매하길 바라지만 두 장의 보딩 패스를 어떻게 처리해야 하는지, 좌석이 만석일 경우 남은 좌석을 어떻게 처리하는지 아는 직원은 드물다. 모두가 일을 더 크게 만든다. 일단 보딩을 할 때부터 두 장의 보딩 패스를 마치 풀 수 없는 미스터리인 양 스캔하며, 내가 좌석을 찾아 앉은 뒤에도 그들은 왜 내가 두 자리의 주인인지 의아해하며 도무지 이해할 수 없다는 표정을 짓는다. 맞아요. 이 두 자리 모두 내 자리라고 몇 번을 말해도 의문은 풀리지 않는가보다. 한 칸 띄우고 그 옆자리에 앉는 사람은 보통 내 자리의 일부를 침범하려고 하는데 내 몸이 살짝이라도 자기 몸에 닿으면 난리를 치면서 벌떡 일어날 것이면서도 그렇게 한다. 불편한 위선이 아닐 수 없다. 나는 점점 이런 행태가 아니꼬워졌고 나이를 먹을 만큼 먹으면서 이제 사람들에게 둘 다 가질 수 없으니 그만하시라고 말하게 되었다. 내가 한 좌석만 산 것처럼 내 몸이 닿으면 불평하면서도 내가 나의 편안함과 정신적 안정을 위해 산 빈자리에 자기 물건을 올려두는 짓을 하지 말라고 말이다.

그리고 안전벨트도 문제다. 나는 오래전부터 안전벨트를 연장할 수 있는 벨트 익스텐더를 갖고 탄다. 승무원에게 얻어내는 것도 고역이기 때문이다. 남들 모르게 달라고 하기도 쉽지 않다. 보딩할 때 미리 요구를 해도 항상 잊어버린다. 어찌어찌 기억을 한다 해도 마치 나를 혼내주려는 것처럼, 비행기를 탄 모든 사람에게 내가 너무 뚱뚱해서 일반 안전벨트를 사용하지 못한다는 것을 알려야 하는 것처럼 요란스럽게 넘겨주곤 한다. 아니면 내가 그렇게 느끼는 건지도 모르겠다. 내 몸과 관련해서는 워낙 신경이 곤두서 있으니까.

내 안전벨트 익스텐더를 갖고 다니면서 그런 사소한 굴욕과 불편함은 피할 수 있게 되었지만 사실 완전히 피할 방법은 없다. 얼마 전 국내선을 탔을 때는 비행기에서 제공하는 익스텐더만 사용하는 것이 그 항공사의 원칙이라는 말을 듣기도 했다. 노스다코타의 그랜드포크스로 가려면 그 우울한 항공사의 비행기를 탈 수밖에 없었고, 승무원은 이륙하기 전에, 모든 승객 앞에서, 내 벨트를 풀게 하고 그녀가 준 것을 다시 차게 했다. 연방 법규라고, 그녀는 말했다.

그래도 나는 직업적으로 운이 좋은 편이라 나에게 강연을 요청하는 기관들이 일등석 제공을 계약 사항에 포함하도록 할 수 있는 위치까지 올라갔다. 이것은 나의 몸이고 그들도 알고 있으며 나를 자기들이 있는 곳으로 오게 하고 싶다면 적어도 내 존엄을 어느 정도 존중해주어야 한다.

이 갖가지 불편한 사정들이 너무나 내 위주의 이야기처럼 느껴지기도 하지만 이것이 나의 현실인 걸 어쩌나. 이것이 바로 뚱뚱한 몸으로 살아가는 사람의 현실이다. 이것이 뚱뚱한 사람이 견뎌야 하는 또다른 무게다.

5부

63

『프랑스 요리의 기술』의 저자 줄리아 차일드는 이렇게 쓰고 있다. "요리는 특별히 어려운 기술이 아니며, 많이 해보고 배울수록 요리란 무엇인지 이해하게 된다. 하지만 어떤 기술이나 마찬가지로 연습과 경험이 필요하다. 또한 요리에 들어가는 가장 중요한 재료는 요리 자체를 사랑하는 마음이다."

내가 요리를 사랑할 수 있을 거라고는 생각하지 않았다. 그러한 사랑은 내게 허락되지 않는 것이었다. 내가 음식을 사랑하거나 먹는 행위의 감각적인 쾌락을 즐길 수 있을 것이라고 여기지 않았다. 나를 위해 요리하는 것이 나를 돌보는 일이라고, 날 스스로 폐허에 밀어넣은 내가 스스로를 돌볼 수 있다고 생각하지 못했다. 나에게는 금지된 생각들이었고 내가 이렇게까지 방만하게 몸을 망친 대가였다. 음식은 연료, 그 이상도 이하도 아니었다. 물론 내가 시시때때로 그 연료에 지나치게 집착했음에도.

하지만 대학원 때문에 미시간 북부인 어퍼반도로 이사와 인구 4,000명인 소도시에 살게 되었다. 그후에는 역시 소도시인 일리노이주 찰스턴에서 직장을 구했다. 나는 채식주의자가 되었고 날 위한 음식을 내가 준비하지 않으면 양상추나 프렌치프라이밖에 먹을 게 없었다.

그즈음에 우연히 푸드 네트워크에서 매일 오후 네시부터 다섯시까지 방송하는 아이나 가르텐의 요리 프로그램 〈베어풋 콘테사Barefoot Contessa〉를 보게 되었다. 학교 수업이 끝나고 바로 집에 오면 그 시각이었다. 그때는 잠깐 세상을 뒤로하고 쉴 수가 있었다. 그 프로그램에 폭 빠졌다. 아이나의 모든 면이 좋았다. 완벽하게 다듬어진 짙은 색 보브 커트의 머리는 언제나 찰랑찰랑하고 반짝반짝 윤기가 흐른다. 그녀는 매일 기본 디자인은 같지만 조금씩 다른 셔츠를 입는다. 그녀의 웹사이트에서 '자주 묻는 질문'을 보고 그 셔츠가 맞춤 셔츠라는 것을 알게 되었지만 누구의 디자인인지까지는 알 수 없었다. 그녀의 남편은 로스트치킨에 무한한 애정을 갖고 있는 제프리라는 남자로 그 프로그램에 나타난 바에 따르면 부부 관계는 안정적이고 사랑스럽다. 그녀는 재능과 재력을 다 갖췄지만 그런 특권들을 편안하고도 위화감 없이 전달할 줄 안다.

아이나는 수사적 의문문을 즐겨 쓴다. "왜 이렇게 맛있죠?" 그녀는 자신이 만든 요리를 한 입 맛보면서 이렇게 묻는다. 혹은 우아한 햄프턴 친구들 중 한 명에게 서프라이즈 파티를 해주려고 계획하며 이렇게 묻는다. "생일에 이런 걸 바라지 않을 사람이 어디 있겠어요?" 또는 매력적이고 부유하며 대부분 게이인 친구들과의 브런치를 준비하며 말한다. "우리에겐 아침에 맛좋은 칵테일 한잔이 필요하잖아요, 안 그런가요?" 한 에피소드에서는 알찬 점심 도시락(베이글과 훈제 연어)을 준비해 브루클린으로 피크닉을 가서도 또다른 음식들을 먹는 모습을 보여준다(파머스 마켓 등에 들른다).

아이나 가르텐을 너무나 사랑한 나머지 우리집 무선 네트워크 이름을 '베어풋 콘테사'라고 짓기도 했다. 마치 그녀가 우리집에서 나를 지켜보고 보호해주는 것만 같다.

아이나 가르텐은 초보자에게도 요리를 쉽고 해볼 만한 것으로 보이게 할 줄 안다. 그녀는 훌륭한 재료의 힘을 믿는다. 좋은 바닐라, 좋은 올리브오일, 무조건 좋은 재료를 쓰기만 해도 요리는 한결 나아진다고 말한다. 또한 페이스트리 반죽에 차가운 버터를 넣으면 더 바삭하다든가 요리사에게 최고의 도구는 깨끗한 손이라든가 하는 유용한 조언도 아끼지 않는다. 머핀을 만들 때는 아이스크림 뜨는 숟가락을 사용하면서 시청자들에게 '우리끼리는 알잖아요' 하는 미소를 짓는다. 시내에서 장을 볼 때 정육점이나 생선가게나 빵집에서 재료를 사고서는 언제나 자기 앞으로 달아놓으라고 말한다. 그러면 번거롭게 현금을 갖고 다니지 않아도 된다.

한번은 망가진 풍차를 고치고 있던 건설 노동자들을 집으로 초대해 점심식사를 대접했는데, 식탁을 방수포나 페인트 붓이나 양동이 같은 관련 도구들로 장식하기도 했다. 남자들의 식성에 맞춰 양을 넉넉하게 준비했고 후식으로 내놓은 브라우니 파이는 너무 맛있어 보여 나도 구워보았다.

내가 아이나 가르텐을 정말로 좋아하게 된 건 그녀가 내게 스스로를 있는 그대로 받아들이고 자신감을 키우는 법을 가르쳐주었기 때문이다. 그녀는 내가 내 몸으로 편안할 수 있다는 걸 가르쳐주었다. 어느 모로 보나 그녀는 언제나 자기 자신을 완전히 편안해한다. 그녀는 야심이 있고 자기 일에 능력이 있음을 알고 있으며 그에 대해 미안해하지 않는다. 그녀는 내게 여성이 통통하고 유쾌하며 음식을 매우 사랑해도 괜찮다는 것을 보여주었다.

그녀는 나에게 음식을 사랑해도 된다고 허락해주었다. 내 허기를 인정하고 그것을 건강한 방식으로 채우려고 해봐도 된다고 허락해주었다. 자신이 항상 추천하는 '좋은' 재료들을 나도 사도 된다고, 그래서 내가 나를 위해, 요리를 해주고 싶은 사람들을 위해 좋은 음식을 대접해도 된다고 허락해주었다. 나의 야망을 인정하고 나 자신을 믿어도 된다고 허락해주었다. 〈베어풋 콘테사〉는 내게 단순한 요리 프로그램이 아니었다.

64

나는 냉장고나 식료품 저장실을 쓱 훑어보면서 네다섯 가지의 재료를 골라 즉석에서 맛있는 요리를 만들어낼 줄 아는 사람은 아니다. 나에겐 레시피라는 편안함과 보호 장치가 필요하다. 쉽고 친절한 설명과 지시가 필요하다. 기분 내키는 날에는 약간의 실험을 해보기도 하고 몇 가지를 섞어보기도 하지만 기본적으로는 레시피라는 중심이 필요하다.

재료부터 손질해 무언가를 만든다는 것, 식탁 위의 모든 음식을 내 손으로 직접 만드는 데서 오는 특별한 만족감이 있다는 것은 인정해야겠다. 게으른 사람이어서 이미 만들어진 음식의 팬이지만 그럼에도 불구하고 예컨대 내가 직접 한 반죽에 내가 직접 만든 체리 필링을 넣어 아름다운 체리파이를 만들 때 진정한 즐거움을 느끼고 마음도 안정된다. 그럴 때면 나는 생산적인 사람, 유능한 사람이 된 기분이 든다.

이제 중년의 나이에 가까워지면서 깨친 요리의 매력은 요리가 통제광들에게 굉장히 보람 있는 일이 된다는 사실이다. 요리에는 규칙이 있고, 적어도 초반에는 그 규칙들을 반드시 따라야만 한다. 나 같은 경우 마음만 먹으면 규칙을 따르는 건 잘해낼 자신이 있다.

특히 베이킹에 재미를 붙였다. 베이킹은 상당한 도전인데 빵이란 일반적으로 건강한 식생활이나 다이어트에는 도움이 되지 않기 때문이다. 하지만 나는 학생들을 가르치니 가끔 빵이나 과자를 구워서 학교에 가져가 제자나 동료들에게 나누어준다.

베이킹의 기쁨 중 하나는 정확함이다. 다양한 실험을 해볼 수 있는 요리와는 달리 베이킹은 정확하게 무게와 양을 재고 시간과 온도를 딱 맞춰야만 한다. 규칙을 따르는 데서 오는 기쁨은 몇 배로 늘어난다.

물론 가끔 한두 가지가 어긋나면서 요리는 엉망이 되기도 하지만 다양한 재료들로 무언가를 창조하는 행위는 여전히 즐겁다. 요리는 내가 나 자신을 돌볼 능력이 있다는 것을 깨닫게 하는 동시에 내가 좋은 음식과 보살핌을 받을 가치가 있는 사람이라는 사실을 상기시켜준다.

65

나에게는 음식 자체가 매우 복잡한 대상이다. 우선 나는 음식을 지나치게 좋아한다. 요리는 좋아하지만 장 보는 일은 싫어한다. 나는 바쁘다. 나는 식성이 까다롭고 가리는 음식도 많다. 나는 언제나 살을 빼고 싶어한다. 이런 특징들이 섞여 있기 때문에 나의 식생활 문제를 단번에 해결해줄 프로그램이나 상품을 찾는 것은 매우 어렵다. '프레시 20'이라는 서비스는 식단은 짜주지만 내가 장을 봐야 한다. '웨이트 워처스'도 시도해보았다. 칼로리가 낮은 냉동식품 '린 퀴진Lean Cuisine'만 먹어보기도 했다. 저탄수화물 다이어트도 해보았다. 고단백 다이어트도 해보았다. 여러 가지 방법을 섞어서 해보기도 했다. 낮에는 '슬림패스트SlimFast' •로 때우고 저녁에만 제대로 된 한 끼를 먹기도 했다. 건강 간식이라고 하는 비트 과자, 케일 과자, 콩 과자, 쌀과자 등을 놓아두고 먹기도 했다. 사실 이런 가짜 정크푸드는 진짜 정크푸드의 그럴싸한 대체 상품일 뿐이라 먹으면 우울해지기만 했다. 나는 가짜 정크푸드가

• 식사 대용 셰이크.

아닌 진짜 정크푸드를 원했고 진짜 정크푸드를 먹지 않을 바에는 정크푸드를 먹지 않는 게 낫다고 결론 내고 모두 버렸다. 과일과 견과류만 먹어보기도 했다. 하루건너 하루씩 단식도 해보았다. 오후 여덟시 이후에는 아무것도 먹지 않기도 했다. 하루 식사를 다섯 번으로 나누어 조금씩만 먹어보기도 했다. 위를 채우기 위해 계속해서 물만 마시기도 했다. 배고픔을 무시하려고도 해보았다.

진실을 말하자면, 이 시도들은 모두 무성의하게 진행되다 무의미하게 끝나버렸다.

2014년 인디애나로 이사온 후 더 균형 잡힌 식사를 해야겠다는 생각에 '블루 에이프런'에 가입했다. 블루 에이프런은 정기 배송 서비스로 일주일에 한 번씩 하루 세 끼 분량의 식재료를 집 앞까지 가져다준다. 이 업체는 요리와 관련된 가장 하고 싶지 않은 두 가지를 대신 해준다 할 수 있다. 식단 짜기와 장 보기 말이다. 전에는 식사에 대한 자율성을 전혀 주지 않는 이러한 요리 키트에 회의적이었다. 하지만 내가 자기 관리를 잘해볼 마음이라면 이번만큼은 최선을 다해야겠다고 다짐했다.

모든 재료에 이름이 붙어서 포장되어 오니 무척 귀여웠다. 작은 병에 담긴 샴페인 식초라든가 소포장 마요네즈 같은 것은 깜찍한 장난감 같았다. 그 소포 상자를 풀어보는 것은 작고 귀여운 물건을 사랑하는 나에게 항상 즐거운 이벤트 같았다. 재료와 함께 요리 과정과 요리법이 사진과 더불어 친절하게 소개된 알록달록한 레시피 카드가 딸려 온다. 이대로만 따라 한다면 실수할 일이 거의 없지만 사람이 하는 일이니 또 모른다. 결국 요리를 만들어야 하는 건 나 자신이고 나의 불완전함은 부엌에서 특히 두드러진다.

첫 요리는 흰강낭콩과 꽃상추를 넣은 샐러드와 바삭한 감자였다. 나는 꽃상추가 정확히 무엇인지 몰랐지만 약간 매운 상추의 더 나은, 더 정확한 이름인 듯했다. 블루 에이프런에서 보내준 그 매운 상추의 양은 코웃음이 나올 정도로 적었다. 그래서 그 위에 로메인상추 속잎을 얹었다. 어차피 양상추는 칼로리도 영양가도 없고 접시의 빈 공간만 채울 뿐이니까.

요리법은 이만하면 무척 간단한 편이었다. 먼저 감자 두 알을 씻어서 깎고 썬 다음 레시피에 나온 시간만큼 삶았다. 그 사이에 마요네즈, 신선한 레몬즙, 마늘로 드레싱을 만들었다. 이 레시피에는 케이퍼도 넣어야 하는데 나는 못생기고 미끌미끌한 케이퍼를 싫어한다. 나의 까다로움을 극복하려 노력하고는 있지만 한자리에서 모두 고칠 수는 없는 노릇이었다.

삶은 감자를 베이킹 시트 위에 올려놓고 올리브오일, 소금, 후추를 뿌린 후 오븐에 넣어 500도에서 이십오 분 동안 구웠고 부엌은 참을 수 없을 정도로 더워졌다. 그때 나는 혼자 사는 싱글이 오직 자신을 위해 요리를 해야 하는 그 멜랑콜리함에 대해 생각하기 시작했다. 어쩌면 요리를 배우고 즐기기까지 너무나 오랜 세월이 걸린 이유도 오직 나를 위해 이 모든 번거로움을 감수해야 하는 것이 종종 시간 낭비처럼 느껴졌기 때문일지도 모른다.

하지만 식사를 준비하려면 멜랑콜리에 빠져 있을 시간이 없었고, 나는 얼른 콩을 씻고 물기를 뺀 후에 노르스름하게 익힌 양파를 샐러드에 섞었고 여기에 토마토와 콩과 양상추를 추가해 드레싱을 뿌린 다음 바삭바삭하게 잘 구워진 감자 위에 올렸다. 내가 가진 세상에서 가장 초라하기 그지없는 조리 도구들로 요리했지만 음식은 그럭저럭 보기 좋게 완성되었다. 내 생애 최초로 요리책에 있는 그림과 거의 엇비슷한 모양새의 요리를 만들었다.

다른 상자에는 완두콩 라비올리 재료들이 들어 있었다. 먼저 마늘 네 쪽과 양파를 살짝 익혔다. 워낙에 칼질이 서투르다보니 세상에서 가장 못생긴 양파채가 나왔다. 고르게 다져야 했던 양파는 엉성하고 제멋대로인 양파 덩어리들이 되었다. 양파와 마늘이 물러졌을 때 완두콩을 얹고 소금과 후추를 뿌렸다. 냄새가 근사했다. 성취감이 느껴졌고 약간은 능력자가 된 기분까지 들었다. 내 부엌이라는 왕국의 여주인이 된 것이다.

양파와 콩을 불에서 내린 다음 송송 썬 민트를 추가하고 그 위에 신선한 리코타치즈, 달걀, 약간의 파르메산치즈를 얹었다. 이것들이 이론상 내 라비올리를 채워줄 속 재료였다.

재미있었다. 요리를 하면서, 모두 제각각으로 다르고 날것인 재료들이 조금 역겹기도 하지만 없어서는 안 된다는 생각이 들었고, 그런 면에서 약간은 인간 같기도 했다. 달걀, 파르메산치즈, 리코타치즈는 너무 축축하고 물렁해서 그리 끌리지는 않았다. 너무 친한 척하며 다가오는 사람들 같았다.

이제 라비올리를 빚어야 할 때가 왔다. 레시피를 그대로 따랐다고 생각했지만 내 라비올리는 레시피 속 사진과 전혀 비슷하지 않았다. 밀가루 반죽으로 감싸는 과정은 짜증날 뿐이었다. 파스타 시트는 내가 어떻게 해도 하나로 붙어 있지 않았다. 포크로 가장자리를 눌러도 보았지만 곧 풀려버렸다. 나는 처참한 모양의 라비올리를 벽에 던져버릴 뻔했다. 지금 시도하고 있는 이 요리의 잠재력에 비해 내 분노의 강도가 너무 셌기 때문이다. 결국 나는 결정했다. '될 대로 돼라.' 그러고는 너덜너덜한 라비올리 덩어리를 끓는 물에 넣어버렸다. 최선의 결과를 기대하며, 그러나 최악의 음식을 먹을 준비를 하고.

내가 만들어보려고 했던 파스타 주머니는 그 즉시 풀어졌고 흐느적거리며 속 재료들이 물에 다 흩어져버렸다. 비극은 끝나지 않았다. 파스타가 충분히 익었을 즈음 이 망친 덩어리들을 체에 부어서 물기를 빼고 소스 팬에 버터를 갈색이 되도록 볶은 다음 익은 파스타를 넣고 약간이라도 먹음직스러워질 때까지 지글지글 끓였다. 터진 라비올리는 사실 꽤 먹을 만했고, 그 경험은 요리를 망치더라도 대부분의 경우 다시 먹을 만하게 만들 수 있다는 교훈을 주었다. 단지 전에는 내가 그 교훈을 얻을 만한 시도조차 해본 적이 없었던 것이다.

블루 에이프런을 비롯한 요리 키트 서비스는 모두 훌륭하고 장점이 많지만 가끔은 요리라는 것 자체가 너무너무 귀찮다. 매일매일 내 입에 넣을 음식을 손수 준비해야 한다는 사실을 인정하고 따라야 한다는 건 너무 지치는 일이다. 혼자 살면 언제나 내가 책임지고 식사를 준비할 수밖에 없다. 나를 위한 요리를 해볼수록 날마다 가족을 위해 요리하는 여성과 남성에 대한 존경심이 무럭무럭 자라난다.

어떤 날 저녁에는 그저 집에 피넛 버터, 잼, 빵이 있느냐 없느냐가 문제고, 이것들이 있으면 끼니를 때우는 문제는 쉽게 해결된다. 물론 그러면서 내게 왜 생활의 기본인 식사가 그냥 식사가 아니라 골칫거리가 되었는지, 왜 매일의 평범한 의식이 아니라 날 괴롭히는 시련이 되었는지를 떠올리곤 한다. 나는 음식을 사랑하지만 음식을 즐기기가 너무나 어렵다. 나도 남들처럼 음식을 즐겨도 된다고 믿기가 너무나 어렵다. 대체로 음식이란 내 몸, 내 의지박약, 나의 가장 큰 결점을 끊임없이 상기시켜줄 뿐이니까.

66

엄마에게 엄마의 요리법을 가르쳐달라고 했다. 엄마의 말을 들으면 도움이 되기도 하지만 더 헷갈리기도 한다. 기본 재료와 요리 과정을 들은 대로 따라 했지만 엄마가 해주던 그 맛을 도저히 낼 수가 없었다. 한번은 아이티의 독립기념일인 새해 첫날에 즐겨 먹는 아이티 전통 요리인 주무 수프soup joumou를 어떻게 만드는지 물어보았다. 다음은 엄마가 가르쳐준 요리법이다.

양배추 두 개	순무
콩	당근
땅콩호박	양파
부추	고수와 파슬리
감자	소고기 안심

고기는 약한 불에서 부드러워질 때까지 익힌다.
마늘, 소금, 흑후추, 홍고추로 양념을 한다.
물을 붓는다.

채소들을 넣는다.

　나는 이 레시피를 한 번도 시도해보지 않았다.

　엄마는 나나 올케들에게 제대로 된 레시피를 알려주었다
고 주장하지만 나는 엄마가 전부 공개한 것은 아닐 거라는,
자신의 요리에만 들어가는 비법 한두 개를 일부러 뺐을 거라
는 의심을 떨칠 수가 없다. 그래야 엄마 요리만의 맛과 가족
을 향한 사랑을 당신만의 것으로 지킬 수가 있을 테니까.

　아이티 음식에 보통 꼭 들어가는 필수 요소는 토마토 베
이스의 향긋하고 맛있는 소스다. 엄마는 미국 음식을 차릴
때도 이 소스를 식탁에 함께 올린다. 이 소스는 어떤 음식과
도 잘 어울린다. 아빠는 식탁에 소스가 보이지 않으면 묻는
다. "소스 없어?" 엄마는 아빠를 노려본다. 가끔은 아빠를 놀
리려고 소스를 오븐 워머에 넣어두기도 한다. 때로는 만들
기분이 아니어서 내놓지 않기도 한다.

　나는 우리 엄마 요리법의 가장 중요한 요소를 제대로 기억
하는 적이 거의 없다. 그래서 집에서 혼자 아이티 요리를 할
때 종종 엄마에게 전화를 걸고 엄마는 레시피를 찬찬히 일
러준다. 나는 단순해 보이지만 원하는 맛을 내기 어려운 그
소스 때문에 좌절한다. 엄마는 먼저 요리 장갑부터 끼라고
말한다. 나는 그런 물건이 내 부엌에 있는 척한다. 양파를 썰
고 홍고추도 썬 다음 채소를 한쪽에 준비해두라고 하는데 꼭

깨끗이 씻어야 한다는 당부를 잊지 않는다. 어느새 부엌은 따스한 기운으로 채워진다. 엄마에게 물어봐가면서 만든 소스는 그럭저럭 맛이 나긴 하지만 정말 맛있지는 않다. 정확히 무엇이 어디부터 어떻게 잘못되었는지 알아내지 못하고, 엄마가 이 정보들을 전수하면서 일부러 핵심 비법은 빼놓았다는 의심이 점점 더 커진다. 내 손으로 어린 시절 먹던 음식을 만들어 먹으면 그 시절에 대한 그리움과 함께 조용히 분노가 피어오른다. 이 분노는 우리 부모님의 변치 않는 사랑과 나를 위한 마음 때문에 피어나는 것이다.

내가 마스터한 딱 한 가지 아이티 요리는 아이티식 마카로니와 치즈로, 포만감은 주지만 미국식처럼 느끼하지는 않다. 포트럭 파티에 가야 할 때, 나는 가리는 음식이 많고 같이 먹는 음식을 믿지 못하기에 가끔 이 요리를 가져간다. 사람들은 언제나 감동한다. 조금 더 코즈모폴리턴처럼 느껴지기 때문이 아닐까, 하고 생각하고 있다. '에스닉 푸드'에 대한 어떤 기대가 있기 때문에 사람들은 이 요리에 풍부한 역사나 명절의 이야기가 담겨 있을 거라 생각한다. 사실은 그저 내가 좋아하는 음식일 뿐이고 그들이 짐작하는 것과는 달리 이 음식에 담긴 고유한 추억 같은 건 없다고 어떻게 설명해야 할지 모르겠다. 이 요리를 비롯한 대부분의 아이티 요리는 우리 가족생활을 엿볼 수 있는 문화가 아니며, 다만 가족을 사랑하는 내 마음과 털어낼 수 없는 조용한 분노와 연관되어 있다.

그럼에도 가족과 같이 있을 때는, 즉 우리만의 섬으로 들어갈 때는 나도 그들의 일부가 되려고 한다. 나는 용서하려 하고 잃어버린 시간을 보충하려 하고 가족들과 벌어진 틈을 좁혀보려고 노력한다. 한때 얼마 동안만이라도 이들과 떨어져 있을 시간이 절박하게 필요했기에 내가 벌려놓은 틈이다. 가족들은 나의 모든 것을 알지는 못하지만 한편으로는 충분히 알고 있으며 가장 중요한 것이 무엇인지도 안다. 그들은 계속해서 나를 변함없이 사랑하고 나도 그들을 변함없이 사랑한다.

매년 새해 전날 밤에 우리 일가친척은 플로리다에 모여 우리 부모님의 컨트리클럽에서 열리는 연말 파티에 참석한다. 다섯 개의 코스로 이루어진 저녁식사는 모두 앙증맞은 접시에 올려진 눈곱만한 음식들이다. 술을 마시고, 춤도 춘다. 수백 명의 사람들에게 둘러싸여 있지만 우리는 우리끼리 따로 떨어져 있다. 새벽 한시쯤 되면 부모님 댁으로 장소를 옮겨 파티는 계속된다. 가구를 옮긴 후 콩파° 음악을 틀고, 춤을 더 추고, 동생과 사촌들과 나는 친척 어른들이 만들어내는 왁자지껄한 광경을 지켜본다. 우리가 다 같이 모이면 얼마나 재미있고 아름다운 야만인들이 되는지 본다.

• konpa. 타악기 탄보(tanbou)를 베이스로 하여 느린 리듬과 비트가 특징인 아이티의 댄스 음악 장르.

우리집에 가면 나의 허기는 특히 더 예민하게 살아난다. 일단 부모님은 음식 보관 면에서는 미니멀리스트에 가깝다. 여행을 자주 하기 때문에 다 먹지 않고 상할까봐 신선한 재료들을 쟁여두지 않는 편이다. 부모님은, 내가 알기론 건강한 음식을 즐기긴 하지만 먹는 데서 특별히 기쁨을 느끼는 분들은 아니다. 간식도 잘 먹지 않는다. 그러니 이 집에서 음식을 먹으려면 그전에 어느 정도의 준비 과정을 거쳐야 한다.

또한 내가 그동안 키워온 불안감도 있다. 내가 하는 모든 행동을 가족들이 주시하고, 살펴보고, 판단할 것만 같다. 나는 더 날씬하고 건강하고 우리 가족의 문젯거리가 되지 않으려고 미약하나마 노력하는 모습을 보여주기 위해, 그리고 그런 확신을 주기 위해 음식을 멀리한다. 가족들이 항상 그 말만 하기 때문이다. 내 몸무게는 우리 가족의 문제라고. 내 몸의 무게에 더해서 나는 언제나 내가 문제라는 마음의 짐까지 지고 다닌다. 날 사랑하는 사람들은 내가 마침내 '살을 빼기' 전까지는 나를 언제까지나 자기들의 문제로 여길 것이 분명해서다.

나는 음식을 갈망하기 시작한다. 어떤 음식이라도 상관없다. 게걸스럽게 먹고 싶은 욕망을 느낀다. 점점 커져오는 아픔을 가라앉혀줄, 나를 가장 사랑해야만 할 것 같은 사람들 사이에서 혼자라고 느끼는 이 외로움을 달래줄, 몇 년째 똑같이 반복되는 그 고통스러운 대화를 견뎌야 하는 괴로움을 눌러줄 음식이 필요하고, 나는 더이상 참지 못할 정도로 배가 고파진다.

혼자 집에 있을 때보다 몇 배는 더 미칠 것처럼 배가 고프다. 당장 굶어죽을 것만 같다. 나는 한 마리 동물이 된다. 지금 당장 나에게 무언가를 먹여야 한다.

67

우리 가족은 모두 잘생기고 예쁘다. 날씬하고, 스타일 좋고, 매력적이다. 가족들과 같이 있으면 나는 이 가족에 속하지 않는 것 같다. 그 사이에 있을 자격이 안 되는 것 같다. 기를 쓰고 피하려 하는 가족사진을 가끔 보면서 생각한다. '이중에 딱 한 인간만 나머지하고 안 닮았네.' 당신을 가장 진실하고 깊이 아는 바로 그 사람들에게 속하지 않는다고 생각하는 것은 무척이나 아프고 외로운 감정이다.

아빠는 키가 크고 호리호리하고 멀쑥하며 아빠만의 개성 있는 분위기가 있다. 엄마는 아담하고 예쁘고 우아하다. 내가 어릴 적에 엄마는 머리를 허리까지 길러서, 등뒤로 폭포수처럼 떨어지는 긴 머리를 깔고 앉을 수도 있었다. 지금도 하이힐을 즐겨 신는다. 내 남동생들은 둘 다 키가 크고 운동을 잘하고 서글서글하게 생겼다. 둘 중 한 명은 본인도 잘생겼다는 사실을 잘 알고 당신 앞에서 자신의 매력을 한껏 과시할 준비가 되어 있다. 그리고 내가 있다. 누구보다 크고 점점 더 옆으로 퍼져가고 있는 단 한 사람.

가족들과 있을 때는 음식을 즐길 수가 없다. 아니, 공정하게 말하자면, 나에게 음식이란 다른 사람들과 함께 있을 때 즐길 수 있는 것이 아니다. 내가 먹는 모습을 누가 보고 있을 때는 마치 심판대에 올라와 있는 것만 같다. 같이 식사를 할 때 우리 가족은 나를 쳐다본다. 아니, 나만 그렇게 느끼는지도 모른다. 나는 지나치게 날 의식하고 있고 가족들은 걱정을 하고 있으니까. 아니, 좀더 정확하게 말하자면, 한때 우리 가족이 내가 먹는 걸 열심히 쳐다보고 감시하고 통제하고 고치려고 했던 적이 있었다. 이제 가족들은 내 몸의 상태에 대해 대체로 체념을 했지만 나는 앞으로도 영원히 그들이 나를 관찰하고 꿰뚫어본다는 느낌을 떨치지 못할 것이다. 그들은 나에게 상처를 줄지라도 여전히 나를 돕고 싶어한다. 그 정도는 받아들인다. 아니, 그러려고 노력한다.

우리 가족의 지인들이 나를 처음 소개받으면 그들은 충격받은 표정을 숨기지 못한다. 충격이란 말도 내가 최대한 너그럽게 표현한 것이다. "네가 록산이니? 그 유명하다는 첫째 딸 록산?" 그들이 묻는다. 그러면 나는 이렇게 말하면서 그들에게 실망을 안겨주어야만 한다. "네, 맞아요. 저도 이 아름다운 가족 중 한 사람이랍니다."

나는 그 표정을 너무나 잘 알고 있다. 친척 모임이나 축하 행사에서 너무나 많이, 너무나 많이 보아왔다. 유연하게 넘기기 쉽지 않다. 힘겹게 조금씩 긁어모아온 자신감이 그 자리에서 와르르 무너진다. 단지 내 머릿속에서 자라난 생각이 아니다. 내 자존감이 낮아서도 아니다. 인물 좋은 가족 가운데 유일하게 뚱뚱한 사람으로 수많은 세월을 보내며 이렇게 되어버린 것이다. 오랫동안 나는 나의 이런 감정에 대해 입을 열지 않았다. 수치심은 혼자 삼켜야 마땅할 것이나 나는 이 수치심이란 것을 느끼는 데도 진력이 나버렸다. 침묵은 그다지 많은 문제를 해결해주지 못했다.

아니면 이것은 다른 사람이 느끼는 수치심이지만 내가 지니도록 강요받은 감정인지도 모른다.

68

열아홉 살 때 부모님과 전화통화중에 커밍아웃을 했다. 당시 나는 부모님과 아주 멀리 떨어진 애리조나사막에서 잘 알지도 못하는 커플과 같이 살면서 과거에 나를 알았던 사람이라면 상상도 못할 종류의 직업을 갖고 지내고 있었다. 나는 문자 그대로 완전히 망가져 있었다. 아이비리그 대학을 중퇴하고 아무도 몰래 도망쳐 나를 알던 사람과 나를 사랑하던 사람과 내가 사랑하던 모든 사람과 연락을 끊었다. 감정적으로 붕괴되어 있었지만 이런 나 자신을 제대로 설명할 수 있는, 혹은 내가 왜 그런 선택을 했는지 이해할 수 있는 어휘를 갖고 있지 못했다.

이십대의 마지막 연인 바로 전에 사랑했던 여성 피오나는 마침내 내가 언제나 원해왔던 그 '웅장한 제스처'를 내가 그녀를 잊었을 때, 아니 잊어야 한다고 결심했을 때에야 해주었다. 그전에 그녀는 나만을 사랑하겠다는 약속을 해주지도, 나에게 충실하지도, 내게 한결같은 애정을 주지도 않았었다. 우리는 여전히 친구로 지냈으나 나는 다른 여자친구인 아드리아나를 만나고 있었다. 아름답고 친절하고 약간 정신 나간

친구로 우리 둘 또한 영원히 함께할 가능성이 적은 사이였다. 아드리아나는 나라의 반대편에 살았고 중서부에 있는 나를 찾아와야 만날 수 있었다. 만나면 함께 즐거운 시간을 보냈다. 아직까지는 서로의 최악을 알지 못하는 사이였다. 이런 일이 몇 번 계속되자, 아드리아나가 우리 도시에 올 때마다 피오나는 내가 어쩌면 자기를 떠날지도 모른다는 위기감을 느꼈다.

피오나와 나는 딱히 무엇이라 정의하기가 쉽지 않은 관계였다. 우리는 함께 많은 시간을 보냈다. 성적으로 친밀한 관계로 발전하기도 했다. 서로의 가족도 알았다. 그녀는 싱글이었고 다른 여성에게 금방 반하고 사귀는 사람이었고 그녀가 그러는 동안 나는 줄곧 그녀 곁에 있었다. 우리는 서로 곁에 있었다. 그대로 충분할 수도 있었으나 한 가지 상황이 변했다. 아드리아나가 나타난 것이다. 그녀는 내게 더 많은 애정을 주려고 했고 나는 그녀에게 줄 마음은 없었지만 그녀가 주는 애정은 받았다.

아드리아나가 우리 주에 놀러와 나와 함께 지낼 때 피오나는 계속 연락을 해댔다. 그 전화 속 목소리에는 내가 언제나 듣고 싶어했던 다급함이 있었다. 그녀는 나를 필요로 했고 그때 나의 상태에서는 날 필요로 한다는 것이 세상에서 가장 매력적으로 보였다. 한번은 피오나가 전화로 지금 당장 나를 반드시 봐야만 한다고 말해서 아드리아나를 서점에 내려주고 피오나의 집으로 달려간 적도 있다. 막상 나를 만난 그녀가 무슨 말을 했는지조차 기억나지 않지만, 서점에 아드리아나를 데리러 갔을 때 미안해서 눈을 똑바로 보지 못했던 건 기억한다.

내게는 내가 원하는 것을 주지 않고 나를 충분히 사랑해줄 수도 없는 여자들과 데이트하는 습관이 생겼다. 내가 결핍으로 똘똘 뭉친 상처 덩어리였기 때문에 그들이 나를 사랑하는 것조차 쉽지는 않았을 것이다. 나 자신도 인정하지는 못했지만 나에게는 다분히 감정적 마조히즘이라 할 수 있는 패턴이 생겨났다. 일부러 극적인 관계에 나를 던져 넣거나 나를 어떤 종류건 희생자로 만들어버리곤 했다. 한 번이 아니라 두 번 세 번 반복했다. 그런 행동과 감정은 나에게 굉장히 익숙하고, 또 내가 이해할 수 있는 무언가였다.

가족들이 마침내 나의 행방을 알아내고 우리가 대화를 하게 되었을 때 부모님은 내가 왜 가출을 했는지 알고 싶어했다. 그들은 자녀를 무조건적으로 사랑하는 좋은 부모였기 때문이다. 절대로 딸의 손을 놓아버릴 분들이 아니었다. 하늘이 무너져도 그럴 일은 없었다. 하지만 그때 난 너무 어리고 너무 망가져 있어서 부모님의 가슴을 얼마나 멍들게 했는지 깨닫지 못했다. 그 점에 대해서는 지금까지도 후회를 안고 있다. 무슨 말을 꺼내야 할지 몰랐지만 이렇게 말할 수는 없었다. "엄마 아빠, 나 지금 완전히 무너졌고요, 제정신이 아니에요. 나한테 끔찍한 일이 있었어요." 진실이지만 말할 수 있는 진실이 아니었다. 그리고 부모님의 신앙과 부모님의 문화를 생각했다. 난 어쩌면 부모와의 연을 마지막으로 싹 끊어버리게 해줄 것이라 생각한 그 말을 했다. 내 삶에 부모님이 없어지길 바란 것이 아니라 이렇게 망가진 사람이면서 부모님이 알던 착한 딸이 될 수 있는 방법을 몰랐다. 그래서 이렇게 내뱉어버렸다. "나 동성애자예요." 지금 생각하면 그 역시 부끄러운 대답이었다. 내가 퀴어라서가 아니라 부모님에 대한 신뢰가 얼마나 부족했는지 그리고 내가 퀴어를 얼마나 왜곡되게 이해하고 있었는지가 보여서다.

내가 동성애자라는 사실은 진실이 아니었지만 거짓말도 아니었다. 여자에게 끌렸고 지금도 그렇다. 나는 여자들이 더 매혹적이고 수수께끼 같다고 생각한다. 그 당시에는 내가 남자와 여자에게 모두 끌리면서 이 세상의 일부가 될 수 있을 거라곤 생각하지 못했다. 여자를 만나던 초기에는 여자들과 데이트하는 것이 무척 즐거웠고 여자들과만 섹스를 했고, 남자들을 무서워하기도 했다. 진실은 언제나 지저분하고 복잡하다. 앞으로 내 인생에서 남자와 함께 있게 될 가능성을 제거하기 위해서 힘닿는 한 노력해보고 싶었다. 난 그 점에서 실패했고 남자를 내 인생에 들였었다. 그러나 내가 동성애자가 된다면 다시는 상처받지 않을지도 모른다고 스스로를 설득하려 했다. 앞으로 다시는 내가 상처받는 일이 없어야 했다.

부모님은 하나밖에 없는 딸이 동성애자라는 사실을 듣고 그리 기뻐하지는 않았다. 엄마는 내가 언젠가 엄마에게 청바지를 입고 결혼하고 싶다고 했던 걸 두고 그럴지도 모른다고 짐작했다고 말했는데 이 두 가지 사이에 어떤 상관관계가 있는지는 모르겠다. 부모님이 내게서 등을 돌릴 것이라 생각했지만 그들은 정반대로 행동했다. 부모님은 무조건 집으로 들어오라고 했고 나는 아직은 갈 수 없다고 했다. 내가 얼마나 엉망진창인지 알릴 수 없었다. 그래도 우리는 다시 연락을 주고받았다. 몇 달 후에 나는 집에 가게 되었고 부모님은 나를 환영해주었다. 부모님과의 사이가 단번에 회복된 건 아니었지만 그렇다고 더 나빠지지도 않았다. 시간이 갈수록 상황은 점점 나아졌다. 부모님은 나를 있는 그대로 받아들이고 사랑해주었으며 내가 여자친구들을 집에 데려오면 반겨주었다. 나는 그들이 언제나 이랬다는 것을 다시 한번 깨달을 수밖에 없었다.

처음으로 잤던 여자는 덩치가 크고 아름다운 여인이었다. 아직까지도 그녀에게서 나던 향긋한 살냄새를 기억한다. 피부가 너무나 부드러웠다. 내가 따뜻함에 목말랐을 때 나를 따뜻하게 대해주었다. 사실 파티에서 만났고 원 나이트 스탠드였다. 우리는 여러 장의 CD를 바꾸어 들으면서 오랫동안 사랑을 나누었다. 굉장한 경험이었다. 그녀의 이름만 떠올려도 나의 혀는 흥분으로 얼얼해지는 것만 같다. 그다음에 잔 여자는 내가 여자친구라고 부르던 사람이었다. 물론 우리는 서로를 잘 알지도 못했다. 인터넷에서 만난 사이였고 나는 그녀와 함께 있기 위해 무작정 짐을 싸서 무시무시하게 추웠던 한겨울에 애리조나에서 미네소타까지 날아갔다. 겨울옷이 하나도 없는 여행가방 하나가 가진 짐의 전부였고 그곳은 자동차 잠금장치가 얼 정도로 추웠다. 그런 일이 가능하다는 것도 그때 처음 알았다. 그녀가 살던 어둡고 칙칙한 아파트 지하는 천장이 낮아서 나는 똑바로 설 수도 없었다. 우리는 우스꽝스럽고 어렸다. 우리 관계는 이 주 만에 끝났다.

그후 몇 년 동안 나는 늘 새롭고 다양한 방식으로 끔찍한 여자들과 데이트를 했다. 내 팔을 너무 세게 잡아서 멍들게 한 여자도 있었다. 내가 세상에서 제일 싫어하는 세 가지인 야외 활동과 캠핑과 여성 음악 페스티벌을 즐기던 여자친구도 있었다. 바람을 피우고 그 죄의 증거를 내 차에 남겨놓은 여자도 있었다. 올리브 가든의 화장실이 관련되어 있었고 그건 나에게 더 심한 모욕이 되었다. 먼 미래에 나와 함께하고 싶긴 하지만 지금부터 그 미래 사이의 하루하루를 모두 나와 보내고 싶지는 않다고 말한 여성도 있었다.

나 역시 다양하고 희한한 방식으로 끔찍한 사람이었다. 이런 관계에서 똑같이 잘못하거나 더 큰 과실이 있는 사람은 나였다. 나는 너무 불안정했고 애정에 굶주려 있었고 내가 사랑받고 있다는, 내가 사랑받을 만큼 좋은 사람이라는 것을 계속해서 확인받고자 했다. 그 확신을 얻기 위해서 상대의 감정을 내 뜻대로 조종하려 하기도 했다. 여자들과의 관계에서도 어리석은 판단을 자주 했는데, 내가 여자는 나에게 상처를 줄 수 없다는 환상을 열심히 키워왔기 때문이었다. 적어도 남자가 상처를 줄 수 있는 방식과는 다를 것이라 생각했다. 만약 어떤 여자가 나에게 관심을 보이기만 하면 나는 즉각 반사적으로 화답했다. 사랑에 빠진다는 개념과 사랑에 빠지는 그 위험한 덫에 수시로 걸려들었다. 누가 나를 원하기를, 필요로 하기를 바랐다. 몇 번씩이나, 내가 욕망하는 것의 극히 일부도 줄 생각이 없거나 줄 수 없는 여자들과 얽혔다. 또는 내 쪽에서 상대가 욕망하는 것의 극히 일부도 줄 생각이 없거나 줄 수 없기도 했다.

모든 사람과 나 자신에게 말해놓은 절반의 진실을 스스로 납득하고 믿기 위해 나는 최선을 다해 퀴어 정체성을 연기했다. 나는 퀴어로서 존재했다. 젊은 퀴어 시절의 나는 지나치게 많은 게이 프라이드 반지를 꼈고 브로치도 달고 다녔다. 차에는 스티커를 덕지덕지 붙여놓기도 했다. 왜 그러는지 완전히 이해하지도 못하면서 여러 가지 이슈에 공격적일 정도로 열정을 쏟아부었다.

설상가상으로 나는 여전히 남자에게도 끌렸다. 사실 매우 강렬하게 끌렸다. 여자친구들과 침대에 있을 때 가끔은 다른 사람과 같이 있는 상상을 했다. 신체의 어떤 부분은 조금 더 딱딱하고 어떤 부분을 조금 더 굴곡 없는 사람의 몸을 그리워했다. 하지만 나는 이 정도로만 만족해야 한다고 말했다. 누구든 환상은 가질 수 있다. 남자들이 내게 그렇게 끔찍한 상처를 주었는데도 남자를 원하는 나 자신이 싫었다. 난 동성애자가 확실하다고 내게 말했다. 반드시 그래야만 한다고, 그래야 상처받지 않는다고 말했다. 나 자신에게 나는 돌일 뿐이라고 말했다. 상당히 오랜 기간 동안 나는 상대를 만지면서도 상대는 나를 만지지 못하게 하기도 했다. 나는 돌이고 아무도 나를 건드릴 수 없었다. 그러면서 갈망으로 부글거렸다. 누군가 나를 만져주기를 간절히 바라는 욕망, 내 피부에 닿은 여자의 피부를 느끼고 싶다는 욕망, 쾌락을 통해서 안정을 찾고 싶다는 욕망이 꿈틀거렸다. 그러나 나 자신도 나를 그렇게 만지지 못하게 했다. 나는 나를 벌주어야 했다. 나는 돌이었다. 나는 슬퍼할 수도 없었다.

몇 년 후에 나는 내가 슬퍼할 수 있고 다른 사람도 슬프게 할 수 있음을 알았다. 아드리아나가 마지막으로 우리집에 왔을 때 그녀를 공항으로 데려다주면서 꼭 다시 만나자고 약속을 했다. 그 약속은 지켰으나 다른 약속을 깼고 결국 그녀에게 상처를 주었다. 피오나는 내가 언제나 그녀에게서 듣고 싶었던 사랑과 언약의 말들로 가득한 아름다운 편지를 써주었다. 소파에 앉아 그녀가 쓴 약속의 언어들을 읽고 또 읽으면서 나는 몸을 바르르 떨었다. 왜냐하면 내 손안에 내가 그토록 바라왔던 모든 것이 있었고, 내가 결국엔 그녀를 밀어내리라는 것을 알았기 때문이다. 그때 내가 했어야 했는데 하지 않은 건, 오직 전화기를 들고 번호를 누르는 것뿐이었다. 그때 내가 했어야 했던 말은 이 말뿐이었다. "응, 나도 사랑해."

69

너무나 오랜 시간 동안 욕망을 몰랐다. 그저 나에게 흐릿한 관심을 보이는 사람에게 기꺼이 나를 주고 내 몸을 주었다. 이게 내가 받을 수 있는 전부라고, 스스로에게 말했다. 내 몸은 아무것도 아니니까. 내 몸은 착취되어야 할 무엇이니까. 내 몸은 역겹고 그래서 그렇게 취급되어도 마땅하니까.

나는 욕망의 대상이 될 자격이 없었다. 나는 사랑받을 자격이 없었다.

내가 누군가에게 먼저 다가간 적이 없었다. 나는 역겹다는 걸 알았으니까. 섹스를 먼저 시작하려고 하지도 않았다. 애정이라든가 성적 쾌락 같은 좋은 것을 감히 원하지도 않았다. 어떤 관계에서든 그런 것들이 내게 제공될 때까지 기다려야 한다는 걸 알았다. 제공되는 것이 무엇이건 감사히 받아야 했다.

대체로 나를 겨우 참아주는 사람, 나에게 하찮은 애정을 줄 듯 말 듯 하는 사람과 관계를 맺곤 했다. 바람을 피우던 여자가 있었고 내가 제일 아끼던 곰 인형을 스테이크 나이프로 찌른 여자가 있었고 언제나 돈이 필요하다고 말하는 여자가 있었고 창피해서 나를 회사 파티에 데려갈 수 없다고 한 여자가 있었다.

남자들도 있었다. 남자들은 대체로 특별히 기억에 남을 만한 사람이 없고 솔직히 말해서 남자들은 나에게 상처를 줄 것이라고 처음부터 생각을 했기에 상처를 덜 받았다.

내 몸은 아무것도 아니었기에 나는 내 몸에 어떤 일이든 일어나도록 내버려두었다. 내가 성적으로 무엇을 즐기는지도 몰랐는데 누가 나한테 물어본 적도 없고 내가 원하는 건 중요하지 않다는 걸 알았기 때문이었다. 나는 무조건 황송해해야 했다. 만족 같은 걸 찾을 권리가 없었다.

연인들은 마치 그래야만 나같이 뚱뚱한 몸을 만지는 걸 스스로 이해할 수 있다는 듯이 나를 거칠게 대했다. 나는 받아들였다. 나는 친절함이나 부드러운 손길을 받을 자격이 없었다.

끔찍한 별명이나 애칭으로 불렸고 그 점을 받아들였다. 내가 끔찍하고 역겨운 물건 같은 것이라고 이해했기 때문이다. 나 같은 여자에게 달콤한 애칭은 어울리지 않았다.

너무나 오랫동안 모질게 혹은 무심하게 취급을 받다보니 좋은 대접을 받는 것이 어떤 느낌인지조차 잊었다. 그런 일도 있을 수 있다는 걸 믿지 않게 되었다.

내 마음은 내 몸보다 더 배려를 받지 못했고 그래서 마음을 꽁꽁 닫아버리려고 했지만 한 번도 성공하지 못했다.

나는 나 자신에게 말했다. '적어도 나는 누군가 사귀고 있 잖아. 어느 누구도 나와 일분일초도 같이 있고 싶지 않을 정 도로 내가 역겨운 건, 내 처지가 절망적인 건 아니야. 적어도 지금 혼자는 아니잖아.'

70

은밀하고 약간은 지저분한 관계가 아니면 관계에는 소질이 없다. 데이트를 어떻게 청해야 하는지 모른다. 다른 사람이 보여주는 관심을 어떻게 알아채는지 모른다. 나에게 관심을 표하는 사람들을 어떻게 믿어야 할지 모른다. 나는 그런 상황에서 '데이트 신청을 받는' 여자가 아니다. 혹은 나 자신에게 그렇다고 말할 수밖에 없다. 자기 의심과 불신으로 언제나 무기력하고 불안한 상태다.

보통은 나에게 관심을 주는 사람이라면 넙죽 받아들이기로 한다. 인정하기엔 굴욕적이지만 사실은 사실이다. 나 혼자만 착각하는 건 아닌지 의심한다. 자주 이렇게 생각한다. '어쩌면 이건 나의 마지막 기회, 아니 유일한 기회일지도 몰라. 어떻게든 잘해봐야지.'

사람을 고르는 기준을 갖는다는 것, 혹은 나만의 기준을 갖고 그것을 고수하려고 노력하는 것은 내 상상보다 훨씬 어려운 일이었다. 이렇게 말하기가 어렵다. "더 좋은 사람을 만나야지. 내가 정말로 좋아하는 사람과 사귀어야지." 대신 이렇게 믿는 데 더 익숙하다. "아무리 별로라도 내 앞에 있으니

이 정도로 만족해야지." 우리 문화에서는 변화와 성장에 대한 이야기를 무척 많이 한다. 하지만 그것이 얼마나 힘든지에 대해서는 별로 이야기하지 않는다. 변화와 성장. 글쎄다, 말은 쉽지만 어렵다. 나에게 변화와 성장이란 내가 중요한 사람이고 난 좋은 것을 가질 자격이 있고 주변에 좋은 사람을 둘 만한 가치가 있는 사람이라고 믿는 것인데, 무척 어렵다.

또한 나는 날씬한 슈퍼모델이 아니기에 어떤 기준조차도 가지면 안 된다는 생각에 시달리고 있다. 온라인 데이트 앱에서 누군가 "그쪽 안녕?"처럼 한심한 인사로 말을 걸어와도 나 같은 사람은 그에 대해 평가하면 안 된다고 생각했다. 이 자존감 문제는 나의 연애사 전반을 형성해왔다. 내 과거는 그렇고 그런 사람과의 그저 그런 연애로 채워져 있다. (물론 나도 몇 번은 멋진 관계를 맺었다!) 하지만 대부분 나는 전혀 만족스럽지 않은 지지부진한 관계에 머물러 있었다.

좋은 사람과 사귀고 있을 때도 나 자신을 위해 상대와 맞서는 것은 힘들었다. 불만을 표현하거나 싸우고 싶어도 그러지 못했는데, 나는 이만큼 뚱뚱하다는 이유 하나로 이미 살얼음 위를 걷는 기분이었다. 내가 원하는 것, 내게 필요한 것, 내가 받아야 마땅한 것을 요구하기가 어려웠고 그래서 요구하지 않았다. 모든 것이 다 괜찮은 양 행동했으나 사실 그건 나뿐만 아니라 상대에게도 옳지 않은 일이었다.

이 패턴을 바꾸어보려고 무척이나 노력했고 내가 하는 선택들과 선택의 이유를 냉정히 따져보기도 했다. 관계가 끝났을 때에야 비로소 안심하며 살고 싶지는 않았다. 내게도 좋은 점들이 있다. 나는 착하고 재미있고 빵도 잘 굽는다. 나는 더이상 스스로를 그저 그런 사람들이나 나를 노골적으로 막대하는 사람들을 참아내야만 하는 사람이라고 생각하고 싶진 않다. 이제는 진심으로 그러지 않으려고 노력한다.

　학생들에게 소설이란 어떤 면에서건 욕망에 관한 것이라고 말하곤 한다. 나이가 들수록 인생은 대체로 우리 욕망이 추구하는 방향으로 흐르게 마련인 듯하다. 우리는 원하고 원하니까. 아, 우리는 얼마나 원하는가. 우리는 허기로 가득하다.

71

가끔 내 섹슈얼리티가 어떤 식으로 형성되었는지를 생각하면 원통해서 미쳐버릴 것 같다. 내 첫사랑이었고 나를 숲속의 소녀로 만든 그 소년과 그 이후에 내가 겪은 성적 경험들이 바로 연결되어 있다는 사실에 화가 치밀어오른다. 내 욕망에 그의 영향력이 미치고 있다는 것을 더이상 느끼고 싶지 않아서 분노한다. 그리고 앞으로도 계속 화가 날까봐 걱정된다.

나의 첫 연애는 최악이었다. 나는 안쓰러울 정도로 어렸다. 내가 처음 사귄 남자아이는 나를 숲속의 소녀로 만들어버렸다. 그 아이는 좋은 동네의 좋은 가정 출신의 좋은 소년이었으나 나를 최악의 방식으로 다치게 했다. 사람이란 겉으로 보이는 것과는 상당히 다를 때가 많다. 그를 알아갈수록 나는 그가 정말 어떤 사람인지 늘 드러내고 있었다는 것을 깨달았다. 그리고 그의 주변에 있는 사람들이 그런 점을 훤히 보기도 하고 못 본 척하기도 한다는 것도 알게 되었다. 그 아이와 그 아이의 친구들이 날 강간한 후에 나는 완전히 무너졌다. 그 이후에도 그가 나를 하고 싶은 대로 하도록 내버려두었고 그건 내 과거 중 가장 부끄러운 기억으로 남아 있다. 대체 내가 왜 그랬는지 알고 싶다. 아니, 나는 알고 있다. 나는 죽었었고 그래서 아무 상관 없었다.

그 이후로도 많은 사람을 만났고 어떤 관계도 그 소년과의 관계처럼 최악은 아니었지만 나는 이미 망가져 있었다. 내가 맺게 될 인간관계는 이미 방향이 정해져버렸다. 그리고 내 연애의 기준이 좋은 사람이나 함께 행복해질 사람을 만나는 것이 아니라 그렇게 나쁘지 않은 사람을 만나는 것이 되었다는 점이 부끄러웠다. 과거의 몇몇 나빴던 관계들을 돌아보면서 나는 생각한다. '그래도 그 사람들은 날 때리지는 않았잖아.' 극히 작은 애정에도 고마워하는 처지에서부터 시작했다. 그때부터 내가 합의하지 않은 멍이나 상처를 숨겨야만 하는 관계에 있었던 적은 없었다. 내 인생에서 나는 아무것도 두렵지 않았다. 내가 먼저 떠나버리지 못하는 상황에 놓인 적은 없었다. 그렇다면 나는 운좋은 여자인 걸까? 다른 여자들에게서 들은 이야기에 따르면, 그렇다. 나는 운좋은 여자가 맞는가보다.

행운의 기준이 이런 것이서는 안 된다.

물론 나에게도 좋은 연애의 기억들이 있지만 내가 좋다고 하는 것이 사실은 언제나 그렇게 좋은 것은 아닐 수도 있기에 내 말을 신뢰할 수가 없다.

지난 몇 년간 다른 여자들에게 들었던 증언을 생각한다.

여자들은 자신의 진실을 털어놓고 용기 있게 자신의 목소리를 냈다. "나에게 이런 일이 일어났어요. 나는 이런 부당한 대접을 받았습니다." 어떻게 여자들에게 이런 식의 증언을 그토록 많이 요구할 수 있는지 그리고 어떻게 우리의 이야기를 의심하는 사람들이 여전히 있을 수 있는지에 대해 계속 생각해보고 있다.

우리가 그래도 아직 살아 있기 때문에 운이 좋다는 얄팍한 생각을 하는 사람들도 있다.

나는 우리의 슬픈 이야기들에 진력이 난다. 슬픈 이야기를 들어야 하기 때문이 아니라 우리가 모두 이런 이야기를 갖고 있다는 것과 그 이야기들이 너무도 많다는 사실이 나를 지치게 만든다.

72

역시나 이십대에 만났던 과거의 연인들 중 한 명 이야기를 하자면, 그 사람과 나는 그렇게 좋지도 않았으나 그렇게까지 나쁘지도 않은 사이였다. 가끔은 육체적인 학대보다 정신적인 학대가 더 나쁠 수 있다는 사실을 상기시켜주는 관계였다고 할 수 있다. 나는 사실 맞는 건 그리 신경쓰지 않는다. 이 사실이 자랑스럽고 당당해서 말하는 건 아니다. 그저 어떤 것들에 대해서는 무감각할 뿐이다. 이 사람은 나를 무너뜨리고 싶어했는데 나는 내가 여기서 더 무너질 수 있다고는 생각도 못했기 때문에 그저 흥미로웠다. 누가 알았을까? 그들은 아마도 알았을 것이다. 어떤 이들은 나한테서 상처를 줘도 되는 사람이라는 냄새를 맡기도 한다.

우리 사이에 무언가 극적이거나 폭력적인 사건은 없었다. 그저 나는 지속적인 비난이라는 총알을 받아내야만 했다. 그 사람은 내가 하는 모든 행동을 못마땅해했다. 나는 아직 이십대였고 안타까울 정도로 자기 확신이 없는 상태였기에 사귀는 사이는 다 이런 줄만 알았다. 또한 나는 가치 없는 인간이기에 이 정도가 나에게 허락된 관계라고 생각했다.

특히 이 사람의 동료들과 함께 있을 때면 그는 나의 모든 점이 잘못되었다며 제발 고치려고 노력이라도 하라고 다그치곤 했다. 짐작하고도 남겠지만 난 그 사람에게 부족한 상대였기에 우리는 다른 사람들 앞에서 연인이 아닌 척했다. 나는 충분히 예쁘지 않다. 너무 큰 소리로 말한다. 숨소리가 너무 크다. 잘 때도 너무 시끄럽다. 자면서 몸이 닿으면 뜨겁다. 자는 동안 너무 뒤척인다. 그래서 나는 잠을 자지 않게 되었다. 침대 가장자리에 거의 매달리다시피 하면서 나의 잠이 그에게 방해가 되지 않게 하려고 뜬눈으로 밤을 새웠다. 하루종일 피곤했다.

나는 설거지도 똑바로 못했다. 설거지에도 잘하는 법이 있고 못하는 법이 있다. 이제는 안다. "바닥에 물 흘리지 마" "식기 건조대를 미리 말려놓으라고 했잖아" "접시는 식기 건조대에 차곡차곡 크기별로 정리해." 지금은 설거지를 내 방식대로 할 수 있어서 너무 좋다. 바닥에 물을 뚝뚝 흘리고 나서 씩 웃는다. 여긴 빌어먹을 나의 집 바닥이고 모두 내 그릇들이고 바닥에 물 좀 떨어진다고 잔소리할 사람도 없다.

음식을 이상하게 먹는다. 너무 빨리 먹는다. 씹는 소리를 낸다. 얼음을 너무 자주 깨물어 먹는다. 물건을 제자리에 놓지 않는다. 현관 앞에 신발을 가지런히 벗어놓지 못한다. 걸을 때 팔을 너무 흔든다. 이런 말들을 수시로 들었고 존재하는 것만으로도 누군가의 신경을 거스르지 않기 위해 나는 하지 말아야 할 것 목록을 기억하고 있어야 했다. 같이 걷다가 그 말을 기억했다. '맞아, 팔을 옆구리에 바짝 붙여야지. 팔 흔들지 말아야지.' 나 자신에게 끊임없이 주의를 주며 살았다. '팔 흔들지 말기.' 그러다가 잠시 딴생각에 빠져서 잊어버리고 실수로 팔을 몇 센티미터 흔들게 되면 나는 땅이 꺼져라 내쉬는 그의 한숨소리를 또다시 들어야 했고 그러면 내가 사랑하는 이 사람을 거슬리지 않게 하기 위해 두세 배 더 노력했다. 팔 흔들지 마, 록산! 요즘에도 걸으면서 팔을 흔들지 않으려는 나를 발견할 때면 분노가 치솟는다. 미칠 듯이 화가 치솟아서 양팔을 풍차처럼 돌리며 걷고 싶다. 이건 내 팔이란 말이다. 내 걸음걸이고.

한번은 백화점에 가서 메이크업을 받았다. 예뻐 보인다고 생각했다. 이 사람 앞에서 예뻐 보이고 싶었다. 앞으로도 예쁜 여자가 되고 싶어 화장품을 잔뜩 사왔다. 나는 그 사람을 놀라게 해주고 싶어 그 사람 집에 갔고 그 사람은 나를 위아래로 훑어보더니 내가 조금 더 참고 봐줄 만한, 자기 눈에 더 예뻐 보이는 사람이 되려면 이것으론 부족하니 다른 것들을 더 해보라 했다. 현관 앞에 서서 내 몸이 그대로 땅으로 꺼져 버렸으면 좋겠다고 생각했다. 나는 여기까지 오는 길에 너무 신났고 예뻐져서 행복했는데 이것으론 충분하지 않다니. 다시는 그런 짓을 하지 않았다. 나는 그 비싼 화장품들을 들고 예쁜 얼굴로 집으로 돌아와서는 화장이 전부 지워질 때까지 울었다. 그때 산 화장품은 아직도 내 옷장의 노란색 쇼핑백에 담겨 있다. 가끔 꺼내서 물끄러미 바라보긴 하지만 사용하지는 않는다.

책을 홍보해야 하거나 대중문화나 정치 동향에 대한 논평을 하느라 TV에 출연할 때 메이크업을 하는데 그때마다 내가 쓸 권리가 없는 마스크를 쓰는 것만 같은 기분이다. 화장은 실제 두께보다 훨씬 더 두껍게 느껴진다. 무슨 짓을 해서든 좀더 멋지게 보이고 싶다고 감히 생각하는 나를 쳐다보며 사람들이 비웃을 것 같다. 그리고 내가 딱 한 번 누군가를 위해 예뻐 보이고 싶었을 때도 충분하지 않았다는 것을 기억해낸다. 방송이 끝나면 되도록 빨리 화장을 지워버린다. 나는 그냥 내 피부로 살기로 한다.

무엇을 하건 결코 충분하지 않았어도 그래도 절실하게 노력했다. 나 자신을 더 나은 사람으로 만들려고 애써왔다. 나를 인정하지 않으면서 대체 왜 내 곁에 있으려 하는지 이해가 가지 않던 사람에게 조금이라도 더 인정받으려고 노력해왔다. 그들이 내가 이미 알고 있는 나 자신에 대한 그 모든 끔찍한 사실을 재확인시켜주었기 때문에, 다른 어느 누구도 나처럼 쓸모없는 인간을 참아줄 리 없다고 믿었기 때문에 그들 곁에 남았다. 바람을 피우고 제멋대로 행동해도 그들 곁에 남았다. 그들이 나를 더이상 원치 않을 때까지 그들 곁에 남았다. 그러다 어느 시점이 되면 내가 먼저 그들을 떠났다고 생각하지만, 우리는 언제나 스스로를 좀더 좋게 생각하는 경향이 있기도 하니까.

하지만 나는 운좋은 여자다. 나의 슬픈 이야기 대부분은 이제 과거사가 되었다고 생각한다. 이제 나에게는 더이상 참지 않는 것들이 생겼다. 혼자라는 건 짜증나는 일이지만 나에게 끔찍한 기분을 안겨주는 사람과 같이 있느니 혼자 있는 편을 택하기로 했다. 나의 가치를 깨닫고 있는 중이다. 내가 쓸모없는 사람이 아니라는 사실을 안다는 건 기분좋은 일이다. 나의 슬픈 이야기들은 언제나 나와 함께 있을 것이다. 나에게 이토록 슬픈 이야기가 많다는 사실이 싫어도 이 이야기들을 계속할 것이다. 슬픈 이야기들은 언제까지나 내 어깨를 짓누르는 짐이겠지만 나라는 사람의 본질을 깨달을수록, 나의 가치를 깨달을수록 그 짐은 가벼워질 것이다.

73

그런데 문제는, 외로움이, 내가 내 몸에 대한 통제력을 잃어버린 것처럼 서서히 나에게 고착되었다는 점이다. 십이 년 동안 굉장히 고립된 지역에 살고, 평생 동안 내향적인 성향과 사교성 부족과 소외감과 함께하다보면 외로움이 쌓이고 쌓이면서 내 존재를 몽땅 덮어버린다. 이 외로움은 달갑지 않으나 내 옆에 찰싹 붙어 있는 동반자가 되어버린다.

너무나 오랜 세월 나에게서 모든 세상과 모든 사람을 차단해버렸다. 끔찍한 일이 일어났고 살아남기 위해서 장벽을 쳐야 했다. 나는 냉정하다는 소리를 자주 들었다. 내가 쓴 소설에는 냉정하다고 오해받고 그 오해 때문에 속상해하는 여자들이 자주 등장한다. 이런 여자들에 대해 쓴 이유는 그 냉정함 뒤에 누군가 발견해주길 원하는 따뜻함이 있다는 걸 잘 알기 때문이다.

나는 냉정하지 않다. 한번도 냉정한 사람인 적이 없었다. 나의 따뜻함은 내게 상처를 줄 수 있는 것들로부터 멀리 떨어져 숨겨져 있을 뿐이었다. 왜냐하면 나의 내면에 있는 그 보호구역에는 또다른 상처를 견딜 수 있는 안전장치가 없다는 것을 알고 있었기 때문이다.

나의 따뜻함은 내내 숨어 있다가 이것을 나누고 싶은 사람, 드디어 믿을 수 있는 사람들을 발견했을 때 발휘되었다. 대학원 친구들, 처음 글을 쓰기 시작했을 때 만난 글쓰기 모임의 사람들, 나를 있는 그대로 보고 받아들여주려는 사람들 앞에서 나는 얼마든지 따뜻한 사람이 되었다.

나는 이 온기를 아무에게나 나눠주지는 않는다. 그러나 내가 정말 나누고 싶은 사람에게는 태양처럼 뜨거운 온기를 나누어준다.

74

나에게 연애와 우정이 이다지도 어려웠던 이유 가운데 하나
는 내가 좋은 사람이 되어야만 사랑받는다는 생각을 하고 있
었기 때문이다. 상대가 듣고 싶어하는 말을 하고 상대가 원
하는 행동을 해야만 누군가가 날 좋아해주고 사랑해줄 거라
믿었다. 스트레스였다. 언제나 최고의 친구나 여자친구가 되
기 위한 갖가지 시도를 공들여 했고 그러면서 진정한 나 자
신, 즉 따뜻한 마음을 가지긴 했으나 언제나 착하고 좋을 수
만은 없는 그 사람과는 점점 더 멀어졌다. 미안해하지 않아
야 할 일을 미안해했고 내 잘못이 아닌 일에도 사과했다. 그
저 내가 나라는 사실이 죄스러웠다.

　선하고 친절하고 사랑이 넘치는 사람들과 같이 있을 때조
차도 그들의 선함과 친절함과 사랑을 믿지 않았다. 얼마 가지
않아 그들이 지속적인 애정을 주기 위한 조건으로 살을 빼라
고 말할 것만 같았다. 그 두려움 때문에 마치 어떻게든 수습
해보려는 사람처럼 더욱더 좋은 사람이 되려고 노력하고 또
노력했다.

　그러다보니 스스로에게 더 엄격한 사람, 의욕이 과한 사

람이 되고 말았다. 더 잘하기 위해, 더 좋은 사람이 되기 위해 노력하고 노력하고 노력하고 또 노력하면서 대체 나는 누구이고 내가 원하는 바가 무엇인지에는 눈을 감아버렸다. 하지만 이런 습관은 나를 이상적인 장소에 데려다주지 않았다. 아니…… 아무 곳에도 데려다주지 않았다.

나이를 먹으며 자기 인식이, 아니 자기 인식 비슷한 무언가를 갖게 되었고 이런 행동 습관을 경계하기 시작했다. 누군가가 원하는 바가 맞는다고 생각하며 너무 노력하고 너무 내어주고 그 모습에 가까워지려고 너무 안간힘을 쓰지 않으려고 한다. 하지만 한편으로는 이 모습 그대로 살아가면서 이대로도 충분하기를 바라는 게 겁나기도 한다. 당신이, 지금 그대로의 당신 모습으로 늘 충분하리라 믿는 건 겁나는 일이다.

나 자신으로 살아가는 일에는 늘 불안이 따른다. "그러다 잘 안되면?"이라는 질문이 언제나 머리 위에 둥둥 떠다닌다. 내가 앞으로 영원히 이대로 충분치 못하면 어쩌지? 내가 어떤 사람에게 영영 충분한 사람이 되지 못하면 어쩌지?

75

나의 이 커다란 몸은 젠더를 지우는 힘이 있다. 나는 여성이지만 사람들은 나를 여성으로 보지 않는다. 사실 남자로 오해받는 경우가 꽤 많다. 나를 남성형 존칭으로 부르는 이들이 적지 않다. 오직 내 큰 몸만 보고 내 얼굴, 내 머리 스타일, 나의 상당히 풍만한 가슴과 다른 굴곡들은 무시한다. 나의 성별이 지워지고, 눈에 빤히 보이는 특징들이 무시되는 건 그리 기분좋지 않다. 나는 여자다. 무척 크지만 여자다. 나는 여자로 대접받고 싶다.

우리는 여성성에 대해 너무나 편협한 개념을 갖고 있다. 나처럼 키가 굉장히 크고 뚱뚱한 사람들은 너무나 자주 '여자가 아닌' 사람으로 보인다. 문신도 별로 도움이 되지 않는다. 인종 또한 영향을 미친다. 흑인 여성은 여성성을 부여받는 경우가 상대적으로 적은 편이다.

사실 더 뿌리깊은 이유가 있다. 나는 최대한 나를 부치로 만들고 싶어서 꽤 오랫동안 남성복만 입었다. 여성적으로 보이거나 여성이라는 것을 강조하면 문젯거리나 위험한 상황, 상처만 불러올 뿐이라고 생각했기 때문이다. 그래서 안전하게 느껴지는 부치의 정체성을 가지고 살아왔다. 거친 남자 같은 여자가 되면 내 몸에 대한 통제권 비슷한 것이 생겼고 내 몸이 어떻게 인식되는지도 내가 주도할 수 있었다. 세상을 헤쳐가기가 더 쉬웠다. 눈에 띄지 않기가 더 쉬웠다.

여자들과의 연애 관계에서도 나를 부치로 내세운다는 건 나에게 그들의 손길이 필요하지 않다는 것을 뜻했다. 내 몸에 손대는 걸 원치 않는 척할 수 있었고, 그러면 안전했다. 내가 끝없이 추구하던 이 주도권을 더 많이 가져올 수 있었다.

한때는 이것이 안전한 은신처가 되긴 했으나 결국 진정 나답다고 느껴지는 나의 정체성이 아니라 어떤 역할을 수행할 뿐이었다는 사실을 깨달을 수밖에 없었다. 사람들은 나를 보면서도 진짜 나를 보지는 못했다.

나의 부치 정체성을 털어버렸음에도 사람들은 계속해서 그들이 보고 싶은 것만 보았다. 요즘 내 젠더를 제멋대로 판단해버리는 사람은 퀴어의 외모적 특징을 알아보기 때문에 그러는 것이 아니다. 나를, 내 몸을 관심과 배려를 갖고 대해야 하는 것으로 생각하지 않기 때문에 그러는 것이다.

76

우리가 아무리 요새로 만들려고 해도 우리의 몸은 요새가 아니다. 이 사실은 우리의 인생에서 가장 큰 좌절감의 원천이 될 수도 있다. 아니, 모멸감의 원천이라 해야 할까? 나는 오랜 세월 동안 몸과 내가 정한 선에 대해, 또 사람들이 왜 무작정 내가 정한 선을 무시해버릴 태세를 갖추고 있는지에 대해 고민해왔다. 나는 포옹을 좋아하는 사람이 아니다. 그랬던 적이 없고 앞으로도 마찬가지일 것이다. 친구들과는 기꺼이 포옹을 하지만 그런 애정 표현을 아끼는 편이다. 포옹은 나에게 큰 의미가 있다. 굉장히 깊은 수준의 친밀감을 의미하기에, 너무 남발하려 하지 않는다.

또한 나는 마음을 열고, 사람들에게 나를 만지게 하고, 내 방어벽을 뚫고 들어오게 하는 것이 매우 불편하고 어색하다.

처음 만나는 사람에게 내가 포옹을 별로 좋아하지 않는다고 말하면 어떤 이들은 이것을 도전으로 여기고 마치 나를 억지로 포옹해 굴복시켜버리겠다는 듯이, 내 거부감을 그들의 드센 팔로 무너뜨리겠다는 듯이 나온다. 나를 자기 몸 쪽으로 강제로 끌어당기면서 이런 식의 주제넘은 말을 한다.

"이거 봐요, 나쁘지 않잖아요." 나는 생각한다. '내가 언제 나쁘다고 했나?' 나는 두 팔을 힘없이 떨어뜨리고 대개는 얼굴을 찡그리고 서 있지만 그들은 내가 능동적으로 포옹에 참여하고 있지 않다는 메시지를 알아채지 못한다. 나의 요새는 파괴당했다.

낭독 행사에서 열성적인 팬들은 포옹을 원하지만 나는 오른손을 내민다. "전 안아주진 않아요. 악수를 선호해요." 그러면 그들의 얼굴은 마치 나에게 준 관심을 포옹으로 되돌려 받아야 한다는 듯 실망으로 일그러진다. 이렇게 말하기도 한다. "안는 거 안 좋아하시는 거 알아요. 그래도 난 할 거예요." 나는 다가오는 그들의 몸을 최대한 예의바르게 피한다.

왜 우리는 개개인이 만들어놓은 선을 우리가 넘어야 할 도전으로 여길까? 왜 우리는 어떤 이가 한계를 정해놓으면 그 한계를 넘어서려 할까? 한번은 여러 사람과 레스토랑에 갔는데 웨이트리스가 자꾸 내 몸에 손을 댔다. 나는 성적인 관계가 아니라면 누군가 그런 식으로 내 몸을 만지는 것이 싫기에 정말 불쾌했다. 그 웨이트리스는 우리 테이블에 올 때마다 내 어깨를 쓰다듬거나 내 팔에 자신의 손을 얹거나 했고 점점 짜증이 치밀어올랐지만 결국 아무 말도 하지 않았다. 사실 이런 경우 대부분 말을 하지는 않는다. 하지만 목소리를 내지 않는다 해서 내 몸에 대한 경계선이 존재하지 않는 것인가? 그저 내 몸을, 이 커다란 몸을 하나의 경계로 볼 수 없는 것일까? 경계를 넘는 사람들을 견디는 게 얼마나 피로한지 정말 모르는 것일까?

나는 자연스럽게 만지고 쓰다듬는 사람이 아니기에 내 피부가 다른 사람의 피부에 닿으면 언제나 가벼운 충격을 받는다. 깜짝 놀란다. 가끔은 기분좋은 충격이 되기도 한다. '아, 내 몸이 이 세상 안에 있구나.' 가끔은 그렇지 않다. 둘 중에 어떤 반응을 보이게 될지 나도 모른다.

77

생각보다 더 자주 나는 희망이 없다고 느낀다. 포기한다. 나 자신을, 내 몸을, 내 몸을 감싸고 있는 이 엄청난 무게를 극복할 수 없다고 생각한다. 불행해지는 것, 자기혐오라는 진창에 빠지는 것이 더 쉽다고 생각한다. 이 사회가 나를 싫어하는 방식대로 나를 싫어하지 않다가도 어쩌다 운수 나쁜 날에는 내가 정말 싫어진다. 내가 역겨워 견딜 수가 없다. 약해빠진 나, 무력감과 타성에 젖은 나, 과거를 극복하지 못하는 나, 내 몸을 이겨내지 못하는 나를 견딜 수가 없다.

이 희망 없음은 모든 것을 마비시킨다. 운동을 하고 건강한 음식을 먹고 나를 잘 돌보려는 노력이 모두 덧없게 느껴진다. 내 몸을 보고 이 몸으로 살면서 나는 생각한다. '나는 앞으로도 이 몸으로 사는 것밖에 모를 거야. 이보다 더 나은 몸으로 사는 게 뭔지 평생 모를 거야.'

그러다가 생각한다. '내가 이렇게까지 불행하다면, 내 인생이 이렇게까지 힘들다면 난 왜 아무것도 안 하고 있는 거지?'

너무나 자주 내 모습을 거울로 보면서 내가 할 수 있는 거라곤 질문하는 것뿐이다. '대체 왜 그래? 변화를 위해 힘을

내려면 너한테 뭐가 필요한 거니?'

(책을 출판하는 것과는 구별해야 하는) 글쓰기에서 언제나 내가 가장 사랑하는 부분은 글을 쓸 때 필요한 건 오직 상상력이라는 점이다. 내가 누구인지에 상관없이 무엇이든 쓸 수 있다. 특히 외모는 여기서 아무런 상관이 없다. 천성적으로 내성적인 사람인 나는 작가로서 이름을 알리기 훨씬 전부터도 글쓰기의 익명성을 사랑해왔다. 내 이야기들이 내 몸무게와 상관이 없어서 너무나 좋았다. 글을 출판하기 시작하면서부터는 내 독자들에게 중요한 것이 페이지 위의 글자뿐이란 사실도 좋았다. 글쓰기를 통해 마침내 나라는 사람은 외면이 아니라 내면으로, 내 안에 채워진 내용으로 존중을 받을 수가 있었다.

하지만 내가 전국적으로 이름을 알리고 북 투어를 하고 강연과 행사에 참가하고, 유명세를 얻고 TV에 출연하면서부터 상황이 바뀌었다. 나는 익명성을 잃었다. 내 외모는 중요한 것이 아니었으나 한편으로는 내 외모가 중요해졌다.

투명 인간인 것처럼 글을 쓸 수는 있다. 하지만 사진이 개입되기 시작하면 완전히 다른 이야기가 된다. 나는 어쩔 수 없이 사진이 찍히고 사진이 찍힐 때마다 움찔한다. 나의 모든 부분이 카메라 앞에 노출된다. 나의 진실을 숨길 수가 없다. 흔히 사진이나 영상에서는 나의 진실, 나의 뚱뚱함이 더 증폭된다. 작가로 더 성공하면서부터 나의 모습은 폭발적으로 자주 노출되었다. 내 사진은 어디에나 있다. 나는 MSNBC와 CNN과 PBS에 출연한 적이 있다. TV에서 나를 본 특정 부류의 사람들은 귀한 시간을 내어 나에게 이메일을 보내거나 트위터로 멘션을 보낸다. 내가 뚱뚱하거나 못생겼다고 말하려고, 아니면 내가 뚱뚱한데다 못생기기까지 했다는 그 말을 하고 싶어서 말이다. 내 사진에 "페미니스트는 이렇게 생김"이나 "세계에서 가장 못생긴 여자 여기 있음"이라는 캡션을 붙여서 퍼뜨린다. 가끔 구글 알리미를 따라가보면 남성 인권 운동 게시판의 유저들이나 보수 멍청이들이 행사나 잡지의 내 사진을 놓고 내 외모를 비웃으며 참으로 즐거운 한때를 보내고 있는 것을 볼 수 있다. 나는 그들이 그러거나 말거나 내버려두어야만 한다. 그렇게 살다 죽으라고 내버려두고 신경쓰지 말아야만 하고, 이런 저열한 짓거리를 일삼는 저급한 부류에게 눈길도 주지 말아야 한다는 걸 기억해야만 한다. 그리고 그들이 정말 싫어하는 건 본인 자신이라는 것을 기억해야만 한다.

『나쁜 페미니스트』 홍보 활동을 하던 무렵에 『뉴욕타임스 매거진』과 인터뷰를 진행했다. 그들은 기사와 함께 실을 사진이 필요하다고 했지만 내 휴대폰으로 찍은 사진들이나 증명사진에는 관심이 없었다. 나는 결국 뉴욕으로 가서 한 사진작가의 근사한 작업실에서 촬영을 하게 되었다. 내가 기다리는 동안 안내하는 직원이 내게 물이나 커피를 마시겠냐고 물었는데 그녀는 젊고 늘씬하며 나긋나긋했고 모델 아르바이트를 하고 있을 게 분명했다.

그 잡지에는 나의 전신사진이 실렸다. 머리끝에서 발끝까지 전부 나오는 사진이었다. 나는 카메라를 보며 생각하고 있었다. '이건 내 몸이야. 난 이렇게 보여. 너무 깜짝 놀라지 말자.' 나는 언제나 전신사진을 피해왔는데 상반신 사진이나 얼굴 사진만 찍는다면 내 몸과 나를 분리할 수 있는 것처럼 생각했던 것이다. 마치 나의 진실을 숨길 수 있는 것처럼. 마치 나의 진실을 반드시 숨겨야만 하는 것처럼.

사진작가는 매력적이고 잘생긴 남자였다. 그와 그의 아내는 허드슨 밸리의 집을 리모델링하는 중이었다. 그 사실을 어떻게 알았냐면 그가 그날 밤에 있을 나의 행사에 참석하지 못해 미안하다고 했기 때문이다. 그가 내 행사를 알고 있다는 사실이 그저 신기했다. 그는 나에게 화장을 고치고 싶으냐고 물었으나 난 맨얼굴이었기에 그저 웃으며 말했다. "이게 제 얼굴인데요." 촬영 시작 전에 듣고 싶은 음악이 있느냐고 묻기에 불쑥 "마이클 잭슨"이라고 말했다. 사실 너무 갑작스러워서 그 가수 이름밖에 생각이 나지 않았다. 몇 분 후 스피

커로 마이클 잭슨 노래가 흘러나오기 시작했고 난 마치 영화 속 한 장면에 들어와 있는 것만 같았다.

점점 더 초현실적이 되어갔다. 사진작가가 말만 하면 두 조수가 재빨리 카메라와 렌즈를 가져다주었다. 그는 나에게 서 있을 장소를 말해주고 액션 피겨처럼 포즈를 취하라고 말하기도 했다. 그가 긴장을 풀라고 말했지만 나는 카메라 앞에서는 긴장이 잘 풀리지 않는 사람이다. 결국에는 나도 이 분위기에 녹아들어 한두 번 살짝 미소를 지었다. 차츰 내가 쿨한 사람이 된 기분이 들었고 나의 성공과 이 멋진 순간에 마음껏 도취되고 싶었다. 그러다가 문득 이 사진들이 바깥세상으로 나가면 어떤 일이 벌어질지 상상했다. 비웃음을 사고 조롱을 당하고 그저 존재한다는 이유로 멸시를 당할 것이다. 그냥 그렇게, 잠깐 찾아왔던 도취의 순간은 끝나버렸다.

인터넷에 나의 사진이 이렇게까지 많이 깔리기 전인 초반에는 내가 행사장에 가면 관계자들이 나를 뚫어지게 쳐다봤다. 도서관 사서들이 모인 한 행사에서는 어떤 남자가 어정쩡하게 서 있는 내게 도와줄 것이 있냐고 묻기에 나는 대답했다. "아, 제가 오늘 강연자인데요." 그의 눈이 커다래지더니 얼굴이 붉어졌고 말까지 더듬었다. "아, 아, 그러시군요. 네, 제가 담당자입니다." 그런 반응을 보인 게 그가 처음도 아니었고 마지막도 아닐 것이다. 사람들은 그들이 기획한 행사에서 강연을 하게 될 작가가 나같이 생긴 사람일 거라고는 상상도 못한다. 꽤 성공했다고 하는 작가가 이렇게 비만이라는 것을 알았을 때의 충격을 숨길 줄 모른다. 이런 반응들은 여러 가지 이유로 상처가 된다. 사람들이 뚱뚱한 이들을 얼마나 하찮게 보는지, 통제 불능인 몸을 가진 사람은 똑똑하지도 유능하지도 않다고 얼마나 쉽게 가정해버리는지 대번에 드러나기 때문이다.

행사 전에는 어마어마한 스트레스를 받는다. 어떤 식으로건 망신을 당할지도 모른다고 생각한다. 의자가 작아 앉지 못할 수도 있고 한 시간 이상 서 있지 못할 수도 있다고. 내 마음은 온갖 걱정으로 움츠러든다.

가끔은 최악의 공포가 현실이 되기도 한다. 『나쁜 페미니스트』 북 투어를 하던 시기에 나는 뉴욕의 하우징 웍스 서점에서 열린 하퍼 퍼레니얼 출판사의 오십 주년 축하 행사에 참석하게 되었다.

무대는 관객석에서 60센티미터 내지 90센티미터 정도 올라와 있었는데 계단이 없었다. 무대를 보자마자 낭패임을 직감했다. 행사 시작 시간이 다가왔고 나와 같이 연사로 서는 작가들이 수월하게 무대로 훌쩍 뛰어올랐다. 그리고 내가 낑낑거리며 올라가려 애쓰는 모습을 수백 명의 관객이 난처해하며 지켜보는 악몽 같은 오 분이 지나갔다. 누군가 도와주려고 하기도 했다. 그러다 결국 무대 위에 있던 친절한 작가 벤 그린먼이 허벅지 근육을 쥐어짜며 안간힘을 쓰는 나를 손으로 붙잡아 끌어올려주었다. 가끔 나의 몸은 가장 눈에 띄는 방식으로 창살에 갇혀 있다. 그날 이후 며칠 동안 엄청나게 심한 자기혐오로 끙끙 앓았다. 지금도 가끔 그날 저녁의 대망신이 플래시백처럼 떠올라 몸을 부르르 떤다.

가까스로 무대에 올라가서 작은 원목 의자에 앉았을 때 의자에서 금가는 소리가 났다. 그 순간 깨달았다. '나 여기서 토해버리겠구나' '이 많은 사람 앞에서 엉덩방아를 찧겠구나.' 나는 방금 생애 최악의 망신을 당한 참이었고, 이후로도 두 가지 이유로 입을 꾹 다물고 있어야 한다는 걸 알았다. 계속 토하고 싶은 것을 삼키느라가 첫번째 이유였고 의자에 앉아 있는 것처럼 보이도록 스쾃 자세를 남은 두 시간 동안 유지해야 해서가 두번째 이유였다. 내가 그 위에서 어떻게 안 울고 버텼는지 지금도 잘 모르겠다. 그 순간에는 무대 위 그 자리에서 그냥 연기처럼 사라져버리고 싶었다. 수치심에 대해 내가 아는 건 수치심에는 바닥이 없다는 사실이다. 내가 빠지게 될 수치심의 늪이 얼마나 깊을 수 있는지 그때 알았다.

행사가 끝나고 호텔방으로 돌아왔을 때엔 허벅지 근육들이 갈기갈기 찢어지는 느낌이었지만 한편으로는 이 근육이 얼마나 강하게 버텼는지 깨닫고 놀랐다. 내 몸은 나를 가두는 우리이지만 나를 위한 우리이기도 하다. 그리고 내가 이를 자랑스럽게 여기던 때도 있다. 그럼에도 그날 홀로 호텔방에서 나는 울고 울고 또 울었다. 내가 너무 한심해서, 너무 창피

해서 울었다. 말로는 그날의 내 감정을 전달할 수가 없다. 나
스스로에게 화가 나서, 그 행사의 기획자들이 야속해서, 그
들의 모자란 준비성에 성이 나서 울었다. 나 같은 몸의 인간
을 받아들여줄 생각이 전혀 없는 이 세상 때문에, 이렇게 매
번 한계에 부딪혀야 하는 것이 싫어서, 이 세상에 철저히 나
혼자인 것처럼 느껴져서, 내가 열심히 쌓아온 보호막은 이제
더이상 필요하지 않게 되었지만 그 보호막을 걷어내는 일이
상상했던 것보다 훨씬 더 힘들어서 울었다.

79

눈에 띈다는 건 치러야 할 대가가 있음을 의미하고 지나치게
눈에 띄면 그 대가는 더욱 커진다. 나는 자기주장이 강하고
문화비평가로서 내 의견을 정기적으로 발표하고 공유한다.
내 주장을 자신 있게 말할 수 있고 눈치보지 않고 내 관점을
피력할 권리도 갖고 있다. 나의 이러한 자신감은 나와 의견이
다른 사람들을 자주 성나게 한다. 그럴 때 내 주장이나 생각
이 논의의 대상이 된 적은 별로 없다. 나에 대한 논의 주제는
언제나 몸무게다. "뚱뚱한 주제에." 그들은 말한다. 내가 트위
터 프로필에 작고 귀여운 아기 코끼리를 좋아한다고 써놓았
기 때문인지 수시로 코끼리 농담을 한다. 물론 그 농담에서
는 내가 코끼리다.

　책 홍보차 스웨덴에 갔을 때 스웨덴에도 〈비기스트 루저〉
의 스웨덴 버전이 있더라는 글을 트위터에 올렸다. 낯선 사람
이 내가 그 프로그램에 미국 대표로 나오느냐는 멘션을 보냈
다. 이런 크고 작은 조롱은 내가 진지한 이야기를 할 때나 사
소한 일상 이야기를 할 때나 늘 따라온다. 나는 절대 내 몸이
어떤지 한순간도 잊어서는 안 되나보다. 그들은 내 몸이 얼마

나 불쾌감을 안겨주는지, 내 몸이 얼마나 자리를 많이 차지하는지 콕 짚어주어야 하나보다. 이런 몸에도 불구하고 또 이런 몸 때문에, 내가 자기 잘난 맛에 사는 것이, 내가 목소리를 내는 것이, 내가 내 목소리의 가치를 믿는 것이 꼴불견이라고 알려주지 않고는 못 배기겠나보다.

내가 성공하면 할수록 점점 더 자주 사람들은 자기들 마음속에 있는 생각, 즉 내가 내 몸 이외에는 어떤 것도 될 수 없다는 생각을 주지시키려 한다. 내가 아무리 눈부신 성취를 이루더라도 나는 뚱뚱할 것이고 그것이 그들에겐 가장 중요한 사실일 것이다.

80

이십대의 나는 가난했다. 어마어마한 이자의 소액 대출을 받기도 했다. 라면을 무지하게 먹었다. 차에 기름을 오 달러어치만 넣기도 했다. 전화가 끊겼다. 몇 년 동안 건강보험이 없어서 병원 근처에도 가지 못했다. 딱 한 번 CT촬영을 한 적이 있고 왜 했는지는 기억도 안 나지만 그때 나온 병원비를 갚는 데 몇 년이 걸렸던 기억이 난다. 몇 년 동안 치과에도 가지 않았다. 사실 그렇게까지 슬픈 이야기는 아니다. 나는 운이 좋은 편이니까. 이건 그저 삶일 뿐이다. 솔직히 말해서 나는 물질적인 안정 면에서는 그리 불안했다고 할 수 없다. 나는 혜택받은 사람이다. 항상 그래왔다. 절대로 굶거나 노숙자가 되게 두지는 않을 부모님이라는 안전망이 있었다. 하지만 나는 어른이면 당연히 그래야 하듯이 내 힘으로 자립했고 그러다보니 아주 자주, 자주 돈이 부족했다. 나는 글을 썼으나 아무도 그 글에 관심이 없었다. 지금 돌이켜 생각해보면 나는 죽을힘을 다하고 있었다. 지금도 여전히 그렇기는 하나 당시에는 소설이건 논픽션이건 내 목소리를 어떻게 내야 할지 몰라 하나씩 알아가고 있던 참이었다. 배워야 할 것이 무궁무진

했고 나는 계속 글을 쓰고 쓰고 또 쓰고 책을 읽고 읽고 또 읽으면서 희망을 가졌다. 학교에 다니고, 공부하고, 조금씩 더 나은 직업을 갖고 학교를 더 다니고 조금씩 더 나은 작가가 되었고, 아주 천천히 더 나은 사람이 되어갔다. 덜 쪼들리게 되었고 그러다가 썩 괜찮아졌다. 아주 많은 돈을 버는 건 아니라도 나를 책임질 수 있을 정도로는 벌었다. 지난 구 년 동안 두 번 이사했는데 이사에 드는 꽤 큰 돈도 처음부터 끝까지 내 힘으로 감당할 수 있었다. 마지막으로 살았던 아파트에서 짐을 빼고 나가기 전에 나는 텅 빈 집에서 울었다. 나다운 행동은 아니었으나 그 감정을 충분히 느끼도록 나를 내버려두었다. 내가 얼마나 멀리 왔는지를 인정하기로 했다. 자랑하는 것이 아니다. 내가 살아온 지도일 뿐이다.

이십대의 내 인생은 내게 뜨거운 맛을 보여준 난장판이었다고 할 수 있다. 아주아주 뜨거웠다. 그렇게까지 난장판이 될 일은 다시는 없을 것이다. 이제 나는 성숙했고 드디어 나를 그런 불구덩이에 던져버리지는 않을 정도로 스스로를 소중히 여기게 되었기 때문이다. 아직도 엉망이지만 이제는 다른 종류의 엉망이다. 대체로 어떤 엉망인지 구별할 줄 알고 무엇 때문인지도 안다. 느리지만, 도움을 요청하는 법을 배우고 있다. 아주 많은 것을 배우고 있다.

눈을 크게 뜨고 있다. 내 눈은 앞으로 다가올 그 무엇도 정면으로 바라볼 준비가 되어 있다.

이십대에 느낀 감정을 안전한 장소, 깔끔하고 독립된 장소에 숨겨놓으려고 하는데 이 감정은 앞으로 언제나 이곳에 머물게 될 것이다. 여전히 강렬한 욕망이 있을 것이다. 생생한 욕망. 집어삼킬 듯한 욕망. 나를 부수어버릴 것만 같은 욕망. 부드러움과 강렬함이 모두 있다. 소유욕도 있을 것이다. 사실 그 안전한 장소란 거짓말이다. 이 안전지대는 무너져버리고 말았다. 어떤 사람들은 나의 따뜻함 안으로 비집고 들어올 방법을 찾았다. 그들은 나의 지도를 자신의 손바닥 위에 올려놓았다. 그들은 내 마음의 지도를 훤히 들여다보고 심하게 휘어진 마음의 굴곡들을 처음부터 끝까지 따라와주었다.

6부

나는 병원에 잘 가지 않는 편이다. 발톱이 살을 파고들거나 감기로 병원에 가도, 의사들은 언제나 나의 덩치만 보고 그에 대해 진단하려 한다. 한번은 목이 심하게 부어 응급치료센터에 갔다가 의사가 진단서에 뭐라고 쓰는지를 보았는데, 가장 먼저 쓴 단어는 "병적 초고도비만"이었고 두번째가 "패혈증 인두염"이었다.

의사들은 대체로 히포크라테스 선서를 신성하게 여긴다. 윤리적 규범을 지키겠다고 선서하고 언제나 환자에게 가장 이익이 되도록 행동하겠다고 선서한다. 단 하나, 환자가 비만인인 경우만 제외하고. 병원이 싫은 이유는 의사들이 비만 환자를 치료할 때만큼은 히포크라테스 선서를 따를 의향이 도무지 없어 보여서다. 선서의 "첫째, 해하지 말라 First do no harm"는 이 통제 불능인 육체에는 적용되지 않는다.

이 사회는 그렇게 비만과 건강에 집단 히스테리를 부리면서도 병원에는 비만인의 몸에 적합한 시설을 갖추어놓고 있지 않다. 그래서 진료실에 앉아 있는 것만으로도 수치심이 느껴진다. 150킬로그램이 넘는 환자들의 몸무게를 잴 수 있는 체중계도 없다. 혈압 측정기의 압박대는 항상 작고 낡은 환자복도 마찬가지다. 진찰대에 올라가 눕는 것도 매우 고역이다. 그 위에서 나 자신을 무방비 상태로 방치한 채 팔다리를 뻗고 눕는 것은 매우 어렵다.

체중계 위에 뜬 숫자를 마주하는 것도, 내 몸무게를 측정할 수 없는 체중계를 만나는 것도 모두 감당하기 힘들어 어디론가 숨어버리고 싶다. '실제' 몸무게를 측정하기 위해 신발을 벗으면서 나는 옷을 몽땅 벗어버렸으면, 머리카락을 잘라버렸으면, 장기와 뼈들을 제거해버렸으면 좋겠다고 생각한다. 그러면 기꺼이 그 위로 올라가 몸무게를 재고, 숫자를 기록하고, 판정을 받을 텐데.

간호사가 체중계 위에 올라가라고 하면 나는 보통 내 몸무게는 안다고 말하며 거부한다. 얼마든지 몸무게를 말해드릴 수 있다고 말한다. 왜냐하면 내가 실제로 체중계에 올라가고 내 몸무게가 디지털 판독기에 떴을 때 그들의 얼굴에 떠오르는 경멸이나 혐오를 숨길 수 있는 간호사는 그리 많지 않기 때문이다. 아니면 동정심 가득한 얼굴로 나를 쳐다보기도 하지만 어떤 때는 그것이 더 나쁘다. 내 몸은 그저 내 몸일 뿐이고 동정심을 유발하는 무언가가 아니다.

진료실에 들어가면 주먹을 꼭 쥔다. 일종의 경계 태세이자 전투 준비이며 실제로 나는 나의 존엄을 위해, 기본적인 진료를 받을 권리를 위해 싸워야 할 때가 많다.

의사들은 비만인들이 고전하고 있는 신체적 증상들을 잘 알기에 내가 당뇨가 아니란 사실에 놀란다. 내가 백 가지 약을 먹고 있지 않다는 사실을 듣고 놀란다. 혹은 내 혈압이 높다는 사실을 알고는 고개를 끄덕이기도 한다. 숫자를 보면서 체중 감량이 왜 중요한지 강조하고 이 숫자를 이대로 놓아두면 절대 안 된다고 엄중하게 경고한다. 이렇게 자신들의 전문 지식을 바탕으로 내 몸을 통제하라고 명령할 때 의사들은 그 어느 때보다 행복해 보인다.

그 결과, 나에게는 훌륭한 의료보험이 있고 적절하고 친절하게 진료를 받을 권리가 있음에도 반드시 필요한 일이 아니면 병원에 잘 가지 않게 되었다. 나는 진단받지 않은 만성 위경련이 있고, 지난 십 년간 가끔은 이 때문에 쇠약해지기도 했지만 의사를 찾지 않는다. 의사란 첫째, 해하지 말아야 하지만 뚱뚱한 몸을 앞에 두었을 때는 자신들의 직업윤리를 떠올리는 능력을 완전히 잃어버리는 것 같다.

82

2014년 10월에 나의 가장 거대한 공포 중 하나가 현실이 되었다. 아파트에서 내가 논문을 지도하는 대학원생들의 단편소설에 평을 써주고 있었다. 그주 내내 위경련이 있었으나 항상 그래왔으니 대수롭지 않게 넘겼다. 참다 참다 욕실에 갔을 때 굉장히 극심한 통증이 밀려왔다. '잠깐 누워야겠다.' 나는 생각했다. 정신이 들었을 때는 이미 욕실 바닥에 누워 있었고 땀범벅이었지만 조금은 괜찮아진 것 같았다. 누워서 왼발을 내려다보았는데 발이 부자연스럽게 꺾여 뼈가 거의 피부를 뚫고 나올 것처럼 튀어나와 있었다. '이건 아닌데.' 나는 눈을 감았다. 숨을 쉬려고, 기절하지 않으려고, 앞으로 일어날 될 모든 일을 생각하지 않으려고 눈을 감았다. 바로 그때 욕실 수도관에 무언가 문제가 생겼는지 물이 넘쳤고, 난 그 문제를 처리할 수도, 맛이 간 내 발을 어찌할 수도 없었다. 그래서 수도관 문제는 일단 마음 한구석으로 밀쳐두었다.

뚱뚱한 사람에게 가장 큰 공포 중 하나는 혼자 있을 때 넘어져 응급 구조원에게 전화를 걸어야 하는 상황이다. 몇 년 동안 이 상황을 머릿속으로 그려왔는데 발목이 골절되면서 마침내 그 공포가 현실이 되었다.

다행히 그날 밤 휴대폰은 내 주머니에 있었고 욕실 문 앞까지 기어가 신호가 뜨는지 보았다. 발목이 아파오기 시작했지만 몇 년 동안 시청해온 〈시카고 호프Chicago Hope〉 〈ER〉 〈그레이 아나토미Grey's Anatomy〉 같은 의학 드라마에서 본 것과는 달리 통증은 생각만큼 심하진 않았다.

당시 내가 살던 곳은 인디애나주 라파예트라는 소도시였기에 911은 바로 연결되었다. 친절한 교환원에게 황급히 나의 수치스러운 비밀을 밝혀야 한다는 듯이 말했다. "그런데 저 뚱뚱해요." 그는 온화하게 말했다. "괜찮습니다. 아무 문제없어요."

응급 구조원이 여러 명 왔고 그들 가운데 83퍼센트는 섹시하고 잘생긴 사람이었다. 그들은 한없이 친절했고 내 발을 볼 때마다 얼굴을 찡그리며 같이 아파해주었다. 발에 부목을 댄 후 나를 끌어내서 신기한 기계로 연결하여 들것 위에 올렸고, 그때부터는 괜찮아졌다. 내 동맥을 찾느라 조금 애를 먹어서 엉뚱한 부분에 멍이 들긴 했다. 응급 구조원들을 기다리는 동안 나는 사고가 있었다는 문자를 사귀던 사람에게 보냈다. 가볍게 말하고 싶었지만 내 부상이 결코 가볍지 않다는 것을 차츰 실감하고 있었다.

병원에서 엑스레이를 찍은 기사가 말했다. "환자분 발목이 제대로 부러져버렸네요." 일반적인 골절과는 구분해야 하는 것처럼 느껴졌다. 내 발목은 탈구되기도 했다. 그날 밤에는 수술을 할 수가 없어서 위치만 교정을 했다. 당신이 생각하는 것처럼 몸서리쳐지는 일이다. 그날 밤 간호사는 마이클 잭슨이 잠들 때 사용했다던 마취제 펜타닐을 놓아주면서 순식간에 잠들 거라고 말했다. 그 말이 맞았다. 의식이 돌아왔을 때 나는 물었다. "지금 주사 놓으려는 건가요?" 사람들이 내 다리를 다정하게 토닥여주었다. 새삼 제약업계에 감사한 마음이 들었다.

또다른 이상 증상이 두 가지 있었다. 사실은 지난 몇 년간 자주 심장이 불규칙하게 뛰었고 헤모글로빈 수치가 상당히 낮았다. 병원에서 나를 집으로 보내줄 리 없었고 나는 결국 열흘이나 입원하게 되었다. 엉덩이가 너무 아파서 외과 수술을 통해 엉덩이를 제거해달라고 말하고 싶을 정도였다. 특히 입원 초기에는 거의 잠을 못 자서 정신 상태가 그리 온전하지 못했다. 간호사들이 끊임없이 와서 나를 찔러보고 내 '활력징후'•를 재고 뭔지 모를 다른 일들을 했다. 누가 내 몸을 만지는 것을 극도로 싫어하는 나로서는 선심을 쓴 편이었다. 고맙게도 병원에서는 내 사이즈에 맞는 큰 환자복을 준비해주었지만 그것은 작은 위안밖에 되지 않았다. 무기력한 상태로 누워 있는 건 아무리 보살핌을 받는다고 해도 존엄이 박

• 혈압, 호흡, 맥박, 체온.

탈당하는 일이다.

그 병원에서는 밤 열한시, 새벽 세시, 아침 일곱시에 활력징후를 쟀기에 나는 언제 마음 편히 잠이란 걸 잘 수 있을지 장담할 수 없었다. 낮에도 계속 활력징후를 쟀다. 덕분에 그 열흘 동안 병원의 루틴과 동향을 낱낱이 파악할 수 있었다. 기본적으로 병원 생활 전문가가 되었다고 할 수 있겠다. 내 옆 병실에는 이십 초에 한 번씩 "이봐요"라고 간호사를 부르는 여자 환자가 있었다. 자꾸 정맥주사를 빼버리곤 하는 사고뭉치였다. 나이 많은 노인이었고 내가 있는 동안 병문안 오는 사람이 한 명도 없어서 안쓰럽기도 했다. 사실 내가 그렇게 되고 싶었지만 내 상황은 달랐다.

사고 당일 밤, 당시 시카고에 살던 남동생과 올케에게 이런 당부와 함께 문자를 보냈다. "엄마 아빠한테 절대 말하지 마." 엄마 아빠는 까무러칠 것이 분명했다. 당연히 동생 부부는 엄마 아빠에게 연락을 했고, 당연히 부모님은 까무라칠 듯 놀랐다. 동생 부부는 차를 빌려서 병원까지 와주었다. 사실 입원 첫날은 고통과 혼돈으로 모든 것이 희미했다. 헤모글로빈 수치가 너무 낮아 정형외과의사가 수술을 할 수 없다고 해서 생애 최초로 수혈을 받았다. 타인의 피가 얼마나 빨리 내 몸안으로 들어올 수 있는지를 보며 놀랐다. 정형외과의사는 몹시 매력적인 사람이었고 그도 그 사실을 아는 듯했다. 자신의 일을 잘하고 그로 인해 충분히 보상받는 사람 특유의 으스대는 느낌도 있었다. 그날은 토요일이었다.

일요일에는 수혈을 한 번 더 받아서 이제 나는 적어도 두 사람의 혈액을 보유한 사람이 되었다. 의사는 발목이 불안정하다며 수술을 하자고 했다. 수술실로 들어갔을 때 나는 마취의에게 강력하게 마취해달라고, 〈어웨이크Awake〉•를 봐서 걱정이 된다고 말했다. 그녀는 고개를 절레절레 흔들었다. "그 망할 영화 때문에 그런 이야기 참 많이 듣죠." 그녀에게 충분히 이해가 된다고, 나는 작가인데 작가에 관한 영화도 하나같이 가짜라고 말했다. 그럼에도 나는 잊지 않고 한번 더 졸랐다. "그래도요. 죽은듯이 잠들 수 있게 해주세요."

이 모든 일이 일어나는 동안 나는 전화로, 문자메시지로 애인과 계속 이야기를 나누었다. 그녀는 많이 놀랐지만 가능한 한 차분해지려고 애썼다. 병원에 같이 있고 싶어했는데 사정상 불가능했다. 하지만 그녀는 가능한 모든 방법을 동원해 나와 함께했고 아직까지도 그 점에 고마워하고 있다.

수술실에서는 산소마스크가 씌워지던 장면 외에는 아무것도 기억나지 않는다. 눈을 떠보니 다른 방이었고 한 여자가 나를 보고 있었다. 나는 그녀가 나를 쳐다보고 있는 것이 마음에 들지 않아서 "저 좀 그만 보실래요"라고 말했고 다시 의식을 잃었다. 남동생에게 듣기론 수술은 잘되었지만 발목이

• 마취중 각성을 겪으며 일어나는 일들을 담은 영화.

의사가 처음 생각했던 것보다 더 많이 부러져 있었다고 한다. 인대도 끊어지고 여기저기 다 엉망이었다. 지금 내 발목에는 철심이 박혀 있다. 나는 사이보그다.

내가 무척 좋아하는 조카딸은 수술 후에 나를 의심스럽게 쳐다보았다. 두 살 어린이는 나의 왼발을 감싼 커다란 깁스의 팬이 될 수 없었던 것이다. 조카는 마지못해 손 키스를 날려주고 자기가 하던 일로 돌아갔다. 조카는 병원 침대도 싫어했지만 병실의 바퀴 달린 의자는 마음에 든다면서 의자 위에서 놀았다. 수술이 끝나고 입원실에 돌아왔을 때는 마치 마법처럼 우리 부모님과 또다른 올케와 조카와 사촌과 그의 애인까지 다 모여 있었다. 사람 하나를 키우는 데 마을 하나가 필요하다더니 정말 그랬다. 다시 한번 내가 사랑받는 사람이라는 사실을 상기했다.

열흘이라는 기간 동안 다른 환자들의 코 고는 소리, 이 가는 소리, 그르렁거리는 소리를 실컷 들었다. 병실의 온도도 추웠다 더웠다 제멋대로였다. 변비에도 걸렸다. 샤워를 하고 싶었지만 하지 못했다. 그 대신 간호사들이 드라이 샴푸와 내 몸만한 커다란 물티슈를 이용해서 나를 씻겨주었다. 나를 잠에 취하게 해준 약들을 많이 공급해준 점은 좋았다. 부상의 심각성을 직시했고 얼마 동안 내가 고장 수리중인 상태가 되리라는 사실도 인정해야 했다. 행사나 약속을 취소해 몇몇 사람들을 실망시켰으나 육 주 동안 집에 묶여 있어야 했다.

회복되는 동안 학교 수업은 온라인으로 진행하기로 했다.

의료진의 훌륭한 치료와 돌봄을 받았지만 그들은 딱히 대화를 나누기에 좋은 상대라 할 수 없었다. 혼자 있는 시간이 거의 없었음에도 나는 두려움과 외로움과 결핍감으로 똘똘 뭉친 바보가 되어갔다. 나는 내 의지대로 하기를 사랑하는 사람인데 내 의지대로 할 수 있는 것이 하나도 없었기에 그것은 동시다발적 트리거가 되어 나를 공격했다.

수술에 들어가기 전에는 어마어마한 공포에 시달렸다. 그때 나는 아직 살고 싶은 날들이 많다는 것을 알았다. 죽고 싶지 않았다. 계속 생각했다. '아직 죽고 싶지 않아.' 사실 굉장히 이상한 생각이었는데 이렇게 너무나 구체적인 방식으로 죽음의 가능성에 맞닥뜨리기 전에는 적극적으로 살고 싶었던 적이 없었기 때문이다. 앞으로 하고 싶은 많은 일과 써야 할 글들을 떠올렸다. 내 친구, 우리 가족, 사랑하는 사람을 떠올렸다.

나는 두려움을 잘 다루지 못한다. 그동안 사랑하는 사람을 밀어내려 했다. 나에게는 인간적인 약점이 허락되지 않는다고 생각했고 나는 늘 이대로는 부족한 사람이었다.

입원 기간 동안 상태가 아주 좋지는 않았는데 내 의지대로 할 수 있는 일이 거의 없었기 때문이다. 침대는 짜증나게 좁았고 환자복은 안전하게 느껴지지 않았고 샤워도 할 수 없었고 잘 움직일 수도 없었고 병원식이 맛없어서 잘 먹지도 못했다. 나는 쉽게 우는 편이 아니라서 처음 며칠 동안은 그렇게 심하게 무너지지는 않았으나 의사가 며칠 더 입원을 해야겠다고 말한 날 아침에 무너지고 말았다.

흐느껴 울지는 않으려 했다. 우아하고 품위 있게, 영화 속 여리디여린 여자들처럼 예쁘게 울고 싶었다. 하지만…… 나는 그런 연약한 여자가 아니다. 간호사가 살짝 훔쳐보는 것 같아서 나는 강해 보이고 싶어 눈물을 닦고 아랫입술을 깨물었으나 그들이 고개를 돌리자마자 다시 울기 시작했다. 혼자 온갖 신세한탄을 늘어놓았다. 사고와 입원은 내가 필요 이상으로 너무 많이 겪었던 인생의 바닥 중 하나였다.

발목이 골절되었을 때 다들 너무나 걱정을 해주었고 나는 그 점이 낯설기도 했다. 나에게 사랑으로 넘치는 대가족이 있고 든든한 친구들이 있다는 사실은 무언가 추상적인 것, 당연한 것이었는데 어느 날 갑자기 그렇지 않게 된 것이다. 이들이 나에게 매일 전화하는 사람들, 내 병원 침대로 모여드는 사람들, 내 기분이 나아지도록 갖가지 선물을 보내는 사람들이었다. 걱정이 가득한 문자와 이메일을 받으면서 나는 오랫동안 나조차도 이해할 수 없는 이유로 진실이 아닌 척했던 어떤 사실과 대면해야 했다. 내가 만약 죽는다면 이 사람들은 상실감으로 고통스러워할 것이다. 그제야 내가 내 인생의 사람들에게 중요하며, 나에게 나 자신을 중요하게 여기고 나를 돌볼 책임이 있다는 것을 확실히 깨달았다. 그래야 그들이 나를 잃지 않을 수 있고 나에게도 더 많은 시간이 주어진다. 발목이 부러졌을 때부터 사랑은 추상이나 개념이 아니었다. 사랑은 현실이며 짜증스럽고 거치적거리면서도 필요한 것이었고, 내 인생에는 그 사랑이 아주 많았다. 천지가 개벽할 깨달음이었다. 이후 그 깨달음을 항상 마음에 새겼지만 지금까지도 계속 온전히 이해하려고 노력중이다.

그 일이 있고 벌써 이 년이나 흘렀다. 욱신거리는 왼쪽 발목은 언제나 그 사실을 상기시켜준다. "그래, 이쪽 뼈가 부러졌었지."

나는 치유의 정체가 무엇일지, 몸의 치유뿐만 아니라 영혼의 치유는 과연 어떤 모습을 하고 있을지 늘 궁금했다. 정신과 영혼도 뼈처럼 깔끔하게 붙거나 치료된다는 생각에 매혹되곤 했다. 충분한 시간이 주어지고 적절한 조건만 갖춰진다면 원래 갖고 있던 힘을 되찾으리라는 생각에 끌렸다. 하지만 치유는 그렇게 단순하지 않다. 절대 그렇지 않다.

몇 년 전, 나는 스스로에게 이렇게 말했던 적이 있다. 언젠가는 다른 이들 때문에 겪은 일들에 대해 조용하지만 끝없는 분노를 느끼지 않게 될 날이 올 거라고. 어느 날 아침 일어나보면 더이상 플래시백은 없을 것이라고, 눈을 뜨자마자 내가 겪은 폭력의 역사에 대해 생각하지 않는 날이 올 거라고, 맥주의 맥아 냄새를 잊을 수 있는 날이, 단 몇 초 동안이라도, 아니 몇 분, 몇 시간 정도는 내가 어디에 있었는지 잊는 날이 올 거라고 생각했었다. 나를 괴롭히는 과거는 끝이 없었다. 그리고 그런 날은 절대 오지 않았다. 아니, 아직은 오지 않았다. 그리고 이제는 더이상 그날이 오기를 기다리지 않는다.

하지만 다른 날이 오기는 했다. 사람들의 손길이 내 몸에 닿을 때 전보다 덜 움찔한다. 대부분의 경우 이제는 폭풍이 오지 않을 것이라고 믿게 되었기 때문에 늘 사람들의 다정함을 폭풍 전야의 고요함이라고 생각하지는 않는다. 나는 나 자신에 대한 증오를 조금씩 거두고 있다. 스스로의 과오를 용서하려고 노력하고 있다.

내 소설 『언테임드 스테이트An Untamed State』에서 주인공 미리는 지옥을 경험한 후에 한번 망가진 것은 더 심하게 망가져야 진정한 치유가 찾아올 수 있다고 생각한다. 그래서 자신을 무너뜨릴 무언가를 꼭 찾고 싶어한다. 그래야 납치되기 전의 삶으로 돌아갈 수 있을 테니까.

나도 산산이 부서졌었고, 그러다 내 발목도 부러지면서 그동안 무시해오던 수많은 것들을 강제로 마주할 수밖에 없었다. 내 몸과 내 몸의 나약함을 마주할 수밖에 없었다. 잠시 멈추고 숨을 고르고 나 자신에게 관심을 줄 수밖에 없었다.

내가 강한 사람이 아니라는 사실에 항상 애를 끓였다. 강한 사람들은 나처럼 위태로운 상황에 처하지도 않을 것이다. 강한 사람들은 나 같은 실수를 저지르지 않을 것이다. 사실 이는 모두 내가 수년간 꾸며낸 헛소리로, 다른 사람이 이런 생각을 했다면 바로잡아주려 했겠지만 나는 끝까지 이런 생각을 지니고 있었다. 내가 강한 사람이 못 될까봐 걱정하면서도 겉으로는 상처 입지 않는 사람인 척, 부서뜨릴 수 없는 사람인 척, 돌처럼 차가운 척, 요새인 척, 혼자 다 할 수 있는 척을 하느라 너무나 많은 시간과 에너지를 쏟았다. 도저히 그렇게 할 수 없을 때조차도 그런 척해야 한다고 생각했다.

2014년 10월 전까지는 더 잘하려고 녹초가 되도록 스스로를 밀어붙였다. 그러다보니 언제나 녹초가 되어버렸고 그래도 끈질기게 밀어붙이고 또 밀어붙이며 나 자신을 초인적이라고 생각했다. 스무 살에는 그렇게 할 수 있다. 하지만 마흔이 되면 몸이 먼저 말한다. "그렇게 안 해도 돼. 자리에 앉아. 야채도 먹고 비타민도 먹어야지." 발목이 부러진 이후로 삶에 대한 자각의 순간이 여러 차례 찾아왔다. 그중에서도 가장 심오한 깨달음은 치유란 그다지 거창한 것이 아니고, 먼저 내가 내 몸을 돌보고 나의 몸과 더 인간적인 관계를 맺는 법을 배우는 것이라는 사실이다.

나는 부서졌었고 그 이후로 더 부서졌다. 그리고 아직 치유가 되지는 않았으나 어쩌면 언젠가는 치유가 될지도 모른다고 믿기 시작했다.

83

내가 소설을 출간하면 주변 상황이 변하리라는 것을 짐작은 했지만 그에 대해서 거의 아무런 대처를 하지 않았다. 여성 작가가 글을 쓰면 픽션임에도 불구하고 개인사가 소설의 일부처럼 여겨진다는 사실에 약간은 저항감을 느끼고 있었기 때문이다.

부모님은 내가 타고난 작가라는 것을 알고 있었다. 어릴 때부터 나의 창의성을 지지해주었고 첫 타자기를 사주었고 내가 쓴 짧은 이야기들을 읽어주었고 자상한 부모라면 늘 그러듯 잘 썼다고 칭찬해주었다. 하지만 나는 이른바 반스 앤드 노블 같은 서점의 베스트셀러 목록에 책이 올라가는 유명 대중작가는 아니었기에 우리 부모님은 내가 어떤 글을 쓰는지는 잘 모르고 있었다. 나의 글이 실리는 온라인 잡지는 부모님 세대가 다가가기 어려운 매체였고 굳이 내가 먼저 부모님에게 내 글을 보여주지도 않았다. 나의 단편소설 「노스 카운티」가 『미국 단편소설 베스트The Best American Short Stories』에 실렸다고 엄마에게 말하자 엄마는 물었다. "그게 뭐니?"

『언테임드 스테이트』와 『나쁜 페미니스트』의 출간에 대해서는 더 모호하게 말하고 넘어갔다. 특히 『나쁜 페미니스트』에서 밝힌 나의 고백에 대해서는 침묵했다. 그런데 『타임』에 실린 서평에서 나의 과거 성폭행 피해가 언급되었다. 이전에 내 에세이를 몇 편 읽어본 독자라면 다 알고 있었지만 그때까지 우리 가족 대부분에게는 비밀이었다. 그날 일어난 일은 가족과 이야기할 만한 일은 아니었다. 아직까지도 내게 너무나 큰일이라 가족들에게 말을 할 수가 없었다. 그 기억들은 지금까지도 너무 생생하다. 그 일은 아직까지도 내게 영향을 미치고 있다. 그러면서도 가족에게만은 비밀이었다.

아빠가 인터넷으로 기사를 읽은 날 내게 전화를 했다. "『타임』에 실린 리뷰 읽었다." 아무렇지 않은 척했지만 아빠가 무슨 말을 하려는지 알았다.

몇 주 전에 엄마가 엄마만의 방식으로 살짝 나를 떠본 적이 있었다. 우리는 때로 훌륭한 부모를 둔 아이들도 자신의 트라우마를 부모에게 털어놓기 어려워한다는 이야기를 나누었다. 나는 엄마에게 내 글의 소재 대부분은 성폭력과 트라우마라고 말했다. 엄마와 나는 앞으로 조카가 살아가야 할 이 세상은 지금보다 나아져야 한다고 이야기했고 만약 조카에게 안 좋은 일이 생긴다면 반드시 누군가에게는 말했으면 좋겠다고 했다. 나는 엄마가 내 과거를 안다는 것을 알았고 엄마와 내가 참으로 비슷하다는 점에 감사했다. 진실을 돌려 말하는 것이 충분할 때도 있는 것이다.

『타임』에 기사가 난 후에 부모님 집에 갔을 때 아빠는 물었다. "왜 무슨 일이 일어났는지 이야기하지 않았니?" 나는 대답했다. "아빠, 난 무서웠어요. 더 큰 문제를 일으키게 될까봐."

열두 살 때는 내게 일어났던 그 일이 너무 부끄럽고 창피했다. 나를 좋아하게 만들고 싶었던 그 아이와 한 짓들 때문에 결국 그와 그의 친구들이 나에게 그 짓을 한 것이라 생각했고 그 이후에 일어난 모든 일도 전부 다 내 잘못인 것만 같았다.

아빠는 지금이라도 정의가 이루어져야 한다고, 또 아빠가 나를 위해서 정의를 바로잡아주었을 거라고 말했고 나는 늘 그러던 대로 내 안으로 숨어버렸다. 마지못해 아빠 이야기를 듣는 척하다가 휴대폰을 내려다보면서 말을 끊어버렸다. 더 잘 대처할 수 있었을지도 모르겠다. 하지만 내가 너무나 오래 듣고 싶었던 그 이야기를 듣자 더이상 무너질 방법도 모르면서 또다시 무너져버릴 것 같았다. 이제 우리 가족도 내 비밀을 안다. 어떤 면에서 나는 자유로워졌고, 어떤 면에서 내 안의 일부는 자유로워지고 또다른 일부는 여전히 그 숲속의 소녀로 남아 있다. 나는 앞으로도 언제까지나 그 소녀일 것이다. 아빠와 남동생들은 그 자식의 이름을 알려달라고 했다. 나는 말해주지 않았다.

가족들은 이제 나를 더 잘 이해한다. 아니, 그렇게 생각하고 그건 좋은 일이다. 당연히 나는 가족들이 나를 이해해주길 바라니까.

나는 이해받고 싶은 사람이니까.

84

몇 년 전 과거의 그 소년이 어떤 사람이 되었는지 알고 싶어
져서 검색해보았다. 흔치 않은 이름도 아니었지만 그렇다고
아주 흔한 이름도 아니었기에 가능성은 있었다. 찾고 찾고 또
찾아보았다. 약간은 집착에 가까웠다. 구글에서 그 남자 이
름을 친 다음에 떠오르는 수백 개의 검색 내용을 스크롤해
가며 보고 또 보았다. 그의 이름과 내가 그를 알았던 때 그가
살았던 주 이름을 쳐보았지만 그는 더이상 그 지역에 살지
않았다. 그가 자라서 어떤 직업을 가졌을지 추측해보았다. 가
장 먼저 떠오른 두 가지 가능성은 정치가나 변호사였다. 그
러니 그가 어떤 부류의 사람이었을지 짐작하실 수 있으리라.
그는 정치가도, 변호사도 되지 않았지만 내 예측이 그렇게까
지 빗나간 것도 아니었다. 사람은 잘 변하지 않는 법이다. 그
의 얼굴을 아직 알아볼 수 있을지 궁금했다. 그럴 필요도 없
었다. 절대로 잊을 수 없는 얼굴들이 있다. 그는 그때와 완전
히 똑같았다. 똑같아도 너무 똑같았다. 더 나이가 들어 보였
지만 그렇게 들어 보이지도 않았다. 머리 색깔은 더 짙어졌
다. 내가 그를 마지막으로 몇 년 전에, 아니 며칠 전에 보았는

지 잘 안다. 이십 년은 넘었지만 삼십 년까지는 되지 않았다. 그가 어디에 있든 알아볼 수 있다. 이전의 머리 스타일과 여전히 똑같은 스타일이었다. 빳빳한 패션 카탈로그에 나오는 프레피 스타일. 그의 얼굴은 넓적한 편이다. 그는 이름만 들으면 아는 대기업의 임원이었다. 그럴듯한 직함을 갖고 있었다. 여전히 똑같은 거만한 얼굴 표정, 그러니까 어떤 이들은 천성적으로 가지고 있는 '이 세상은 내 것이야' 하는 득의만만한 표정을 지니고 있었다. 마치 그가 사라져버릴까봐 확인하고 또 확인하려는 듯 며칠에 한 번씩 구글로 그를 검색했다. 그가 어디 사는지 알아야 했다. 혹시 모르니 언제 어디서든, 그와 나 사이의 거리가 어느 정도인지 인지하고 있어야 한다. 내가 왜 이런 이야기까지 하고 있는지 모르겠다. 아니, 안다. 이 책을 쓰면서 그를 구글에서 검색해보았다. 왜 그랬는지 모르겠다. 아니, 안다. 몇 시간 동안 한자리에 앉아서 회사 홈페이지에 있는 그의 사진을 뚫어져라 보았다. 속이 메스꺼웠다. 아직도 냄새를 맡을 수 있을 것 같았다. 이런 게 바로 미래의 기술이 우리에게 저지르는 짓들이다. 한번은 언젠가 그가 사는 도시에 가서 그를 찾아볼까도 생각했다. 내가 가끔 가는 곳이다. 만약 친구들에게 내가 무슨 짓을 하고 있는지 털어놓았다면 당장 그만두라고 했을 것이기에 그냥 기다리면서 이 계획은 나만의 것으로 간직하려 했다. 친구들에게 미안하게도 솔직하게 다 말하지 않았다. 나는 기다리는 데는 자신 있다. 그를 찾을 시간을 낼 수 있다. 그는 나를 알아보지 못할 것이다. 그가 나를 알았을 때 나는 지금보다 마르고 훨씬 작았으니까. 나는 정말 작고 귀엽고 똑똑한 아이였다. 아니, 똑똑하지는 않았지. 더이상 그 소녀는 아니다. 나는 그를 찾아서 몰래 볼 수도 있을 것이다. 그 정도는 감당할 수 있을 것이다. 그는 나를 보지 못할 것이다. 나를 보고 그냥 지나칠 것이다. 그의 직장을 알고 이메일 주소와 휴대폰 번호와 팩스 번호까지 알고 있다. 적어놓지는 않았지만 그냥 안다. 북마크를 해놓았고 어쩌면 외워버렸을지도 모른다. 구글맵 스트리트 뷰 덕분에 그의 사무실 앞 거리가 어떤지 안다. 야자수가 있다. 전망도 좋다. 이렇게 다시 미래의 기술로부터 도움을 받는다. 그에게 할말이 있는 것도 아니고, 아니 있지만 하지는 않을 것이다. 아니, 할지도 모른다. 어쩌면 할말이 너무나 많을 것이다. 나도 모르겠다. 그의 집이 어디인지 궁금하다. 그의 직장에 찾아가서 주차장에 차를 세우고 기다리다가 집까지 미행을 하면 그가 어디서, 어떻게 사는지 알 수 있을 것이다. 그가 어떤 집의 어떤 방에서 자는지 알아낼 것이다. 결혼은 했는지, 아이는 있는지, 행복한지 궁금하다. 좋은 남편이자 아빠일까? 같이 어울렸던 그 남자아이들과 아직도 연락을 할까? 혹시라도 그때 그 시절에 대해 이야기하거나 혹시 내 이야기도 할까? 그가 나에게 그 친구들 이름을 알려줄지 궁금하다. 나는 사실 그들이 누구인지 몰랐고 대충만 알 뿐이었는데, 서로 알게 된 뒤에도 그들의 이름은 끝까지 몰랐다. 그가 괜찮은 인간이 되었을지 궁금하다. 한번은 우리가 숲속에서 애정 행각을 벌이고 있을 때 내 남동생에게 들켰고 남동생이 몇 주 동안 나에게 협박을 한 적이 있다. 동생이 부모님에게 일러바치겠다고 해서 나는 하라는 대로 심부름이나 집안일을 해주면서 동생이 부모님에게 내가 나쁜 가톨릭 신자라고 말하지 않기만을 바랐다. 남매 사이가 이상해졌다. 내 동생은 그때도 이미 자긴 그 형이 마음에 들지 않으니 헤어지는 것이 좋겠다고 말한 적이 있다. 나는 동생에게 어린 네가 뭘 아냐고 핀잔을 주었다. 나는 우리 학교에서 가장 멋진 남자애와 비밀 연애중이었으니까. 중요한 건 그뿐이었으니까. 나는 동생에게 부러워서 그러는 거라고 말했다. 넌 어려서 이해 못한다고 말했다. 그때 동생 말을 들었어야 했는데. 나도 어렸으면서. 과거의 이 남자가 마시는 커피 종류가 궁금한데, 왜냐하면 그의 사무실 맞은편에 스타벅스가 있기 때문이다. 역시 구글 덕분에 알았다. 그가 붉은 고기를 먹는지, 아직도 『플레이보이』를 즐겨 보는지, 어떤 취미가 있는지, 지금도 뚱뚱한 아이들에게 못되게 구는지 궁금하다. 나는 그 아이에게 미쳐 있었다. 그가 부탁한다면 나는 뭐든 했을 것이다. 아직도 예전처럼 인기가 많을까? 어떤 자동차를 몰까? 부모님과 사이가 좋을까? 그 부모는 똑같은 집에 살까? 회사로 전화를 걸어서 그를 바꾸어달라고 한 적이 있다. 한 번이 아니었다. 그리고 그가 받자마자 끊었다. 그의 비서는 내가 지어낸 용건을 듣자마자 그에게로 전화를 연결해주었다. 내가 생각해도 그럴듯했다. 그의 목소리를 듣자마자 수화기를 떨어뜨렸다. 목소리도 변하지 않았다. 다시 전화기를 들어보니 그는 말하고 있었다. "여보세요, 여보세요, 여보세요." 상당히 오래 반복되었다. 그는 계속해서 여보세요, 하고 물었다. 마치 내 존재를 아는 듯이, 내 전화를 기다려왔다는 듯이. 그가 여보세요, 하고 말하기를 멈추고도 한참이나 수화기를 들고 있었고 그와 나는 침묵 속에서 앉아 있었고 나는 그가 먼저 끊기를 기다렸으나 그는 끊지 않았고 나도 끊지 않았고 그 말은 곧 우리는 그 시간 동안 상대의 숨소리만 듣고 있었다는 뜻이다. 몸이 얼어붙었다. 그가 나를 생각하는지, 내가 주지 않은 것을 강제로 취하기 전에 내가 준 것들을 생각하는지 알고 싶다. 아내와 사랑을 나눌 때 나를 생각할지 궁금하다. 그는 자기 자신이 역겹지 않을까? 자기가 한 짓을 생각하면 흥분할까? 내가 역겨웠나? 그는 내가 자기를 매일매일 생각한다는 것을 알까? 나는 그렇지 않다고 말하지만, 그렇다. 그는 언제나 나와 함께 있다. 언제나. 내가 사는 이곳에 평화란 없다. 그는 알까? 내가 그가 나한테 한 짓을 할 만한 남자를 찾으며 살았던 것을, 아니 그들이 내가 그렇다는 것을 냄새 맡고 날 찾아내기도 했다는 걸 알까? 그런 인간들을 어떻게 찾아내곤 했는지, 내가 모든 좋은 것을 어

떻게 밀어냈는지 알까? 그가 시작했던 것을 나는 몇십 년 동
안 멈추지 못했다는 것을 알까? 내가 섹스를 할 때 그를 생
각하지 않으면 아무것도 느끼지 못해 억지로 시늉만 한다는
것, 반면 그를 생각하면 쾌락이 너무나 강렬해서 숨도 못 쉴
정도라는 걸 알면 어떻게 생각할까? 그가 다모클레스의 칼•
이라는 개념을 알까? 언제나, 매일 밤, 내가 누구와 있건, 항
상 그는 나와 같이 있다. 만약 그를 찾아낼 수 있다면 그가
하는 사업에 관심이 있는 고객인 척할 수도 있을 것이다. 그
의 동선 안에서 어떻게 움직여야 하는지 안다. 그와 약속을
잡아 그가 나에게 상품을 보여주게 할 수도 있다. 물론 그는
상상도 못하겠지만 나는 그와 한방에 있는 걸 감당할 수 있
다. 나에게도 그럴듯한 명함이 있다. 아마도 전망이 좋을 고
급스러운 사무실 안에서 그와 마주보고 앉아 있을 수도 있
다. 그의 책상은 크고 위세를 자랑할 것이다. 그가 나를 알
아보기까지 얼마나 오래 걸릴지 궁금하다. 나를 기억이나 하
고 있을지 궁금하다. 나의 눈은 변하지 않았다. 나의 입술은
바뀌지 않았다. 그가 나를 기억한다면 인정할 것인가, 아니
면 나의 정체를 모르는 척, 내가 꾸민 게임의 마지막 부분을
못 알아보는 척할 것인가? 내가 그곳에 얼마나 오래 앉아 있
게 될지 궁금하다. 얼마나 오래 앉아 있을 수 있는지 궁금하

• 한 올의 말총에 매달린 칼 아래 앉아, 언제든 떨어진 칼에 맞을 수 있는 위태로운
  상황.

다. 내가 어떻게 되었고, 내가 날 어떻게 만들었는지, 그가 내게 저지른 짓들에도 불구하고 내가 날 어떻게 만들어왔는지를 그에게 말할 수 있을지 궁금하다. 그가 신경이나 쓸지, 그것이 중요할지 궁금하다.

85

내가 원하는 삶을 살기 위해 필요한 단계들을 차곡차곡 밟아왔다. 지난 십이 년 동안 나는 미국의 중서부 농촌 지역에서 다소 행복하지 않게 살았다. 흑인 여성으로서 이것은 아주 좋게 말해서, 애쓰면서 살아야 했다는 뜻이다. 정말 나에게 솔직해지자면, 내가 주거지를 선택할 수 없었던 대학원을 제외하고는 숨어살고 싶었기에 이렇게 산 것이다. 적어도 내 머릿속에서는 모든 사람이 날씬하고 건강하고 아름다울 것 같은 도시에서 사는 것이 두려웠다. 나는 그곳과 어울리지 않는 못난 여자이기 때문에.

대학원에 오기 전에는 존재하는지도 몰랐던 지역인 미시간의 어퍼반도라는 곳에서 사 년을 살았다. 주민이라고는 4,000명이 전부인 소도시였다. 그다음에 이사한 곳은 큰 다리 하나만 건너면 되는 인구 7,000명의 도시였다. 핀란드를 제외하고는 전 세계에서 핀란드인 거주율이 가장 높은 지역이었기 때문에 거리 표지판이 영어와 핀란드어로 모두 표기되어 있었다. 흑인 인구가 워낙 적어서 내가 흑인이라는 사실은 위협이라기보다 호기심으로 받아들여졌다. 나는 뜬금없는 곳에 살고 있긴 했지만 안전하지 않다고 느끼진 않았다. 그곳엔 버려진 구리 광산이 있고 대부분의 땅이 슈피리어호수에 맞닿아 있으며 모든 것이 숲에 싸여 있다. 가을이면 사슴 사냥을 하고 사슴 고기 잔치가 벌어지는 곳이다. 겨울은 끝이 없고, 적설량은 측량할 수 없을 정도이고, 겨울마다 스노모빌이 굴러가는 소리가 들린다. 외롭고 적적하다. 그래도 그 적적함을 견디게 해준 친구들이 있었다. 그리고 이 모든 것을 아름답게 해준 한 남자가 있었다.

일리노이 지방에서는 가도 가도 끝없는 옥수수밭뿐인 마을에서 투자 부족으로 건축업자의 야망이 좌절되어버린 탁 트인 공터 언덕 옆 아파트 단지에서 살았다. 언덕은 넓고 푸르며 가장자리에는 나무들이 우거져 있었다. 가을이면 집 앞 들판에 사슴 가족들이 뛰어다녔다. 그 풍경을 보면서 미시간을 떠올렸다. 이사온 지 얼마 안 되었을 때는 이런 생각이 들기도 했다. '집에 가고 싶다.' 그러고는 내 심장이, 내 몸이, 그런 예상치 못한 장소를 집으로 여기고 있다는 것에 깜짝 놀랐다. 그곳에서 사랑하던 남자는 나를 따라오지 않았다. 남자는 그가 고향이라 부르던 유일한 곳에서 내가 왜 갈색 아이들을 키우지 않으려 하는지, 키우지 못하는지 이해하지 못했다. 물론 그 이상의 이유가 있었다. 매년 여름 끝자락이면 한 농부가 들판에서 타작을 하고 건초 더미를 끌었다. 나는 발코니에 서서 그 농부가 자신의 토지를 쓸모 있게 만들기 위해 기계적으로 일하는 모습을 바라보았다. 나에게는 직업이 있다고, 나 자신에게 계속 말했다. 적어도 직업이 있잖아. 이 도시는 그래도 더 크잖아. 나는 내 머리를 할 수 있는 미용실만 있는 곳에서 살면 된다는 작은 꿈을 품었는데 나도 모르는 사이 그 꿈은 이루어져 있었다. 게다가 스타벅스도 있었다. 물론 그 외에는 별것이 없었지만. 그곳엔 고독과 적막함이 있었다. 그리고 모든 것을 흉하게 만들어버린 몹쓸 남자들이 몇 명 있었다. 시카고에서 세 시간 거리였기에 내가 흑인이라는 사실은 호기심이라기보다는 위협이었다. 캠퍼스에는 흑인 학생들이 있었는데, 감히 수준 높은 교육을 받으려 하는 그들에 대한 거부감이 존재했다. 지방신문에는 토박이 주민들이 이 마을의 새로운 범죄 요인인 흑인 청년들의 야망과 흑인들의 기쁨에 대해 분노에 찬 글을 기고했다. 마음이 너그러워질 때는 이 토박이들의 분노를 변하는 세상에서 쇠퇴하는 지방에 사는 자신들의 두려움을 덮기 위한 몸부림이라고 이해하기도 했다.

사 년 후에 인디애나 중심부의 더 큰 도시, 사실은 역시나 소도시로 이사했다. 처음 몇 주 동안 동네 전자제품 매장에서 인종 프로파일링을 당했다. 사는 건 나아지지 않았다. 이곳에서 살기가 얼마나 불편한지 토로하면 이 동네 지인들은 각각 다른 방식으로 나를 달랬다. "인디애나 사람들이 다 그런 건 아냐." 언론에서 여성 혐오 논란이 나오기만 하면 남자들이 "모든 남자가 그런 건 아닙니다"라며 들고나오는 것처럼 말이다. 이곳엔 고독이 있다. 이곳은 미국 남부에서 수백만 마일이나 떨어져 있지만 백인우월주의 연합이 있다. 검은색 픽업트럭의 뒤창에 백인우월주의 깃발을 달고 돌아다니는 남자가 있다. 나의 치위생사는 내가 이 도시의 우범 지역에 산다고 말해주었다. 나는 우범 지역이라는 것이 따로 있다고 생각하지 않았다. 지방신문에서 토박이 주민들은 이 도시의 새로운 범죄 요인에 대해 분노에 찬 기고문을 냈다. "주로 시카고에서 이주해온 사람들이 문제." 물론 시카고 사람들이란 흑인을 가리키는 암호다. 캠퍼스에서는 낙태 합법화 반대 운동을 하는 학생들이 벽에 분필로 이런 낙서를 적어놓았다. "가족계획 위원회 #1 흑인을 가장 많이 살해하는 자들" "손들어, 낙태하지 마." 다시 말하지만 내가 흑인이란 사실은 이곳에선 위협이다. 나는 안전하다고 느끼지 못한다. 하지만 내가 얼마나 운이 좋은지 알고 있고 더 위태로운 삶을 이어가는 안전하지 못한 흑인들은 과연 어떤 감정을 느낄지 궁금해지곤 한다.

도시의 친구들은 오래전부터 나에게 어떻게 그렇게 오래 흑인에게 적대적인 지역에서 버티느냐고 묻는다. 내가 원래 중서부 출신이라 익숙하다고 대답하는데 물론 그건 사실이다. 대도시에서 살아보지 않아서 겁난다고도 하는데 이 또한 사실이다. 나에게 중서부는 여전히 고향이라고, 비록 이 고향이 나를 품어주지 않는다 하더라도 고향이 아닌 건 아니라고 답하기도 하고, 중서부도 나름대로 활기차고 꼭 필요한 곳이라고 말하기도 한다. 또한 나는 작가이니 어디에서도 살 수가 있고 교수로서는 날 불러주는 학교 근처라면 어디에서든 살 수 있다고 말한다. 요즘에는 둘러대기도 지겨워져서 이렇게 말해버린다. "여기서 살기 너무 싫어." 이렇게 내뱉고 나면 쾌감이 물밀듯이 밀려온다. 나는 어디에서 어떻게 살건 행복하거나 안전할 수 없을 거라 생각해왔다. 하지만 내가 흑인이란 사실이 전혀 두드러지지 않는 곳에 여행을 다녀오면서 나는 숨쉴 권리를, 내가 될 권리를 매 순간 주장하면서 살지 않아도 된다는 것을 알게 되었다. 나는 요즘 이상적으로 그려온, 파란 하늘과 투명한 바다가 있는 그 장소에 내 집 한 칸 마련할 꿈을 꾸고 있다. 내가 살 집은 내 심장이 원하고 필요로 하는 곳이 되어야 한다는 것을 배워가고 있다. 더이상 내 몸이 나의 존재를 지배하도록 하지 않겠다고, 적어도 모든 것을 지배하도록 하지는 않겠다고 결심한다. 나는 더이상 세상으로부터 숨지 않겠다고 다짐한다.

86

내 몸과 이 몸으로 세상을 헤쳐나가야 했던 경험은 나의 페미니즘을 예상치 못한 방향으로 이끌었다. 내 몸으로 사는 일은 다른 사람을 향한 공감과 동정의 범위를 넓혀주고 다른 사람들 몸의 진실에 대해 알게 해준 계기가 되었다. 또한 다양한 신체에 대한 (용인을 넘어선) 포용과 인정의 중요성을 확실히 가르쳐주었다. 나는 내 몸을 보다 존중하는 방식으로 타인에게 알리기 위해 신중하게 표현을 골라 '사이즈가 좀 되는 여성woman of size'이라는 말을 사용하는데, 사이즈가 좀 되는 여성으로 산다는 것 역시 내 정체성의 일부가 될 수 있고 나의 다른 정체성들과 마찬가지로 최소한 지난 이십 년 동안 그래왔다는 것을 깨달았다. 이 몸이 불러오는 혼란과 수치와 어려움에도 불구하고 내 몸을 존중하기 위한 방법을 찾으려 노력한다. 이 몸은 회복 탄력성이 높다. 내 몸은 어떤 고통이든 견딜 수 있다. 내 몸은 존재감이 크다. 내 몸은 강력하다.

또한 내 몸으로 살면서 다른 몸들이 어떻게 각자 다른 능력을 갖고 이 세상을 헤쳐가는지를 유심히 관찰할 수 있었다. 나는 비만이 장애인지는 모르겠지만 내 사이즈는 내가 특정 장소에 갈 수 있는 능력을 제한한다. 나는 너무 많은 계단은 오를 수 없어서 항상 공간에 어떻게 접근할지 생각한다. 엘리베이터가 있을까? 무대에 오르는 계단이 설치되어 있을까? 계단이 몇 단일까? 난간이 있을까? 이 질문들은 장애인이 세상으로 나올 때 하게 되는 질문과 닮지 않았나 생각해보기도 한다. 내가 얼마나 많은 것을 당연하게 여겨왔는지, 몸에 장애가 없을 때 우리는 얼마나 많은 것을 당연하게 여기는지를 알게 된다.

글로리아 스타이넘이 『길 위의 인생』을 홍보하고 있을 때 시카고의 행사에 같이 참여한 적이 있다. 글로리아 스타이넘이 내 바로 옆에 앉아서, 나는 차분함을 유지하려고 노력했다. 오른쪽으로 일이 미터 떨어진 곳에는 수어 통역사가 있었다. 글로리아와 내가 대화를 시작하자 관중석에서 웅얼웅얼하는 소리가 들렸다. 몇몇 사람들이 글로리아와 나를 더 잘 보기 위해서 수어 통역사가 옆으로 자리를 옮겨주길 바라고 있었다. 시야 확보가 중요하니 그들의 요청도 이해는 갔다. 하지만 그들의 시야 확보는 이 수어 통역사가 청각장애인들에게 잘 보여야 하는 것만큼 중요하지는 않다. 수어 통역사는 혼란스러운 표정으로 어찌할 줄 몰라 무대 주변을 둘러보았다. 나는 그녀에게 그 자리에 그대로 앉으라고, 다른 사람들이 우리를 더 잘 보는 건 그녀가 보여야 하는 것만큼 중요하지 않다고 말했다. 사실 그래 봤자 대화하는 것 아닌가. 모든 사람이 우리 말을 듣는 것이 더 중요한 것 아닌가.

내가 특별한 사람이고 생각이 깊다는 찬사를 받고 싶어서 이 이야기를 하는 것이 아니다. 나의 몸이라는 현실이 일깨워준 예민함이 발휘된 순간 중 하나였다고 말하고 싶을 뿐이다. 우리 모두 다른 사람들의 몸의 현실을 좀더 배려해야만 한다는 것을 이해한 순간이었을 뿐이다.

나는 그런 순간이 내게 찾아온다는 사실에 계속 감사해왔고 지금도 감사한다. 그래서 아무리 다루기 힘들다 해도 그런 순간에 나에게 배움을 가져다주는 이 몸에 감사한다.

87

만약 끔찍한 일이 내게 일어나지 않았다면, 그 오랜 세월을 허기에 시달리며 보내지 않았다면 내가 어떤 사람이 되었을지 자주 생각한다. 다른 버전의 록산의 인생은 어땠을까? 상처받지 않고 어른으로 성장한 여성, 모든 면에서 내가 아닌 여성을 상상해본다. 그녀는 날씬하고 매력적일 것이다. 인기도 있고 사회적으로도 성공하고 결혼해서 자녀도 한둘 있을 것이다. 훌륭한 직업이 있고 멋진 옷으로 채워진 옷장이 있을 것이다. 달리기를 하고 테니스도 즐길지 모른다. 그녀는 자신감이 넘친다. 섹시하고 남들에게 욕망의 대상이다. 그녀는 고개를 높이 쳐들고 거리를 걷는다. 그녀는 언제나 겁에 질리거나 불안감에 빠져 있지 않다. 그녀의 인생이 완벽하지는 않을지라도 그녀는 평화롭다. 그녀는 세상과 사이좋게 살아간다.

아니, 다른 식으로 이야기하자면, 나는 자신의 몸을 편안하게 느끼는 것이 무엇이고 그것이 얼마나 큰 사치일지에 대해 자주 생각한다고 말하는 편이 맞을지도 모르겠다. 그런데 모든 사람이 자기 몸에 편안해할까? 화려한 패션 잡지를 보면 그건 절대로 흔한 경험이 아닐 것 같다. 내 친구들이 자기 몸을 두고 하는 말을 들어봐도 그렇다. 내가 아는 모든 여자는 평생 동안 다이어트를 하고 있다. 나는 내 몸을 편안하게 느끼지 않지만, 편안하게 느끼고 싶고 그렇게 되기 위해 노력을 하고 있다. 내 가치가 오직 내 몸에 달려 있다는 해로운 문화적 메시지를 버리려고 노력중이다. 내가 지고 다니던 그 모든 자기혐오를 없애기 위해 노력중이다. 어떤 공간에 들어갈 때 고개를 똑바로 들려고 노력하고 사람들이 나를 쳐다보면 나도 눈을 마주보려고 노력중이다.

단순히 체중 감량을 한다고 해서 내 몸이 편안해지지 않으리라는 걸 알고 있다. 이성적인 나는 날씬함과 행복감을 동일시하지 않는다. 내일 아침에 날씬한 몸으로 일어난다 해도 나는 여전히 지난 삼십 년 동안 끌고 다녔던 짐을 끌고 다닐 것임을 안다. 이 잔인한 세상에서 그 수많은 세월 동안 뚱뚱한 사람으로 살아오며 얻은 흉터들을 여전히 지니고 있을 것이다.

내게 가장 큰 두려움은 내가 이 흉터를 단 하나도 걷어내지 못하고 사는 것이다. 내게 가장 큰 희망은 언젠가 내가 이 흉터의 대부분을 걷어내는 것이다.

88

열두 살 때 나는 강간을 당했고, 그날 이후 나는 먹고 먹고 또 먹으며 내 몸을 요새로 만들고자 했다. 나는 엉망진창인 상태였지만 성장하면서 그 끔찍했던 날과는 멀어졌다. 그리고 이제는 다른 방식으로 엉망진창이 되었다. 제대로 사랑하고 사랑받기 위해 최선을 다하는 여자, 제대로 살고 인간답게 지내며 좋은 삶을 살기 위해 노력하는 여자가 되었다.

나는 내가 아는 최선의 정도까지 치유가 되었다. 만약, 만약, 만약, 그 일이 아니었다면 내가 되었을 여성은 앞으로도 영원히 되지 못하리라는 사실을 받아들였다. 여전히 그 생각에 사로잡혀 있기는 하지만 말이다. 아직도 전혀 예상치 못한 일이 트리거가 되어 플래시백에 시달린다. 나는 각별한 친밀감을 나누고 싶지 않은 사람들이 내 몸을 만지는 것이 싫다. 특히 나 혼자 있을 때 주변에 남자들이 모여 있으면 불안해진다. 전보다 횟수는 많이 줄었지만 여전히 악몽을 꾼다. 나를 성폭행한 소년들을 절대 용서하지 않을 것이며 이 사실은 1,000퍼센트 확신하는데 용서가 나를 구원해주지 않을 것이기 때문이다. 내가 행복한지는 잘 모르겠으나 행복이 내가 닿을 수 있는 곳에 있다고 보고 그렇게 느낀다.

하지만.

나는 그전의 나, 두려움에 가득찬 과거의 그 소녀가 아니다. 좋은 사람들이 내 인생에 들어오는 것을 허락했고 내 목소리를 찾았다.

지금은 다른 사람들이 날 어떻게 생각하는지 덜 신경쓰는 법을 배우는 중이다. 내 행복의 기준은 내 몸무게가 아니라 내 몸을 편안해하는 감정임을 배우는 중이다. 여성이 삶을 사는 방식과 몸을 다루는 방식을 너무나 독단적으로 규정하려는 이 악독한 문화적 관습에 도전장을 내밀고 있다. 나는 나 자신을 위해서만이 아니라 어떤 삶을 사는지 세상에 더 보이고 들려야 하는 사람들을 위해 목소리를 낸다. 나는 열심히 일했고 내가 감히 가능하리라 생각지도 못한 직업적 성공을 누리고 있다.

적어도 나의 일부는 내 인생 최악의 날들에서 형성되었다는 것을 알고, 그런 나를 바꾸고 싶지 않다.

더이상 내가 만든 이 몸이라는 요새를 필요로 하지 않는다. 벽을 어느 정도 허물어야 한다. 어떤 긍정적인 결과가 나타날지에 상관없이, 오직 나를 위해서만이라도 벽을 무너뜨려야 할 필요가 있다. 무너졌던 나를 되돌리는 작업이라 생각한다.

이 책은 이제까지 작업했던 그 어떤 책보다 쓰기 어려웠다. 이렇게까지 나를 펼쳐 보이는 건 쉬운 일이 아니다. 나 자신과 내 몸이 살아온 인생을 직시하는 것은 결코 쉬운 일이 아니나, 그럼에도 꾸역꾸역 한 자씩 써내려간 이유는 필요한 작업이라 느꼈기 때문이다. 내 몸에 대한 고백록을 쓰면서, 내 몸에 대한 이런 진실들을 털어놓으면서, 나의 진실, 오직 나만 아는 나의 진실을 나누었다고 생각한다. 사람들이 그다지 듣고 싶어하지 않는 진실일 수도 있다. 나 또한 불편할 때가 있으니까. 하지만 다시 한번 말하건대, 나는 여기에 내 심장을 펼쳐 보였고 여기에 그 심장이 남긴 자국이 남았다. 여기에 나의 강렬한 허기의 진실을 펼쳐 보였다. 마침내 여기에, 연약하고 상처받은 지독하게 인간적인 나를 자유롭게 풀어놓았다. 그리고 자유가 주는 해방감을 한껏 즐기고 있다. 바로 여기에서. 내가 무엇에 허기졌는지, 그리고 내 진실이 나로 하여금 무엇을 창조하게 했는지 보라.

감사의 말

이 책에 실린 글들 중 일부는 〈굿GOOD〉『틴 하우스Tin House』 〈오토스트래들Autostraddle〉〈더 토스트The Toast〉〈엑스오제인 xoJane〉〈브레비티Brevity〉에 여러 다른 형식으로 실렸다.

항상 TV에서 방영해주는 〈로앤오더: 성범죄 전담반〉에 감사한다. 덕분에 익숙한 배경음에 의지해 이 글을 쓸 수 있었다.

하퍼콜린스의 마야 지브, 칼 모건, 케이트 데즈먼드, 어맨다 펠리티어, 에밀리 그리핀은 이 책을 열렬하게 전적으로 지원해주었다. 처음 이 책을 기획한 마야는 처음부터 끝까지 나의 가장 강력한 옹호자였고 에밀리는 이해심과 통찰력 있는 편집으로 이 책이 지금의 모습을 갖출 수 있도록 도와주었다.

'팀 게이' 멤버들인 나의 훌륭한 출판 에이전트 마리아 마시, 영화와 TV 에이전트인 실비 라비노, 나의 강연 에이전트인 케빈 밀스와 트리니티 레이, 또 나의 변호사 레브 긴즈버그에게 언제나 감사하다고 말하고 싶다.

미드웨스트 작가 워크숍에서 만난 아름다운 젊은 여성 세라 홀러웰에게도 마음을 전한다. 그녀는 나에게 공간을 차지할 권리가 있음을 알려주고 나의 몸을 지지해주고 내 몸이 있는 그대로 아름답다고 느끼게 해주었다.

내 친구들 리사 메첨, 로런스 호세, 얼리사 너팅, 제이미 애튼버그, 몰리 배커스, 브라이언 렁, 테리 맥밀런, 리디아 유크나비치, 메나 드메리, 브라이언 올리우에게 사랑과 감사를 전한다. 언급하지 못한 수많은 친구들에게도 감사하고 부디 나의 깜빡하는 습관을 용서해주기를 바란다.

나를 무조건적으로 사랑하고 내가 언제나 집에 돌아갈 수 있다는 믿음을 준 가족들, 마이클과 니콜 게이, 마이클 게이 주니어, 재클린 캠던 게이, 파커 니콜 게이, 조엘과 헤일리 게이, 소니 게이, 마셀 라프, 메스민 데스틴, 마이클 코스코에게 감사한다.

이 책, 『헝거』를 쓸 용기를 낼 수 있었건 건 나의 절친한 친구 트레이시의 아낌없는 지지 덕분이었다. 나를 있는 그대로 보아주고 받아주고 또 스냅챗 이용법을 알려주고 언제나 웃게 해주는 친구. 고맙다, 고맙다, 정말 고맙다.

옮긴이 노지양

연세대학교 영어영문학과를 졸업하고 KBS와 EBS에서 방송 작가로 활동하다 현재 번역가로 일하고 있다. 『나쁜 페미니스트』『난 여자가 아닙니까?』『차이에서 배워라』『사나운 애착』『트릭 미러』『케어』『동의』『메리는 입고 싶은 옷을 입어요』 등 다양한 영미권 도서 100여 권을 우리말로 옮겼고, 에세이 『먹고사는 게 전부가 아닌 날도 있어서』『오늘의 리듬』『우리는 아름답게 어긋나지』(공저) 등을 썼다. 매일 책을 읽고 글을 쓰고 번역하는 생활에서 보람과 기쁨을 느끼고 있다.

헝거

초판 인쇄 2024년 2월 23일
초판 발행 2024년 3월 8일

지은이 록산 게이 | **옮긴이** 노지양
책임편집 전민지 | **편집** 김수현 이희연 김봉곤
디자인 이현정 | **저작권** 박지영 형소진 최은진 서연주 오서영
마케팅 정민호 서지화 한민아 이민경 안남영 왕지경
　　　　정경주 김수인 김혜원 김하연 김예진
브랜딩 함유지 함근아 고보미 박민재 김희숙 박다솔 조다현 정승민 배진성
제작 강신은 김동욱 이순호 | **제작처** 영신사

펴낸곳 (주)문학동네 | **펴낸이** 김소영
출판등록 1993년 10월 22일 제2003-000045호
주소 10881 경기도 파주시 회동길 210
전자우편 editor@munhak.com
대표전화 031) 955-8888 | **팩스** 031) 955-8855
문의전화 031) 955-3579(마케팅) 031) 955-8868(편집)
문학동네카페 http://cafe.naver.com/mhdn
인스타그램 @munhakdongne | **트위터** @munhakdongne
북클럽문학동네 http://bookclubmunhak.com

ISBN 978-89-546-9834-4 03300

www.munhak.com